马克思主义
研究文库

# 马克思道德批判理论

## ——分析马克思主义视域下的研究

郭展义 著

SPM 南方出版传媒 广东人民出版社
·广州·

图书在版编目（CIP）数据

马克思道德批判理论：分析马克思主义视域下的研究 / 郭展义著. —广州：广东人民出版社，2021.12

（马克思主义研究文库）

ISBN 978-7-218-14953-0

Ⅰ．①马…　Ⅱ．①郭…　Ⅲ．①马克思主义哲学—道德观念—研究　Ⅳ．① A811.63

中国版本图书馆 CIP 数据核字（2021）第 033485 号

MAKESI DAODE PIPAN LILUN——FENXI MAKESI ZHUYI SHIYU XIA DE YANJIU

**马克思道德批判理论 ——  分析马克思主义视域下的研究**

郭展义　著　　　　　　　　　　　　　　　　　版权所有　翻印必究

出　版　人：肖风华

出版统筹：卢雪华
责任编辑：廖智聪
装帧设计：书窗设计工作室
责任技编：吴彦斌　周星奎

出版发行：广东人民出版社
地　　址：广州市海珠区新港西路 204 号 2 号楼（邮政编码：510300）
电　　话：（020）85716809（总编室）
传　　真：（020）85716872
网　　址：http://www.gdpph.com
印　　刷：广州市豪威彩色印务有限公司
开　　本：787mm×1092mm　1/16
印　　张：17.75　　　字　　数：270千
版　　次：2021年12月第1版
印　　次：2021年12月第1次印刷
定　　价：60.00元

如发现印装质量问题，影响阅读，请与出版社（020-85716849）联系调换。
售书热线：020-85716826

# 马克思主义研究文库

## 编委会

# 总 序

马克思主义深刻揭示了自然界、人类社会、人类思维发展的普遍规律，是科学的理论、人民的理论、实践的理论，为人类社会发展进步指明了方向。这一理论，犹如壮丽的日出，照亮了人类探索历史规律和寻求自身解放的道路。在人类思想史上，还没有哪一种理论像马克思主义那样对人类文明进步产生了如此广泛而巨大的影响。无论时代如何变迁，马克思主义依然显示出科学思想的伟力，依然占据着真理和道义的制高点，人类社会仍然生活在马克思所阐明的发展规律之中。

一个民族要走在时代前列，就一刻不能没有理论思维，一刻不能没有思想指引。当今世界正经历百年未有之大变局，我国正处于实现中华民族伟大复兴的关键时期。中华民族要实现伟大复兴，同样一刻也不能没有理论思维和思想指引。马克思主义是我们认识世界、把握规律、追求真理、改造世界的强大思想武器，是党和人民事业不断发展的参天大树之根本，是党和人民不断奋进的万里长河之源泉，是我们党和国家必须始终遵循的指导思想。新时代，我们仍然要学习和实践马克思主义，坚持马克思主义在意识形态领域指导地位的根本制度，确保中华民族伟大复兴的巨轮始终沿着正确航向破浪前行。

　　理论的生命力在于不断创新。我们党的历史，就是一部不断推进马克思主义中国化的历史，就是一部不断推进理论创新、进行理论创造的历史，推动马克思主义不断发展是中国共产党人的神圣职责。为深入推进马克思主义理论研究、马克思主义经典著作研究、马克思主义中国化研究，特别是当代中国马克思主义、21世纪马克思主义研究，不断赋予马克思主义新的生机和活力，推动马克思主义不断焕发出强大的生命力、创造力、感召力，放射出更加灿烂的真理光芒，引导人们不断深化对共产党执政规律、社会主义建设规律、人类社会发展规律的认识，不断增强"四个意识"、坚定"四个自信"、做到"两个维护"，中共广东省委宣传部理论处组织编写了"马克思主义研究文库"丛书。该套丛书作为一个开放性的文库，将定期集中推出一批有分量、有价值、有影响的马克思主义研究学术著作，通过系列研究成果的出版，解答理论之思，回答实践之问，推进我省马克思主义研究，促进哲学社会科学繁荣发展。

　　"只要进一步发挥我们的唯物主义论点，并且把它应用于现时代，一个强大的、一切时代中最强大的革命远景就会立即展现在我们面前。"在全面建设社会主义现代化国家新征程中，我们要继续高扬马克思主义伟大旗帜，推动马克思、恩格斯设想的人类社会美好前景不断在广东大地、中国大地生动展现出来。

# 目录

# 导　论

## 一、问题及视域的选择

从 20 世纪 70 年代初开始，英美学界的一些哲学家开始运用分析哲学和元伦理学的方法对马克思的道德理论予以研究。起初是 G.A. 柯亨研究历史唯物主义的文章《论历史唯物主义的一些批评》（1970）和艾伦·伍德研究马克思道德理论的论文《马克思对正义的批判》（1972）的发表，后来又有 G.A. 柯亨运用分析哲学的方法研究历史唯物主义的代表作《卡尔·马克思的历史理论：一种辩护》（1978）一书的出版，等等。这种在英美学界兴起的运用分析哲学和元伦理学的方法对马克思的道德理论予以研究的思潮被称为分析马克思主义学派。从此，分析马克思主义在学界引起强烈的反响，并迅速成为西方马克思主义研究中的主流之一。

分析马克思主义研究的一个焦点问题是，认为马克思的理论体系中存在一个"道德悖论"现象。一些学者认为马克思的理论体系中有道德理论和道德论证，而另外一些学者对此予以否定。他们围绕这个问题展开了多方面的争论。

分析马克思主义的这场争论不是偶然的。最早是在第二国际内部引起了马克思的理论体系作为一种科学是否需要某种道德论证的争端[1]，这种争端在以后的时期又以新的形态出现。到 20 世纪 20—60 年代，在西欧大陆西方马克思主义者中出现了马克思哲学与人道主义之间的关系的争论，存在两派不同的观点：一是以弗洛姆为代表的"马克思主义的人道主义者"，他们注重马克思早期人道主义思想的研究，并认为马克思后期著作中的经验性理论是退步和非人道主义的；二是以阿尔都塞为代表的"科学主义的马克思主义者"，他们认为马克思后期独特思想境界的经验性科学是历史唯物主义，由此断定马克思早期人道主义思想是反科学的、不成熟的。60

---

[1] 余文烈：《分析学派的马克思主义》，重庆出版社 1993 年版，第 194 页。

年代东欧兴起的南斯拉夫实践派不赞同上述两种观点，认为马克思的理论是一种关于人的哲学理论，而且是以人是实践的、历史的存在这一观点为基础的哲学。① 总之，欧洲大陆西方马克思主义学者们的争端和分歧，主要是以科学与伦理的关系问题来讨论的，争论目标是围绕马克思主义是什么特性的内容，目的不在于构建一种系统的马克思主义道德理论。

到 20 世纪 70 年代初，西方马克思主义研究的中心开始从西欧大陆向英美转移。英美的分析马克思主义学者掀起了研究马克思道德理论的新热潮。正如英国学者肖恩·塞耶斯所说的："马克思的道德理论已经成为分析马克思主义者们的一个主要讨论话题。"② 他们运用分析哲学和元伦理学的方法来讨论此领域的问题。罗素于 1905 年发表的《论指称》一文被看作是分析哲学诞生的标志。罗素最先强调要把语义分析和语言逻辑分析当作哲学的固有方法并加以广泛应用，他在批评日常语言的同时主张创造精确的人工语言系统，提出了类型理论和摹状词理论。分析马克思主义运用分析哲学有个背景，"自 60 年代以来，分析哲学出现了所谓'应用的转向'，开始关心理论内容和现实生活，尤其是社会、历史、道德等问题。'分析的马克思主义'正是在这种背景下，从分析和澄清马克思的历史唯物论和道德问题等而开始发展起来的"③。而英国分析哲学家 G.A.柯亨 1978 年发表的《卡尔·马克思的历史理论：一种辩护》一书被视为开启了分析马克思主义之先河。他们运用分析哲学的逻辑分析和语义分析来解读马克思理论中"模棱两可"的道德概念和观点，想使得它们精确、清晰。他们认为传统西方马克思主义对马克思著作的研究太模糊、肤浅，主张应该对马克思著作中的道德概念和原则清晰化、严谨化。

---

① 姜海波：《南斯拉夫实践派关于人的理论及其当代启示》，《世界哲学》2011 年第 5 期，第 98—107 页。

② Sean Sayers, *Marxism and Human Nature*, London：Routledge，1998，p112.

③ 余文烈：《分析学派的马克思主义》，重庆出版社 1993 年版，第 15 页。

　　元伦理学方法是与分析哲学有共性的方法。元伦理学（meta-ethics）是相对于传统的规范伦理学而言的现当代哲学理论，也是一种方法论。英国哲学家乔治·爱德华·摩尔于1903年发表的著作《伦理学原理》，标志着元伦理学的兴起。然后，伯特兰·罗素、哈罗德·普里查德、W.D.罗斯等人推动了它的发展。摩尔认为传统伦理学存在一个严重的问题："由于不首先去精确发现你所希望回答的是什么问题，就试图去回答。"[①]也就是说，道德哲学家们混淆了两种不同的问题：一种是"哪种事物应该为它们本身而实存"，这是伦理学的理论问题；另一种是"我们应该采取哪种行动"，这是道德实践领域的问题。摩尔认为，应该先精确伦理学的基本概念，这要求伦理学的研究要讲求逻辑和语义的分析方法。学界普遍认为，最首要的一个伦理学概念是"善"。"怎样给'善'下定义这个问题，是全部伦理学中最根本的问题。"[②]摩尔认为"善"是无法被定义的，"善"是一个单纯的概念，也就是说它是一个最基本的元概念，是构成其他伦理学概念的基本单位。摩尔发现自然主义伦理学与康德以来的形而上学伦理学都犯了"自然主义的谬误"，前者错误地想以直觉给"善"下定义，后者错误地想通过人类理性、善良意志给"善"下定义。这就是摩尔运用逻辑和语义的分析方法分析的问题。分析马克思主义者也用这种元分析来分析和重构马克思理论中的道德概念。

　　分析马克思主义的研究范围不同于其他西方马克思主义学派，它甚至提出一些"异端"的问题或观点。它的研究范围可以被理解为，"按照分析马克思主义者的理解，马克思主义可以分成三部分：（一）方法论；（二）经验理论；（三）规范理论或称道德理论。……经验理论主要是对历史唯物主义、阶级理论（阶级的形成、阶级意识和阶级斗争）的重新认识

---

①　[英]G.E.摩尔著，长河译：《伦理学原理》，商务印书馆1983年版，第1页。
②　[英]G.E.摩尔著，长河译：《伦理学原理》，商务印书馆1983年版，第11页。

和对资本主义的经济分析。规范理论包括异化、剥削、社会公正等伦理哲学和政治哲学问题"①。在分析马克思主义中，这三个研究对象是相互关联的。它以分析哲学和元伦理学的方法对马克思主义经验理论中的规范性观念和问题予以不同角度的解读，或者挖掘和重建。

分析马克思主义道德理论研究中，集中争论的是马克思的理论体系中是否存在道德因素。具体涉及：马克思早期的人道主义与后期的科学的历史唯物主义之间能否协调一致；马克思将道德判定为意识形态之后能否再从道德上谴责资本主义制度；马克思的作为意识形态的道德与作为共产主义的道德之间是否对立；等等。

分析马克思主义的研究突破了传统西方马克思主义各流派的学术视野，不仅涉及哲学，还拓展到经济学、政治学、社会学等领域。在这场激烈的争论中，比较具有代表性的学者有：G.A.柯亨、约翰·罗默、乔恩·埃尔斯特、艾伦·伍德、史蒂文·卢克斯、理查德·米勒、乔治·布伦克特、罗德尼·佩弗和菲力浦·凯因等。其中，G.A.柯亨、约翰·罗默、乔恩·埃尔斯特是公认的重要代表人物。

一方面，分析马克思主义对马克思"道德悖论"的解决方式有其独到之处，为我们研究马克思主义伦理学打开了新的视角、提供了方法上的启示以及理论重构精神。他们对马克思"道德悖论"的争论启发我们，只有正确把握马克思的历史哲学观才能分析或澄清马克思的道德理论——批判的道德理论。另一方面，分析马克思主义解决马克思理论体系中"道德悖论"问题的尝试并未从根本上解决问题，他们的分析和建构要么以弱化马克思的历史唯物主义为代价，要么以篡改马克思的历史唯物主义为意图，在他们重构的道德理论中见不到改变世界同时也改变哲学的"革命的"和"实践的"马克思了。

---

① 会文烈：《分析学派的马克思主义》，重庆出版社1993年版，第22页。

鉴于分析马克思主义学者们对马克思"道德悖论"问题的争论如此之激烈和影响之大,本书选择了分析马克思主义道德理论为视域,来厘清他们的争论的目标、方法、根据和观点;在尊重马克思文本的基础上,运用马克思的理论批判特性和实践的话语方式来阐释和论证马克思批判的道德理论到底是怎样的一种理论形态和性质,最终有理有据地解决他们提出的马克思"道德悖论"问题,充分确立马克思的道德批判理论存在的合理性。

那么,基于分析马克思主义视域下研究马克思道德批判理论,有以下几个方面的理论和现实意义。

第一,理论意义。

一是有利于人们正确认识和理解马克思批判的道德理论与历史唯物主义之间的真正关系和内涵。在分析马克思主义中,不管是马克思"道德论"观点还是马克思"反道德论"观点,两者都误读了马克思的历史唯物主义,只不过是一方游离于历史唯物主义之外来构建马克思的道德理论,而另一方则弱化历史唯物主义,将历史唯物主义解读为道德中立或价值无涉的纯粹历史科学,判定马克思主义是"反道德"的。马克思的历史唯物主义不是一般的历史科学,尤其不像黑格尔的思辨的历史哲学——"绝对精神"在辩证逻辑推导下的外化运动历史过程。马克思的历史唯物主义是以实践的、现实社会的运动为基础的,反对以"超历史的""抽象的""普遍的"道德原则作为批判社会的维度。道德、正义等原则作为价值诉求,已经蕴含在实践和社会现实运动之中,是历史唯物主义话语中的基本概念。尼尔森指出,尽管马克思本人没有构建起严格意义上的系统的道德理论体系,也没有讨论道德问题的专著,但道德在历史唯物主义乃至完整的马克思主义理论体系中具有重要的地位和价值;道德、正义等原则就是历史唯物主义之基本维度,秉持历史唯物主义的道德价值立场与肯定历史唯物主义的科学维度是并行不悖的。①

二是有利于人们对马克思批判的道德理论与现代西方道德理论之间做出正确区别。无论是早期西方马克思主义者，还是之后的南斯拉夫实践学派，还是当代的分析马克思主义者，当他们讨论"马克思到底有没有道德理论"的时候，多数学者有意地使用现代西方道德理论，尤其是用元伦理学（也称之为"分析的伦理学"）范式为尺规去衡量、规整马克思批判的道德理论。可是，在马克思的时代元伦理学还没有兴起。元伦理学范式就是"对伦理学理论进行前提性批判和反思，对道德概念、道德判断进行精准的逻辑分析和语言学分析。这个新的研究范式带来了伦理研究的革命性变化，使道德语言而不再是道德行为成为伦理学研究的核心对象"②。但是，元伦理学将道德研究仅仅看作一种与人的实践、人的经验事实无关的、"超越在实践之外"的规范研究，那么道德知识的合法性的辩证根据在哪里呢？所以，分析马克思主义学者用逻辑分析和语义分析的方法，看似可以澄清马克思道德理论中基本道德概念，事实上会造成远离马克思思想的错误。

在马克思那里，根本不存在脱离经验事实的道德，"道德作为一种意识形态并不具有独立性，任何一种道德现象必有其得以产生并赖以存在的事实基础，即社会存在。同时不仅这些事实基础和这些前提可以用纯粹经验的方法来确定"③，而且"只要按照事物的本来面目及其产生根源来理解事物，任何深奥的哲学问题……都会被简单地归结为某种经验的事实"④。

三是有利于促进马克思主义伦理学在我国的发展。尽管分析马克思主

---

① 转引自余京华：《历史唯物主义与道德、正义——兼评马克思主义的"道德论"与"反道德论"》，《马克思主义与现实》2013 年第 5 期，第 48–54 页。

② 唐凯麟、高辉：《现代西方元伦理学述要》，《道德与文明》2012 年第 2 期，第 52–58 页。

③ 《马克思恩格斯全集》（第 3 卷），人民出版社 1960 年版，第 23 页。

④ 《马克思恩格斯全集》（第 3 卷），人民出版社 1960 年版，第 49 页。

义对马克思理论体系存在激烈的、有分歧的"道德悖论"之争，但是有些学者对马克思理论体系中固有的道德理论的解读和重构颇有独到之处。如，佩弗基于马克思的文本对马克思不同时期的道德观点和判断逐一解读和论证，并重建了一套他自认为是充分的马克思道德和社会理论。他将马克思的道德的和政治的规范性观点与经验的、科学的社会理论结合起来，不完全是纯粹的分析哲学和逻辑分析的研究结果。分析性和经验性在佩弗这里合理地统一起来了。

分析马克思主义道德理论中的一些合理的成分，对于我国伦理学的研究无疑可以带来促进作用。具体说，对于我国马克思主义伦理学发展的意义有：（1）分析马克思主义学者在马克思文本方面的研究成果，启发我们在此方面做深入的研究。目前我们在此方面已经取得的成果还只是初步的。（2）中国特色的马克思主义伦理学也是需要建构的。英美马克思主义道德理论的建构成果也值得我们借鉴。（3）丰富和发展马克思主义伦理学，必须处理好它在时代发展中的新问题研究。分析马克思主义的马克思"道德悖论"之争中，涉及不少当今时代的新问题，他们将马克思的理论体系中的道德观点和判断推向新的领域。这对我们来说，非常有启发意义。

第二，现实意义。

一是有助于人们对当今国际化"市场—资本"运作下的经济行为和社会制度做出正确的道德认识和判断。如判断社会制度正义与否的问题，马克思看到了"正义"这样的道德概念的历史性、具体性，就拒斥用抽象的正义观念作为社会制度的批判工具。具体的正义观念本身是需要检验的，用一个需要验证的观念去论证某种社会制度的合理性、优越性，这就不合理了。马克思反对"生产方式—正义"这种模型的标准。不能说一种社会制度正义与否，就看其是否符合现存生产方式的发展要求。从马克思的经济学批判语境之下来看，"生产方式—正义"这种模型的标准是"经济—

交往"意义的，不是政治制度意义上，更不是道德意义上的。理解马克思的正义观念明显有助于人们对具体的经济行为和社会制度作出正确的道德判断。马克思理论中其他道德概念也有如此的意义。

二是有助于人们理解共产主义道德观，提升当前人们的道德价值观。依据马克思文本语境中实践的批判话语方式，比较分析马克思主义展开的讨论和观点，我们可以从马克思所持的共产主义道德观中获得很多启示。在共产主义自由人的联合体中，人们能够认同共同的道德原则并按照它生活。那时的道德原则难以还原为确立权利的正义原则。根据马克思的共产主义构想，自由人的联合体中人的道德意识是个人"没有任何与他人的或公共的集体的利益相冲突的个人利益意识"①，个人的私人利益与全人类的利益不再是分裂的关系。在这样的条件下，"个人关于个人间的相互关系的意识……将完全是另外一回事，因此，它既不会是'爱的原则'或dévouement［自我牺牲精神］，也不会是利己主义的"②。马克思的共产主义道德观是在对社会关系发展之必然性新判断基础上的论证。正确理解它，势必会提升当今人们的道德价值观。

## 二、学界对分析马克思主义及马克思道德理论的研究

### （一）国内学界的研究

#### 1. 关于分析马克思主义道德理论著作和论文的研究

虽然国内研究分析马克思主义道德理论不算太久，但近 20 多年来国内对分析马克思主义道德理论研究有比较大的进展，已经有一部分研究分析马克思主义主要人物及其思想的著作和论文。主要著作有：余文烈的《分

---

① Steven Lukes, *marxism and morality*, Oxford University Press, 1987, p115.
② 《马克思恩格斯全集》（第 3 卷），人民出版社 1960 年版，第 516 页。

析学派的马克思主义》（1996）。这是国内第一部系统研究和介绍分析马克思主义的著作。它的内容相当广泛，涉及分析马克思主义的崛起、唯物史观、道德理论、剥削、阶级、功能解释以及理性选择理论，等等。其中，集中研究和介绍分析马克思主义道德理论方面内容有两个章节，在其他章节也涉及。林进平的《马克思的"正义"解读》（2009）。此著作对分析马克思主义关于马克思"正义问题"的争论做了评述，认为马克思在《黑格尔法哲学批判》前后经历了从追求正义到反思和批判正义的转变。马克思先把自由主义正义还原为自然权利、市民权利基础上的正义，然后在还原到异化劳动基础上予以内在的批判，然后从《德意志意识形态》之后将自由主义正义放置到社会物质生产的解读上予以解构。此著作主张把马克思对正义的批判放置在马克思对道德、宗教、法权观念和形而上学等的拒斥与批判的背景中来考察，才能获得对它的正确理解。曹玉涛博士的《分析马克思主义的正义论研究》（2010），此著作主要不是研究道德理论。齐艳红博士的《分析马克思主义的方法论研究》（2012）。此著作认为分析马克思主义围绕历史唯物主义重建这一主题，以分析哲学的方法作为工具性的方法，以功能解释和方法论的个人主义作为理论形态层面的方法，却拒绝辩证法和整体主义。这三个层面构成了分析马克思主义重建马克思道德理论的思路。① 这方面翻译的著作有鲁克俭等译的《分析马克思主义新论》。时间比较近的有王志博士的《分析马克思主义的道德理论研究》（2014）。此著作主要研究了分析马克思主义重构的道德理论主题，如正义、平等、自由、剥削等，以及道德与意识形态的关系、道德与历史唯物主义的关系。最值得赞许的是，中国人民大学的段忠桥教授竭尽全力主编了一套"当代英美马克思主义研究译丛"，现在与读者见面的共有10册，为国内

---

① 齐艳红：《关于分析马克思主义方法论的若干分析》，《哲学研究》2013年第1期，第31—36页。

研究西方学界关于马克思（马克思主义）道德批判理论提供了宝贵资源，因为其中涉及马克思（马克思主义）道德理论的著作比较多。

相关论文有：林育川的论文《罗尼·佩弗"激进的罗尔斯主义"的社会正义论》。此文认为佩弗在重构马克思的正义论方面做出了突出的理论贡献，尤其是佩弗利用马克思的理论修正了罗尔斯的正义论，从而提出了他自己的社会正义论，即"激进的罗尔斯主义"。并且认为，佩弗建构的社会正义理论对我国正义理论的构建有参照性价值。① 余京华的论文《道德·正义·平等——凯·尼尔森对马克思历史唯物主义的研究及其当代启示》。此文认为分析马克思主义者尼尔森将历史唯物主义与道德关联起来做了较为客观的研究，为解决马克思"道德悖论"问题提供了有启发性的研究思路与方法。② 吕梁山的论文《佩弗论道德与意识形态》。此文讨论了佩弗运用分析哲学方法，在区分了总体性意识形态和非总体性意识形态的概念的基础上，澄清马克思并非因为非总体性意识形态概念而持反道德的立场。③ 陈真教授的论文《佩弗的马克思主义"道德社会论"批判》。此文认为佩弗构建的马克思主义道德理论，使得正义、平等、自由等道德主题获得了马克思主义的合理解读，但是佩弗重构的马克思主义道德理论的规范性内容缺少可行的实现手段，缺乏对社会物质资料生产发展方面的讨论。④ 田世锭的论文《英美马克思主义者对社会主义的三种论证》。此文讨论了辩证法马克思主义的主要代表奥尔曼、分析马克思主义的主要代表柯亨、生态学马克思主义的重要代表福斯特和女权主义马克思主义的重要代表吉梅内斯分别从"内在关系的辩证法"、"对价值和原则进行阐述"、从

---

① 林育川：《罗尼·佩弗"激进的罗尔斯主义"的社会正义论》，《哲学动态》2011年第8期，第48–54页。

② 余京华：《道德·正义·平等——凯·尼尔森对马克思历史唯物主义的研究及其当代启示》，《哲学动态》2010年第5期，第37–42页。

③ 吕梁山：《佩弗论道德与意识形态》，《哲学动态》2009年第10期，第33–39页。

④ 陈真：《佩弗的马克思主义"道德社会论"批判》，《哲学动态》2007年第12期，第48–54页。

资本主义社会的生态危机或女人受压迫问题方面论证了社会主义的必然性、正当性或必要性。① 宫维明的论文《罗德尼·佩弗与艾伦·伍德的"马克思主义道德观"之争及其启示》。此文主要介绍和分析分析马克思主义者佩弗与伍德之间围绕"马克思主义是否和道德相容"问题，从马克思主义的道德基础、马克思主义的正义观和马克思主义的意识形态概念这三个方面展开的论争，并指出这场论战的研究成果对研究马克思主义道德观的意义。② 刘鹏、陈玉照的论文《"正义之争"与马克思的"非道德理论"问题——"塔克尔—伍德命题"引发的争论与思考》。此文主要介绍分析从"塔克尔—伍德命题"引发的，围绕马克思对"分配正义"的批判而产生的马克思"道德论"与"非道德论"之间的论争。③ 林进平的论文《艾伦·布坎南对马克思批判正义的阐释》。此文分析了布坎南通过反驳伍德断言马克思认为资本主义剥削是正义的观点和批驳胡萨米称马克思以外在的正义原则去批判资本主义的观点，捍卫历史唯物主义和马克思正义论；认为马克思是基于法权和历史唯物主义对资本主义展开内外批判。④ 李伟东的论文《艾伦·伍德对新社会主义理论的批评》。此文分析了伍德对20世纪后期出现的"新的真正的社会主义"理论的批评，主要介绍了伍德批评安德鲁·高兹、E.拉克劳和加尔文三个人分别关于工人阶级概念的解构、将意识形态或话语独立化以及将马克思主义者柏拉图化，以此来正确解读马克

① 田世锭：《英美马克思主义者对社会主义的三种论证》，《社会主义研究》2009年第4期，第66-70页。

② 宫维明：《罗德尼·佩弗与艾伦·伍德的"马克思主义道德观"之争及其启示》，《马克思主义研究》2012年第10期，第150-154页。

③ 刘鹏、陈玉照：《"正义之争"与马克思的"非道德理论"问题——"塔克尔—伍德命题"引发的争论与思考》，《社会主义研究》2010年第4期，第12-16页。

④ 林进平：《艾伦·布坎南对马克思批判正义的阐释》，《现代哲学》2013年第1期，第16-25页。

思主义理论。① 除主编译丛之外，段忠桥教授发表了较多研究分析马克思主义领域的论文，如他的《转向政治哲学与坚持辩证法》一文，详细分析和介绍了分析马克思主义的政治哲学转向的原因与影响；他的《柯亨的政治哲学转向及其启示》一文，重点研究了柯亨关于道德与历史唯物主义的关系问题；等等。这些论文主要涉及分析马克思主义有关道德、正义、平等、自由、剥削、唯物史观、政治哲学等主题，而且大多数属于一般性的介绍，如对历史理论的研究、对方法论的研究，对分析马克思主义基本特征的介绍等。

但是，国内还没有系统研究分析马克思主义中马克思"道德悖论"问题的著作。尤其是基于对分析马克思主义道德理论的研究，来系统阐释和论证马克思道德批判理论是以什么样的方式存在及存在的特性等，这方面的论文比较少见。

### 2. 关于马克思不同时期著作中的道德理论的研究

国内学术界一般都认为马克思有他自己的道德理论，并且对马克思道德理论的研究主要集中于对马克思道德理论内容的直接阐释以及马克思对资本主义的道德批判的论述。

国内对马克思道德理论内容的研究，主要集中在马克思的博士论文、《莱茵报》时期政论文章、克罗茨纳赫时期论文、《德法年鉴》时期几篇主要论文，以及《1844年经济学哲学手稿》《德意志意识形态》《共产党宣言》《资本论》等文本的伦理思想研究。并且，国内学者主要围绕马克思伦理思想的形成与发展、逻辑进路、理论特质、范式以及批判精神等主题予以讨论。大部分国内学者认为，马克思虽然没有撰写过纯粹的伦理学著作，但是在他的理论体系中道德思想是其重要的组成部分。

---

① 李伟东：《艾伦·伍德对新社会主义理论的批评》，《广东社会科学》2011年第1期，第92-97页。

　　对于马克思早期的伦理思想的研究，国内学者主要是分时期挖掘和厘清马克思道德理论发展的逻辑起点和理论脉络，准确地把握马克思道德理论的精髓。

　　《莱茵报》时期，同现实世界的接触使得马克思放弃了从普遍理性出发去寻找道德标准的理论立场，努力在现实世界中来确立道德的基础，这表现出马克思的道德理论已经开始超越启蒙伦理思想了。①

　　克罗茨纳赫时期，马克思在道德理论上发生了重大转折，不再追随近代启蒙伦理思想传统，把道德归结为个体内在的自我规定或自律精神；也与黑格尔的伦理思想有了本质的区别，不依从普遍的抽象的理性来寻求道德的基础，不把道德解释为抽象的"主观性的存在"，不把现代国家看成是最高的伦理实体，认为道德要得到解放就必须回到市民社会这一现实生活中来。②

　　《德法年鉴》时期，"马克思不再停留在《莱茵报》时期从道德动机背后的利益根源上对下层民众的利益表示关注、同情和解释，而是鲜明地表明了自己的价值立场，主张从无产阶级的利益出发，实现人类解放的价值目标"③。这表明马克思对那种从普遍理性、抽象人性、宗教情感或"爱"等出发的西方传统伦理学，表现出自己的理论批判特性和实践特性。

　　在《1844年经济学哲学手稿》中，马克思开始对人类现实物质活动予以哲学的批判，人道主义只不过是马克思对国民经济事实进行哲学分析和道德批判的理论基础。此时，马克思的人道主义本质上是一个关于如何消除异化而实现自由的理论体系。他认为异化劳动和私有财产的现实运动规律是人的自我异化及其扬弃的一般规律，私有财产关系及其否定的运动

---

① 陶艳华：《马克思〈莱茵报〉时期政治伦理思想》，《河北学刊》2009年第1期，第31-34页。

② 李培超：《马克思早期伦理思想探析》，《伦理学研究》2010年第6期，第5-13页。

③ 李培超：《马克思早期伦理思想探析》，《伦理学研究》2010年第6期，第5-13页。

是克服异化劳动的根本。① 马克思此时认为人的本质就是自由自觉的活动，这里的活动包括生产、消费、宗教、道德和法等方面，也即马克思此时还没有把物质的生产和精神的生产区分开来，还没有把物质生产和物质关系看成是第一性的，把精神生产看成是第二性的，因而科学艺术、宗教道德被视为是特殊的生产方式，更没有上升到意识形态本质层面来批判它们。因此，此时马克思著作中的思想只是他道德理论的萌芽。

马克思的以历史唯物主义为基础的道德理论是在《德意志意识形态》及其以后的论著中表达的。在《德意志意识形态》中，马克思系统地论述了道德的意识形态本质论，认为道德与宗教、哲学、政治一样属于社会意识形态，决定于社会物质生产方式。他说："个人怎样表现自己的生活，这同他们的生产是一致的——既和他们生产什么一致，又和他们怎样生产一致。因而，个人是什么样的，这取决于他们进行生产的物质条件。"②

在《德意志意识形态》之后的研究中，马克思放弃了以人道主义哲学方式分析经济现象和诠释历史发展规律；但是，人道主义因素作为价值批判形式在他以后的著作中一直延续了下来。

在《共产党宣言》中，马克思和恩格斯在揭示和批判资产阶级道德的虚伪本质的基础上提出了无产阶级道德和共产主义道德的根本指导思想。马克思、恩格斯认为，资产阶级道德以人的本性是自私的为前提，将现存的私有制合理化、永恒化，在道德上以商品交换的形式平等掩盖剥削和利己主义的本质，追求商品交换价值成为道德信崇。③ 马克思、恩格斯在《共产党宣言》中描绘道："它把宗教虔诚、骑士热忱、小市民伤感这些情感的神圣发作，淹没在利己主义打算的冰水之中。它把人的尊严变成了

① ［英］肖恩·塞尔斯著，高雯君译：《马克思〈1844年经济学哲学手稿〉中的"异化劳动"概念》，《当代国外马克思主义评论》2008年第12期，第375–377页。

② 《马克思恩格斯全集》（第3卷），人民出版社1960年版，第24页。

③ 黄富峰：《〈共产党宣言〉与无产阶级道德》，《伦理学研究》2009年第5期，第24–26页。

交换价值，用一种没有良心的贸易自由代替了无数特许的和自力挣得的自由。"① 他们指出道德是奠定在现实的物质生活条件基础上的，资产阶级与无产阶级的现实利益是对立的，未来的共产主义道德不可能是建立在资产阶级现有的生产关系和经济基础上的，也不是离开现实的对未来社会的空洞展望。虽然不能具体描绘未来共产主义道德的形式有哪些，但是《共产党宣言》确立了它的最根本的指导思想，共产主义道德是在对私有制的扬弃基础上建立的崭新道德，"代替那存在着阶级和阶级对立的资产阶级旧社会的，将是这样一个联合体，在那里，每个人的自由发展是一切人自由发展的条件"②。

马克思的《资本论》中蕴含着丰富的伦理学思想资源，首先是提出人的解放、自由和全面发展的人类终极道德价值。其次是对资本主义社会制度予以伦理的批判。③《资本论》通过对劳动力的买卖、剩余价值规律、资本原始积累过程等问题的解剖，深刻揭示了"自由""平等""博爱"等资产阶级道德的虚伪性。再次是《资本论》中蕴含丰富的经济伦理思想，其内容主要有三个部分：一是批判资产阶级政治经济学家的经济伦理思想；二是从伦理的角度分析批判资本主义的经济过程；三是展望未来社会的经济伦理状况。④

### 3. 关于马克思主义伦理学的系统整理研究

从 20 世纪 60 年代开始，我国学者对马克思的伦理思想进行系统研究，出版了一些专门著作，最有代表性的有：罗国杰 1982 年主编的《马克思主义伦理学》，论述了马克思的伦理思想起源，主要论述了共产主义道德、

① 《马克思恩格斯选集》（第 1 卷），人民出版社 1995 年版，第 274–275 页。

② 《马克思恩格斯选集》（第 1 卷），人民出版社 1995 年版，第 194 页。

③ 龚长宇：《现代社会道德秩序的批判与探寻——〈资本论〉伦理思想解读》，《学习与探索》2013 年第 10 期，第 8–11 页。

④ 刘琳：《马克思〈资本论〉的经济伦理思想研究述析》，《求实》2006 年第 8 期，第 4–6 页。

革命道德和正确对待传统道德等问题；唐凯麟 1983 年主编的《简明马克思主义伦理学》，对马克思主义伦理学的基本理论、共产主义道德的基本原则和各种规范、共产主义道德活动的各个方面和人生观等问题，进行了比较系统的阐述。

到 1991 年苏联解体以后，我们国内的马克思道德理论研究也进入了一个新的阶段，开始了我国学界独具特色的思考，有中国人民大学张霄教授的《〈1844 年经济学哲学手稿〉中的人道主义问题》，华中科技大学教授王晓升的《马克思是反（或非）道德主义者吗？》，吉林大学张盾教授的《马克思哲学革命中的伦理学问题》，曲红梅教授的《从历史的观点看一种对马克思道德理论的解读》，复旦大学辛慧丽博士的《马克思伦理思想的本质与特征研究》，南京大学张亮博士的《伦理的激情：马克思中学时代的哲学世界观解读》，等等。这些都是我国学者独立思考的理论成果，是对苏联传统教科书思维模式的批判而获得的进步。

### （二）国外学界的研究

在西方学界，有关马克思的道德理论一直是个备受争议的领域。马克思的理论体系中到底有没有道德理论（或者说道德因素），西方马克思主义学者对此意见不一。后来，这个问题的争论随着西方马克思主义运动的衰落而逐渐被淡化。20 世纪 70 年代初以来，分析马克思主义日益发展繁荣，受西方道德哲学复兴大主题的影响，自然引起了分析马克思主义者对马克思的道德理论的极大研究兴趣。

一方面，迄今为止国外直接涉及分析马克思主义道德理论的研究著作有：戴维·戈登教授的《复活马克思：分析马克思主义者论自由、剥削以及正义》（1990），汤姆·梅耶博士的《分析马克思主义》（1994）以及马库斯·罗伯茨研究员的《分析马克思主义：一个批判》（1997）。这三本书涉及分析马克思主义者对历史唯物主义、阶级、理性选择理论的论述，对其道德理论的研究占篇幅不太多，主要涉及剥削、自由等道德问题。加拿大学者威尔·金里卡的名著《当代政治哲学》中也研究了分析马克思主义的道德理论。他认为分析马克思主义的"根本目标就是批判并取代自由主义的正义理论"①，同时他对分析马克思主义的出场、理论任务、理论旨趣作了概括性说明。论文集有罗伯特·韦尔和凯·尼尔森主编的《分析马克思主义新论》（1989）。

另一方面，分析马克思主义学者们对马克思的道德理论的研究著作有：《分析马克思——道德、权力和历史》（1984），这是美国康奈尔大学哲学系教授理查德·米勒的代表作之一。此著作运用分析哲学的方法研究马克思的理论，目的在于阐明马克思哲学理论和道德理论的批判观点，认为这些观点是马克思批判社会制度的基础，最后要矫正西方学界的"马克思是经济决定论者或技术决定论者"和"马克思理论是一种形而上学"的误读。此著作的积极贡献是使人们能够深刻而正确地挖掘马克思理论的哲学思想资源。《马克思主义与道德》（1985），这是纽约大学社会学教授与英国皇家学院院士史蒂文·卢克斯的代表作之一。此著作从分析马克思主义道德理论中"似是而非的矛盾"问题的提出、例证和解决出发，然后分析阐明了马克思主义道德理论中主要涉及正义与权利、自由与解放、人类解放的目的与手段等道德问题方面的基本立场和具体立场，揭示了马克思主义道德理论与实践观的关系。《马克思主义、道德与社会正义》（1990），这是美国圣地亚哥大学哲学系教授 R.G. 佩弗的著作。此著作也是运用分析哲学和元伦理学的方法，主要以马克思、恩格斯的相关论述为依据，讨论马克思主义与道德和社会正义的相容关系问题。它挖掘隐含在马克思思想中的道德元素，在批评和比较分析马克思主义对马克思道德观的各种解读基础上，认为马克思是混合义务论者，即追求平等、自由最大化，从而驳

---

① ［加］威尔·金里卡著，刘莘译：《当代政治哲学》，上海译文出版社2011年版，第178页。

斥了那种"马克思主义与道德是不相容的"论断；并提出构建一种充分的马克思主义道德和社会正义理论。此外，还有加拿大学者凯·尼尔森与史蒂夫·佩顿主编的论文集《马克思与道德》（1981）。

国外学界研究分析马克思主义道德理论的论文也是不多的。大多数论文是在分析马克思主义者之间就某个问题互相辩论而写作的。分析马克思主义关于马克思的道德理论的研究始于马克思"正义问题"的争论，后来才逐渐拓宽、延伸到自由、平等、剥削以及总体的马克思的道德理论。

综合而言，上述著作和论文研究的主要涉及马克思"正义问题"、马克思总体的道德理论以及分析马克思主义道德理论研究方法等方面。

关于马克思"正义问题"的研究。一是罗伯特·塔克尔于1969年出版的《马克思的革命观念》一书，二是艾伦·伍德于1972年发表的一篇论文《马克思对正义的批判》。塔克尔和伍德都提出马克思反对正义的观点，引发了马克思"正义问题"的大讨论。在分析马克思主义中，形成了马克思反对正义与马克思赞成正义两种相对立的观点。伍德认为马克思是把正义作为一个法权概念来批判的，马克思的正义观念是以内在的特定的生产方式为本质的，不能作为判断人类行为、社会制度以及其他社会事实的道德标准。

齐雅德·胡萨米发表了《马克思论分配正义》一文反对伍德的观点。他认为马克思是赞成正义的，马克思是从生产领域而不是从流通领域批判资本家与工人的不公平交换的，伍德将马克思的道德理论降格为马克思的道德社会学了。理查德·阿内森在《剥削错在哪里》一文中很有力地批判了伍德的观点，指出并非所有的正义标准都内在于某一特定的生产方式。[①] 柯亨也反对伍德的观点。他在《〈卡尔马克思〉的书评》中指出，马克思主张资本家在非相对的意义上是盗窃者，盗窃就是做不正义的事，那

---

[①] R.J.Arneson, What's Wrong With Exploitation ?, *Ethics*, 91, January 1981, p202–227.

么基于盗窃的制度就是不正义的[①]，认为马克思对资本主义的道德批判应该是马克思理论中的主要问题。范德维尔在《马克思的正义观》中反对塔克尔的"马克思反对分配正义"命题，他认为马克思的哥达纲领原则就是优于资本主义原则的，马克思正是出于对正义的考虑才谴责资本主义分配是剥削。

乔治·布伦克特在《马克思论自由与私有财产》一文中却认为伍德的观点和范德维尔的观点都有错误。他表示马克思只是依据隐含的道德原则批判资本主义的私有财产。他虽然接受伍德的马克思反对正义的观点，却反对伍德主张的马克思是非道德主义者的观点，认为马克思是以自由原则批判资本主义的。因此，他把自由纳入了分析马克思主义研究马克思道德理论的领域。

关于马克思总体的道德理论的研究。伍德在他的《卡尔·马克思》（1981）中做出道德的善与非道德的善的区分，认为马克思理论中追求的价值是非道德的善，断定马克思是非道德主义者。米勒则激进地认为马克思是反道德主义者。

布坎南的《马克思、道德与历史：对最近分析马克思主义著作的评论》一文对几个人的观点作了评论。他评论了伍德对道德的善与非道德的善区分，也对米勒的为解决政治问题而提出的狭隘道德概念作了评论。此外，他还对柯亨、胡萨米、埃尔斯特关于正义的论述做了评论。他一方面赞成伍德主张马克思对于正义与权利持批判态度的观点，另一方面却认为马克思对正义的诉求将在共产主义生产方式中得到解决。

R.G.佩弗的《马克思主义、道德与社会正义》一书，是分析马克思主义道德理论研究的集体成果的总结。在此书中，他运用元伦理学的方法对

---

[①] G.A.Cohen，Review of Karl Marx by Allen W. Wood，*Mind*，XCII，No.367，July 1983，p440–445.

马克思是非道德主义者、马克思认定道德是意识形态而拒斥道德以及马克思拒斥正义与权利这三个命题提出了批评。佩弗认为伍德误解了马克思的很多道德概念，如自由平等的道德意义、意识形态的词性等。此著作综合和拓宽了分析马克思主义道德理论的研究领域。

艾伦·纳赛尔在《马克思的伦理人类学》一文中一样地反对伍德的观点。不过，此文属于道德人类学的研究范围。他提出了历史主义与道德理论的关系问题。还有，德布·拉萨茨认为伍德与米勒的马克思非（反）道德主义是错误的。他将马克思的道德理论与历史唯物主义联系起来，将其看作是马克思历史唯物主义中一个重要的解释机制，强调了历史理论与道德理论的关系。

加里·戴姆斯基和约翰·埃利奥特在《人人都应该对剥削感兴趣吗？》一文中认为罗默对剥削概念的界定缺失了马克思剥削概念的道德意义，不能用于当代重要道德问题的解决。他们主张剥削和不平等问题不局限于财产的分配方面，还涉及权力和生产关系等方面，认为应该将马克思的自由、阶级、民主、自我实现等道德标准与正义标准联系起来考虑问题。

关于分析马克思主义道德理论研究方法的批判。曼德尔批评埃尔斯特的方法论个人主义，认为他对历史缺乏辩证的理解，不能把握历史发展的真实过程。曼德尔还批评埃尔斯特将马克思的进步观机械地解释为目的论，忽略了马克思对资本主义罪恶给予的人道主义谴责。

肖恩·塞耶斯认为分析马克思主义反对辩证法是个严重的错误，分析马克思主义的逻辑分析将道德判断与社会理论解释对立起来是违反马克思主义的。他认为马克思是用历史方法分析道德，而不是相反。马克思没有把道德价值赋予标准普遍化、抽象化的意义，而只是把道德看作是历史社会现象。①

---

① Sean Sayers，Analytical Marxism and Morality，*Canadian Journal of Philosophy*；Supplementary Volume，15（1989），p81–104.

关于分析马克思主义者在解读马克思的著作基础上，对于马克思的理论体系中是否存在道德理论（或道德因素）的看法和观点有：

第一，否定马克思理论体系中存在任何伦理思想或道德理论。

罗伯特·塔克尔和艾伦·伍德指出马克思是一个"非道德论者"。[①] W. 苏巴特也认为，"马克思的理论以其反道德倾向而区别于其他任何社会理论，马克思的理论自始至终没有任何伦理言论、伦理命题和伦理预设。"[②] 他们认为，马克思为无产阶级提供了革命的理论和方法，却没有提供道德理论。关于马克思"非道德主义者"的论证，伍德发起了一场关于"马克思与正义"问题的争论，认为马克思有关"正义"的概念的认识只是从法权观点出发对社会事实的合理性采取的最高表示，在马克思的思想体系中始终没有一个确切的关于"正义"的描述，马克思在其思想及其著作中也没有以十分严谨的方式来讨论资本主义是不正义的，马克思没有以"不正义"之名来谴责资本主义，反而证明了资本主义的"正义性"。[③] 伍德还认为，马克思主张在阶级社会中并不存在任何超越阶级和生产方式的正义原则，马克思不会把这样的正义原则放置到无产阶级的利益中去。[④]

第二，肯定或部分肯定马克思思想中有伦理思想或道德理论。

G.A. 柯亨与艾伦·伍德都是潜心于研究马克思的著作，但是在有关马克思的理论与道德的关系问题上，他们意见截然相反。伍德认为马克思是非道德主义者，柯亨却认定马克思的思想中有关道德的观点和理论是充满道理且十分必要的。在柯亨看来，"马克思是在一种合适的而非相对的意

---

① 王天恩、李梅敬：《从理论层次入手理解马克思的道德哲学——反观马克思道德理论争论》，《理论视野》2015 年第 4 期，第 13—17 页。

② R.Tucker, *philosophy and Myth in Karl Marx*, Cambridge University Press, N.Y.1961, p12.

③ 王红阳、朱金瑞：《马克思拒斥正义吗？——对塔克尔和伍德命题的若干反思》，《理论月刊》2014 年第 9 期，第 21—24 页。

④ 尚庆飞：《艾伦·伍德的阶级观：阐释与评价》，《南京社会科学》2008 年第 6 期，第 24—29 页。

义上谴责资本主义为不正义，并且认为这样的道德批判应该是当代马克思主义理论的一个核心要素"①。柯亨在其著作《卡尔·马克思的历史理论：一种辩护》中一直对历史唯物主义进行合理重构和辩护，还在他的《自由、正义与资本主义》一书中通过对自然权利的相关表述和论证，来传达他对马克思道德思想的认识。柯亨所说的"自然权利"不仅仅是法定的权利，"而是我们依据道德而非法律的根据而拥有它们"，"自然（或道德）权利的语言就是正义的语言，而且凡是认真对待正义的人都必须接受这一点：世界上存在着自然权利"②。

由美国学者弗吉利亚斯·弗姆主编的《道德百科全书》对于马克思的伦理道德思想做了一系列的分析与表述，认为马克思的道德理论只是"片段的，作为偶然的意见和愤怒的评注散布在马克思卷帙浩繁的著作中"，"仅仅包含一些开始走向一个道德理论的暗示"。③此书对马克思的伦理道德思想提出诸多疑问，认为马克思的伦理道德思想并不全面，马克思把道德建立在阶级的基础上，经济决定阶级，经济也就决定着道德。此书认为如果这样划分道德，就失去了道德最通常的意义，马克思给资产阶级贴上"不道德"的标签也仅仅是因为他们的阶级是过时的、不进步的而已，并没有对资产阶级道德进行本质性的谴责。另外，根据马克思的经济决定论，此书提出："道德法典难道就不能超越阶级利益吗？"④一种超越经济利益、不同的阶级或者许多集体通过合作来谋取共同利益而产生的另外一

①［加］凯·尼尔森著，林进平等译：《正义之争：马克思主义的非道德主义与道德主义》，《马克思主义与现实》2009 年第 6 期，第 1—10 页。

②［加］凯·尼尔森著，林进平等译：《正义之争：马克思主义的非道德主义与道德主义》，《马克思主义与现实》2009 年第 6 期，第 1—10 页。

③［美］弗吉利亚斯·弗姆著，戴杨毅、姚新中等译：《道德百科全书》，湖南人民出版社 1988 年版，第 272 页。

④［美］弗吉利亚斯·弗姆著，戴杨毅、姚新中等译：《道德百科全书》，湖南人民出版社 1988 年版，第 273 页。

种类型的道德是可以存在的。另外，它还提出有关道德只能随着经济基础和生产方式的变更而变更的疑问，以及怎样建立个人的自我利益和对阶级的忠诚之间的桥梁。

第三，认为虽然马克思有伦理道德思想但是又充斥着矛盾。

英国学者 N.杰拉斯在有关"马克思与正义"问题的争论中认为，马克思道德理论存在着矛盾：马克思一方面反对道德化的批判，另一方面又经常把剥削谴责为不公正的，愤慨地指责它是掠夺和盗窃。这里的谴责词句表明马克思对资本主义社会的批判诉诸某种正义原则；然而，马克思同时又认为任何正义原则只能适用于某种特定的社会形态而作为正义标准。①比如，马克思在《资本论》中肯定了生产剩余价值过程具备资本主义所宣称的"正义性"的同时，他又多次用了大量非道德的词汇，如"偷窃""榨取""窃取"，谴责资本家获取剩余价值的所谓"正义性"活动。

英国学者史蒂文·卢克斯在他的《马克思主义与道德》一书中表达了类似的观点。他认为，"马克思主义对于道德的态度中存在着一种似是而非的矛盾。"②他用了一个"似是而非的矛盾"的词句，认为一方面道德属于意识形态的形式，根源于社会，且服务于特定的阶级利益，另一方面道德又属于阶级社会发展的各种阶段所共有的普遍观念，只有彻底消灭了阶级对立道德才会完全消失。他指出，马克思反对任何道德说教，把所有的道德词汇都当作过时的东西加以拒绝，没有从道德意义出发对于资本主义和政治经济学进行批判，而是从科学的意义出发进行的。③但是，在马克思的著作中普遍充满了有关道德的判断，其中有含蓄的也有观点十分明确

① 张霄：《马克思与正义——评当代英美马克思主义伦理学研究中的一场争论》，《道德与文明》2010 年第 3 期，第 138–144 页。

② ［英］史蒂文·卢克斯著，袁聚录译：《马克思主义与道德》，高等教育出版社 2009 年版，第 1 页。

③ ［英］史蒂文·卢克斯著，袁聚录译：《马克思主义与道德》，高等教育出版社 2009 年版，第 3 页。

的。从马克思早期的作品到《德意志意识形态》再到《资本论》，我们会发现其间到处都是马克思对于资本主义暴行的激怒、愤慨、谴责、劝告以及对于美好世界的热切期望。卢克斯认为这些就是马克思的道德思想表达。简言之，马克思在有关道德方面既拒绝道德批判或道德说教，同时又存在这种方式的批判。

### （三）对国内外文献的总体分析

本书以分析马克思主义道德理论为视域来研究马克思批判的道德理论。分析马克思主义学者的著作和论文是本书研究的重要资源，国内关于马克思不同时期著作中的道德理论的研究以及对马克思主义伦理学的系统整理研究也是本书需要的重要资源。对这两个方面的文献予以比较研究是非常有价值的。

国内的关于马克思不同时期著作中的道德理论的研究，对马克思道德观点的挖掘非常微观又丰富，对我国马克思主义伦理学的奠定和发展极有贡献。但是，国内这两个方面的研究缺少足够的国际视野，没有积极回应第二国际以来西方学界关于"科学的"与"伦理的"马克思主义之争和分析马克思主义的马克思"道德悖论"之争等问题。直至20世纪末到21世纪初国内学者才比较积极地关注西方学界对马克思和马克思主义道德理论的研究。就我国当前来说，从国际视野的某种视角来研究马克思和马克思主义道德理论依然是非常必要的。

相比较而言，分析马克思主义学者们对马克思的道德理论的研究非常活跃，都有各自相对独立且深入的研究；他们讨论的主题、领域非常广泛，如马克思有没有自己的道德理论问题，马克思关于资本主义的正义性问题，对社会阶级的道德批判以及阶级、利益与道德之间的关系问题。他们的研究途径有文本的解读，同时又有以现代哲学的多元因素给予它重构。他们运用分析方法确实让很多问题变得很清晰，另外他们对马克思的道德理论的重构也很严谨。他们的研究很注重马克思的文本解读；但是，由于严格运用语言逻辑分析和元伦理学的方法，强调方法论的个人主义，拒绝辩证法和方法论的整体主义，往往导致过度解读而偏离马克思文本原义，遗失马克思著作思想中的批判性和革命性。因而，如何正确有效理解、甄别、借鉴吸收分析马克思主义道德理论，需要认识、把握和运用马克思的文本语境中的理论批判特性和实践话语方式，来克服分析马克思主义道德理论的局限和不足。

## 三、基本概念的内涵界定

研究马克思或马克思主义与道德的关系问题时，有人提"马克思主义与道德"，如米勒的《分析马克思——道德、权利和历史》；也有人提"马克思的固有道德理论"，如佩弗认为马克思存在固有的道德理论，同时他也用"马克思的道德观"[①] 这样的提法；我们国内学者中有人提"马克思（马克思主义）伦理思想"，如李培超教授认为马克思著作中有丰富的伦理思想[②]；等等。而马克思的著作中多用"道德"一词，如马克思在《德意志意识形态》中说："道德、宗教、形而上学和其他意识形态，以及与它们相适应的意识形态，……失去独立性外观。"[③]

从我的著作选题意义、视域和目的出发，又考虑到分析马克思主义学者的著作话语体系和马克思本人文本语境，以及我们国内马克思主义学者著作的用语，有必要界定道德、道德观与伦理（学），道德理论与道德批判理论这样几个相关联的基本伦理范畴，而且必须将它们联系和比较起来

---

① ［美］R.G.佩弗著，吕梁山、李旸、周洪军译：《马克思主义、道德与社会正义》，高等教育出版社 2010 年版，第 35 页。

② 李培超：《马克思早期伦理思想探析》，《伦理学研究》2010 年第 6 期，第 5-13 页。

③ 《马克思恩格斯全集》（第 3 卷），人民出版社 1960 年版，第 30 页。

理解。

第一，"道德"一词的含义。

道德概念的界定问题以及道德的内容是什么，这是伦理学研究中的一个基本且首要的问题；然而，当前学术界在此问题上没有获得共识，主要表现在：（1）不同版本的教材和研究著作中关于道德的定义不一致。（2）有些对道德概念的界定过于狭隘，不能适用各种相关的伦理学研究。如果仅仅将道德定义为行为规范，就难以解释行为之上的与道德相关的精神层面，比如说，"道德修养""道德情操""道德教育"之类的概念。（3）有些道德概念的定义脱离人们的日常生活。在日常生活中，人们使用"道德"时所表达的意义非常丰富。如，这个人的道德不好，或说那个人的德行太差。所谓的"道德不好""德行太差"，指的就是此人的道德品质恶劣。而这样的日常话语中表达的道德内涵，在我们目前的大多数道德概念的定义中没有被涵盖进来。

在古代汉语中，"道"有正确、适当、合理和法则之意。当"道"用于人的活动方面时，就有"人的行为活动所遵循的基本法则"的含义了。"道德"概念中就包含了正确、适当、合理和法则之意。而"德"通"得"，东汉刘熙《释名·释言语》中解释："德者，得也，得事宜也。"意思是一个人为人处世方面处理得当，不仅"外得于人，内得于己也"[①]，最重要的是"得于心"。所以，古人认为，遵循"道"，人就会有所"获得"；因此，"道"和"德"密切地联系在一起了。

《荀子》中开始将"道德"合用，并将它上升到礼的高度。荀子说："故学至乎礼而止矣！夫是之谓道德之极。"[②]在中国传统文化里，"道德"一词既是人们在社会生活中应遵循的行为规则，也指人们"行道"之后的

---

① ［东汉］许慎著，段玉裁注：《说文解字注》，上海古籍出版社1988年版，第501页。
② 安小兰译注：《荀子》，中华书局2007年版，第10页。

品质表现，既是"道"，也是"得"。

不管是日常生活中还是伦理学研究中，"道德"这个概念具有三个方面的内容：（1）作为思想观念的"道德"。道德是人们把握关于人与人、人与社会、人与自然之间关系的一种思想观念。（2）作为行为规范的"道德"。道德是调节并处理人与人之间社会关系的重要的规范之一。（3）作为德行品质的"道德"。当作为思想观念的道德被个体和社会接受，并在行为中践行时，"道德"就开始成为个人的德行品质和社会的道德风尚。

在西方，现代英语中的 moral（道德）来自拉丁文的 mores（风俗）。古罗马思想家西塞罗用 mores 一词创造了形容词 moralis，指国家生活中的道德风俗和人们的道德个性，后来英文 morality 沿袭了这一含义。① 因此，西方的 moral（道德）、morality（道德的）兼具社会风俗和个人品性的含义，与中国的道与德的意思相近，是社会人伦秩序和个体品德修养的统一。

那么，在马克思文本的语境下，道德概念的内涵主要指作为思想观念的道德。一般说来，马克思主义认为，道德是一种社会意识形态，决定于社会存在。不同的时代、不同的阶级有不同的道德观念，没有任何一种道德是永恒不变的。

第二，道德观。

《伦理百科辞典》认为，道德观是"对社会道德现象和道德关系的整体认识和系统看法"。也就是说，道德观与道德是紧密关联的，道德观是人们"观"道德、考察道德而来的。人们"观"道德，包括对道德的产生、形成、发展、性质、功能作用，以及道德与其他社会意识的关系等方面的考察。

不同时期的人"观"道德不一样，他们的道德观也就不一样。同样，在不同的社会领域或生活层面也会产生不同的道德观，如人口道德观、家

---

① 李萍：《伦理学基础》，首都经济贸易大学出版社 2004 年版，第 20 页。

庭道德观、爱情道德观、生态道德观、职业道德观、英雄道德观等。

第三，伦理。

"伦理"一词，在中国典籍中解释很多。最基本的理解是，伦有"辈、群、等、序"等多种内涵，而从道德观点上来说，"伦"指人伦，而"理"就是条理和规则。"伦理"就是人与人之间在对待人和自然等客体发生的相互社会关系中所应遵循的道理和规则。历观中国的伦理思想史，先秦时期并无"伦理"一词出现，传统道德精神常常表现为直接的内容，如：夏商的"孝"，周初的"德"，以及之后出现的"礼"和"仁"。至秦汉时期，"伦理"这一概念才出现在包含有系统的道德理论、行为规范的《孝经》《礼记》等著作中。在我国古代，由于没有形成严格的学科分类，丰富的伦理思想往往同哲学、政治学、修身学等融合在一起。直至近代，伦理学才成为一门独立的学科。

在西方，"伦理"与"伦理学"是一个概念（ethics）。在"ethics"词条下只有名词词性，其语义有：（1）伦理学、道德学；（2）伦理学论文或书籍；（3）伦理观、道德观、道德标准。[①]古希腊思想家亚里士多德最早正式使用"伦理学"一词，表示关于人的德行的学说。在西方伦理史上，道德与伦理两个概念在相当长的历史时期里，是混用和难以区分的。直到近代，黑格尔在他的《法哲学原理》中，才将二者加以明确区分。他以"自由意志"为基础，认为道德"从它的形态上看就是主观意志的法。按照这种法，意志承认某种东西，并且是某种东西，但仅以某种东西是意志自己的东西，而且意志在其中作为主观的东西而对自身存在者为限"[②]，即道德是个体的主观自由；而伦理"是自由的理念。它是活的善，这活的善在自我意识中具有它的知识和意志，通过自我意识的行动而达到它的现实性；

---

①《新英汉词典》（增补本），上海译文出版社 1985 年版，第 410–411 页。

②［德］G.W.F. 黑格尔：《法哲学原理》，商务印书馆 1961 年版，第 131 页。

另一方面自我意识在伦理性的存在中具有它的绝对基础和起推动作用的目的。因此，伦理就成为现存世界和自我意识本性的那种自由的概念"①，即伦理是超越个体之上的客观社会关系和外在力量。黑格尔对"伦理"赋予社会行为规范（包括风俗习惯）的意义，而"伦理"内化为个人的操守即是"道德"。

除黑格尔之外，哈贝马斯对道德与伦理做出了别具特色的区分。哈贝马斯认为，无论是古典伦理学还是现代伦理学，它们都是从"我应当做什么"②这个问题开始的。他认为，"对'我应当做什么'的不同回答区分开来的道德和伦理属于不同的问题域。道德是通过普遍化而最终可以达成一致的规范问题，而伦理却是不同的生活方式形成的不同价值体系的问题。"③显然，哈贝马斯与黑格尔的区分是有所不同的，一个侧重精神层面，一个侧重客观层面。

总之，通过比较，与中国文化中的"伦理"概念不同，西方的"伦理"一开始就具有了原始的、素朴的理性特征。20世纪80年代后，我国文化观念随经济改革开放发生改变，中国文化语境下的"道德"概念渐渐地融入西方的"伦理"概念之中，中国古代文化中"伦理"一词的内涵与外延渐渐地与西方"伦理"概念保持一致性。

尽管中西文化交流融合，中西"伦理"与"道德"概念仍有一些基本区分："其一，'伦理'概念是西方理性伦理学的核心概念；'道德'概念则是中国道德哲学的逻辑起点。其二，由于两种文化的起源与发展轨迹不同，中西语境下的'伦理'与'道德'概念打上了各自民族精神和历史文化的烙印。'伦理'概念蕴含着西方的理性、科学、公共意志等属性；'道

---

① ［德］G.W.F.黑格尔：《法哲学原理》，商务印书馆1961年版，第193页。

② Habermas, *Justification and Application*, trans.By Ciaran Cronin, The MIT Press, 1994, p2.

③ 李薇薇：《论哈贝马斯对道德与伦理的区分》，《道德与文明》2010年第6期，第144-147页。

德'概念蕴含着更多的东方文化惰性、人文、个人修养等色彩。其三，在当下中国学术话语中，'伦理'逐渐成为了伦理学中的一级概念，而'道德'则退居为伦理学中'伦理'概念下的二级概念。它们有着各自相对独立的概念范畴和使用区域，即'伦理'概念适合用于抽象、理性、规则、公共意志等理论范畴，而'道德'概念适合于具体、惰性、行动、个人修养等实践范畴。二者不能混同。"①

第四，道德理论。

道德理论与道德思想、道德哲学、伦理思想，这几个概念的意义相近，不加以严格区分下几乎可以通用。在这里，若要对它们做详细考察、比较，那将是非常繁杂的事情。姑且不论之。从本书选题意图出发，这里主要是界定和区别道德理论与道德批判理论这两个相关概念。

道德是人的一种智慧，关注人以个体或集体的方式如何过上一种值得过的生活，它是一种生活方式、一种生活态度。在如何通达幸福生活的途径上，仁者见仁，智者见智，必然在生活中结晶出高低不同的智慧，出现了不同的道德理论，如义务论、后果论、契约论、德性论等学说。这些理论都以不同的方式解决一些道德问题或者对同样的问题的解决可以达到不同的理论程度和效果，从而达到对世界和生活的不同把握，使人们进入不同的道德境界。所以，道德理论，一般地说，就是对道德的理解和解决一些道德问题所形成的系统理论。

那么，道德理论的本质如何？美国学者戴尔·詹明信就此问题说道："按照这个主流观念，道德理论是用恰当的范畴对主体、行为或结果进行分类的抽象结构。"② 这个主流观念受到越来越多的挑战。他指出这些挑战

---

① 尧新瑜：《"伦理"与"道德"概念的三重比较义》，《道德与文明》2010 年第 7 期，第 21–25 页。

② ［美］戴尔·詹明信著，方旭东译：《道德理论与方法》，《思想与文化》2011 年第 12 期，第 98–111 页。

一是来自从 19 世纪 60 年代广为流传的对权威的怀疑主义；一是来自 19 世纪 70 年代开始出现于专业哲学领域的一种女性主义意识。然而，从中外伦理思想史上看，以这种主流观念建构的道德理论是普遍存在的。因此说，道德理论是用恰当的范畴对主体、行为或结果进行分类的抽象结构。道德理论概念的这个界定，相当准确地揭示了道德理论的本质。

第五，道德批判理论。

道德批判理论也是一种道德理论，但是不能说所有的道德理论都是道德批判理论。批判是一种态度。"在康德哲学之后，人们都有一种批判的眼光。也就是说要建立任何一个前提都必须要接受批判，要说明和证明这样做的理由。"[①] 那么，这里首先要说明什么是批判理论。

批判理论这个概念，一是指马克思主义的理论性质、精神和方法，一是特指西方马克思主义的一个学派，即"所谓'批判理论'，在其特定意义上，即是指法兰克福学派的社会哲学理论"[②]。而且，"西方马克思主义的批判理论是直接源出于马克思的思想并直接受到马克思的批判理论的启示而形成的"[③]。也即，西方马克思主义的批判理论是对马克思的批判理论的解读、继承和发展。实际上，从卢卡奇开始就注意到了马克思哲学具有批判的性质；当然，最明确和深刻地认为马克思哲学就是批判理论的是法兰克福学派的霍克海默。"霍克海默认为，马克思本人著作的主线是批判，其证据就是马克思把他的许多重要著作的标题或副标题都定为'批判'。"[④]他们认为，"以往的资产阶级理论都是把资本主义的存在当作自然的、给定的事实接受下来，……而马克思哲学却是力图通过对资本主义的批判，

① 邓晓芒：《邓晓芒讲黑格尔》，北京大学出版社 2006 年版，第 62 页。

② ［美］马丁·杰伊著，单世联译：《法兰克福学派史》，广东人民出版社 1998 年版，第 2 页。

③ 杨乐强：《西方马克思主义的批判理论：甄别与借鉴》，《学术论坛》2004 年第 4 期，第 20–23 页。

④ 徐崇温：《西方马克思主义》，天津出版社 1982 年版，第 315 页。

达到用革命实践去改造这种制度……"①而大部分西方马克思主义学者都认为，马克思主义的理论指向不在于对现实的认同和确立，而在于对现实的批判与超越，对压抑人发展的一切进行无情的批判。

但是，特指意义上的"批判理论"即法兰克福学派的社会哲学理论与马克思主义之间还是有着很大的差别的。其一，"批判理论"的批判是为了批判而批判，在对社会的批判中缺乏建设性；而马克思主义的批判只是一种手段，即通过对资本主义社会中摧残人、压抑人的现实予以无情的揭露，目的是为了阐释人的生存方式，揭示人的自由和全面发展的非异化状态。其二，"批判理论"对资本主义社会的批判主要是对意识、文化领域的批判，力图在资本主义社会中实现意识革命。但正如马克思所说的："意识的一切形式和产物不是可以用精神的批判来消灭的……只有实际地推翻这一切唯心主义谬论所由产生的现实的社会关系，才能把它消灭。"②马克思主义的批判是对社会存在，也包括对社会意识的批判，目的是要改造世界。

马克思对资本主义社会予以历史的批判、经济的批判的同时，从未让道德的批判缺席过。马克思的唯物史观中所蕴含着的深厚人本主义精神不再是纯粹空洞的道德说教，而是一种实践人道主义，主张以积极行动创造新的生活世界，使人自身在改造世界的实践过程中获得自由和解放。③

尽管有学者认为马克思对资本主义的批判经历了由道德批判向唯物史观批判的嬗变④，但是这种变化并不意味着马克思放弃对资本主义的道德批判。那么这是何种意义的嬗变呢？马克思的这一变化的实质是从单一方式的批判走向综合方式的批判，是在道德批判之上再加上历史的批判和经

---

① 王福敏、丁万华、付义：《马克思哲学批判理论之理解和评析》，《文教资料》2007年第33期，第85—86、118页。

② 《马克思恩格斯选集》（第1卷），人民出版社1995年版，第43页。

③ 高兆明：《马克思唯物史观与道德观三问》，《道德与文明》2007年第3期，第11—14页。

④ 余京华：《论马克思唯物史观的道德批判精神》，《安徽大学学报》（哲学社会科学版），2010年第1期，第32—38页。

济学哲学的批判；然后将这么多种批判综合起来，意在准确地诊断出资本主义社会的症候和病根。发生这种变化的原因是，马克思在批判现实社会中，高度的理性之光必须要深刻审视冷冷的物质利益世界、热情的道德理想必然遭遇无情的社会现实这样的"令人苦恼的疑问"；为了解答这样的问题，马克思进一步加深对现实物质社会的研究并深化自己的理论探讨，逐渐认识到道德批判不只是一个简单的价值评判问题，对现实社会予以道德批判必须依赖于科学批判的有力支持。

这种变化不是使得马克思的唯物史观缺失道德批判的色彩，而是让马克思对资本主义社会的批判更加具有道德批判的独特魅力和深度，即马克思的道德批判不同于以往的那种肯定现存社会秩序的知识形态的、对现实的非批判性认同的传统道德理论。而且，马克思的后期道德批判存在一种选择性的放弃，即马克思反对形式化的伦理学，反对那个时代在社会、政治争论中流行的抽象的道德批判的"道德主义"。因此，马克思实际上放弃的是抽象的道德批判，而重视的是"实践的道德批判"。他在《德意志意识形态》中批判施蒂纳时说："共产主义根本不进行任何道德说教。"[①]一些认为马克思是"反道德的"西方马克思主义学者，经常拿马克思文本中这种类似的语句作为判定马克思"反道德"的有力证据。殊不知，这句话本身就是很具有批判性口吻的，"不进行任何道德说教"不能被理解为"不进行任何道德批判"；而且，这里的"道德说教"是指旧道德，正是马克思要批判的对象。这句话正好表现了马克思一贯的道德批判性的话语存在。马克思唯物史观的"实践的道德批判"拒绝的是任何伪善的道德原则，其理论是要建立在"任何一个小孩子都知道"的历史事实基础上。正因如此，才说马克思的道德理论是"批判的道德理论"。

---

① 《马克思恩格斯全集》（第1卷），人民出版社1956年版，第411页。

# 四、研究思路、方法及创新

## （一）研究思路

本书以西方学界长期争论的马克思的理论体系是否需要或存在某种道德的论争为切入点，然后主要以分析马克思主义道德理论所讨论的主题和领域为研究范围，梳理分析马克思主义学者们围绕马克思"道德悖论"问题所讨论的主题、方法、不同观点及其论证依据等方面，依据马克思的相关文本来厘清他们的观点和论证，最终希望完成论证和阐释马克思批判的道德理论是如何充分存在的。同时，阐明分析马克思主义道德理论中可借鉴的方面以及需要加以克服的理论局限。也就是说，本书并不打算一般性地讨论马克思的道德理论，而是选择在分析马克思主义的视域下对马克思的道德理论做出阐释和论证。

## （二）研究方法

第一，文献分析研究法。

根据本书的选题要求，应该掌握马克思的相关文本和分析马克思主义学者的著作和论文，也包括恩格斯等马克思主义者的相关文本，以及我国学者对"马克思与道德"领域研究的相关论文。可以说，这方面的文献资料是非常丰富的，因此，对文献的搜集、鉴别、分析、整理是一项十分重要和繁杂的工作。这方面的工作若是做得成功，对本选题的研究是至关重要的。

第二，马克思著作中实践的跨越性批判话语方式的运用。

要正确阐述马克思理论体系中是否存在道德因素和道德论证，必须回到马克思的文本，根据其本身的话语方式去解读才不至于偏离马克思。在马克思文本语境中，有一种受康德哲学中反独断论批判方式的影响而发展出来的实践话语方式。康德的先验论旨在"要弄清楚意识不到且先于经验而存在的形式"①。既然是"先于经验而存在的形式",那么就不能仅从经验论或唯理论来"发现"其真理。为了防止经验论的独断论和唯理论的独断论错误,康德常常以经验论批判唯理论,同时又以唯理论批判经验论,即透过两者之间的"强烈的视差"以避免受到独断论假象的欺骗,从而发现"先于经验而存在的形式"的真实现实。日本学者柄谷行人将康德的这种批判称为"跨越性批判"②。

康德的这种批判方式不是那种"不光从自己的视角而且要从'他人的视角'来观察"的无视差比较的批判方式,而是"只有在自己的视角和他人的视角之'强烈的视差'上才能产生"③的一种反思之批判的反思。康德非常清楚,不管是从自己的视角还是从他人的视角都难以避免不成为骗局。只有进入到唯理论和经验论之间有视差的"关系结构"中才可能不被假象欺骗。用柄谷行人一个生动的比喻来说明康德的跨越性批判,即每个人都无法直接呈现自己的脸的真实存在,照镜子时我们总是按自己的意愿看自己的面孔,而照相机拍下来的照片则是"客观地"记录,我们只有通过镜子里的像(主观的)与照片(客观的)之间的"强烈的视差",才可能感知自己的脸的真实现实。这种"视差"之见的批判,并不是常见的"换位思考"那样的方式,也不同于主观理性反思和"客观性"考察,而是通过自我和他者之间"强烈的视差"来消除认识论中的假象。

这种跨越性批判在马克思的实践话语方式中获得发展,它是跨越性批判思维方式,又因为它的实践话语方式而更具有科学的批判性。指马克思

---

① [日]柄谷行人著,赵京华译:《跨越性批判——康德与马克思·导论》,中央编译局出版社 2010 年版,第 1 页。

② [日]柄谷行人著,赵京华译:《跨越性批判——康德与马克思·导论》,中央编译局出版社 2010 年版,第 4 页。

③ [日]柄谷行人著,赵京华译:《跨越性批判——康德与马克思·导论》,中央编译局出版社 2010 年版,第 2 页。

常常将问题放进不同历史的实践关系中加以考察。在继承康德的批判思维基础上，马克思将康德的那种"关系结构"建立在实践批判的基础之上来表达他的文本。在马克思的道德理论中，描述性与规范性、科学性与价值性描述和判断都是在马克思的实践话语中言说的，因为它们本来就统一于实践中。在马克思文本中，这种话语方式与批判思维是统一的。这种批判思维可以避免仅仅从某一方面考察问题而出现独断论的错误。比如，在《共产党宣言》中，马克思说："此外，还存在着一切社会状态所共有的永恒的真理，如自由、正义等等。但是共产主义要废除永恒真理，它要废除宗教、道德，而不是加以革新，所以共产主义是同至今的全部历史发展进程相矛盾的。"① 对于这段话，如果我们不能把握马克思的话语方式和批判思维特性，就不能正确理解它。所谓"一切社会状态所共有的永恒的真理，如自由、正义"，这是从普遍化抽象化的道德意义来说的，同时马克思又持有共产主义的优越性价值判断在其中。同样地，如果仅仅从共产主义理想构想来看，道德是多余的，要是仅仅从统治阶级宣称的抽象化道德理论来看，道德是超历史的。这是两个方面造成的假象。他所说的"共产主义是同至今的全部历史发展进程相矛盾的"，这里的矛盾不是简单的、绝对的分离和排斥，而是历史的、实践的统一关系中的对立。也就是说，仅仅从某段历史或某个阶级立场来看，看到的会是道德的某种假象。

### （三）创新之处

一是选题方向上的新。学界对马克思道德理论或者马克思主义伦理学的研究，多集中在应用伦理学方面的解读和建构，如马克思著作中的经济伦理、生态伦理、政治伦理，等等。那么，本选题立足于马克思整体道德理论的批判特性的阐述和论证，厘清它与传统伦理学和现代西方伦理学相

---

① 《马克思恩格斯选集》（第 4 卷），人民出版社 1995 年版，第 489 页。

比较的独特方面。

　　二是选题视角上的新。学界尤其是国内学界从正面挖掘马克思著作中的道德理论的相当多，不太注重讨论性和对话性。本选题选择分析马克思主义道德理论的视角，从它的各种争论主题和领域切入，注重问题的时代性和国际性的回应，在多方对话讨论中发现马克思的道德理论中更鲜活的生命要素。

　　三是运用方法上的新。本选题的研究中除了一般性的文献分析方法之外，更注意到马克思著作文本中原本的一种实践的跨越性批判话语方式，我将它加以方法论的运用。这种方法虽然学界研究有学者解读到了，但是还没有人将它运用到马克思的道德理论研究方面。因此，此方法在本选题研究中的运用将有新的意义。

# 第一章
# 马克思"道德悖论"问题的考察

马克思理论体系与道德之间的关系问题，在分析马克思主义兴起之前就被争议过。马克思"道德悖论"作为一个正式的问题是由分析马克思主义者提出来的。于此，有必要事先予以澄清这个问题是如何演变的以及如何被正式提出的，然后才便于厘清分析马克思主义对马克思"道德悖论"所展开的各种激烈争论的特点和性质。

## 第一节 关于马克思理论体系中是否有道德因素的争论

马克思一方面拒绝用道德的标准来批判资本主义制度和资产阶级道德，另一方面他宣扬无产阶级和共产主义道德。在这两种语境中马克思都使用了道德术语，只是有时是科学的描述，有时是反讽的评价。道德概念在马克思文本中的矛盾使用的现象，看起来好像是马克思的理论体系中本身存在的自相矛盾的道德立场，这造成了西方学界或马克思主义继承者对马克思理论体系的不同解读。

### 一、事实与价值、科学与伦理的分离解读

自康德哲学以来，道德形而上学主导着那时的道德理论的研究，政治家们纷纷借助绝对的、永恒的、具有普遍适用性的道德法则来维护统治阶级的地位以及控制人们的思想。抽象的道德理论将人们的思想禁锢在绝对命令的法则之下，马克思要完成对现存社会的批判就必须打破这种思想的牢笼，因此在他的著作中有很多批判道德的语句，把资产阶级的"平等的权利"和"公平的分配"贬斥为已经过时的"陈词滥调"。[①] 这种方式的道德批判语句在马克思的著作中大量存在，这似乎就给以后的人们留下了马克思反对道德的"文本证据"；以致于有人给马克思的理论体系和马克思主义贴上了反道德主义的标签。无论是马克思早期的哲学著作，还是《莱

_____

① 《马克思恩格斯选集》（第 1 卷），人民出版社 1995 年版，第 306 页。

茵报》时期和《1844 年经济学哲学手稿》时期的异化理论，还是之后的经济学哲学著作，如《资本论》，都在对现实研究做出事实性描述的基础上对资本主义制度做了道德的价值判断和批判。同时，马克思又对无产阶级的事业和共产主义予以热情的道德褒扬，指导和激励人们的革命意志、推翻不人性的社会制度，倡导追求人的自由解放、全面发展的王国。

### （一）"伦理的马克思主义"的解读路径

到底是马克思本人对待道德的态度造成了人们对他的理论做出事实与价值、科学与伦理的对立理解，还是后人对他的著作误读了呢？像分析马克思主义学者卢克斯，他就将马克思和传统马克思主义的道德观概括为似是而非的矛盾："一种彼此存在表面上的矛盾或至少是对立的态度的混合。"[1] 这种对马克思的理论做出事实与价值、科学与伦理对立起来的解读从第二国际就开始了，许多马克思主义学者以及非马克思主义的哲学家都试图回答这个问题。之后的分析马克思主义道德理论的研究也因此陷入了马克思非道德主义与马克思道德主义的争论中。

科学的马克思主义与伦理的马克思主义之争最初出现在第二国际内部。一般认为，马克思主义进入第二国际发展阶段是从 1889 年到 1914 年[2]。此阶段，马克思主义继承者们面临当时国际社会现实的巨大变化和马

---

[1] ［英］史蒂文·卢克斯著，袁聚录译：《马克思主义与道德》，高等教育出版社 2009 年版，第 1 页。

[2] 学术界关于第二国际时限有三种意见：（1）从 1889 年至 1914 年止，共 25 年。1914 年后，组织分裂，活动基本中断，名存实亡。（2）从 1889 至 1919 年 3 月，共 30 年。理由是：大战爆发后，第二国际虽然组织涣散、机构瘫痪，但组织依然存在，各国社会党人的相互联系未完全中断。直到 1919 年 3 月共产国际成立，才是第二国际崩溃的标志。（3）从 1889 年至 1923 年 5 月，共 34 年。理由是：1919 年共产国际和伯尔尼国际的问世。虽是第二国际组织上的分裂，但其领导机构及组织形式并没消失。战后恢复原来意义的第二国际一度出现转机，但因来自左、右两方面的人为阻力，其终于破产，形成了社会主义工人国际和共产国际，至此原来意义的第二国际历史才告终结。参见陈海宏：《第二国际史研究情况综述》，《山东师大学报》（社会科学版），1993 年第 3 期，第 102-107 页。

克思主义"危机论""过时论"等喧嚷，在捍卫马克思主义的过程中开始对经典马克思主义作"自由"阐释和重构，从而在理论和实践上分裂为左派、中派和右派。左派以卢森堡、梅林和拉法格等为代表，中派以考茨基等人为代表，右派以伯恩斯坦等人为代表。三个派别在解读历史唯物主义的争论中，围绕社会历史运动的"决定性因素"涉及"马克思主义与道德"的论题，即"马克思主义作为一种科学是否需要（确切地说，是否具有）某种伦理观呢？这类问题从第二国际开始就出现争端，当时以扭曲的状态争论社会主义作为科学和历史发展之必然与道德理想的关系"①。这种扭曲的争论主要表现为修正的"伦理的马克思主义（新康德主义的马克思主义）"和"实证的马克思主义（达尔文主义的马克思主义）"两种解读路径之争。

　　一是"伦理的马克思主义"的解读路径的总体表现。第二国际"伦理的马克思主义"的解读路径和逻辑，总体上表现为：首先，此解读路径起始于第二国际开启的历史唯物主义解释模式中；其次，在历史唯物主义的解释中，伯恩斯坦实际上将历史唯物主义错误解读为机械的历史唯物主义；再次，在对历史唯物主义的误读基础上，伯恩斯坦开始修正历史唯物主义，即用康德伦理学补充马克思主义历史哲学和社会理论；最后，为了阐明"道德因素"对历史唯物主义的"发展意义"，伯恩斯坦指责马克思、恩格斯忽视道德因素在社会运动中的"决定"意义。②

　　二是第二国际内部对历史唯物主义的对立解读。第二国际马克思主义者们普遍认为历史唯物主义是马克思主义的基础和核心。他们大量的著作都是企求解读历史唯物主义的，如《一元论历史观之发展》（普列汉诺夫）、《论历史唯物主义》（梅林）、《思想起源论——卡尔·马克思的经济决定论》（拉法格）、《唯物主义历史观》（考茨基）。这些著作几乎都直接以"历史

①　余文烈：《分析学派的马克思主义》，重庆出版社 1993 年版，第 194 页。
②　张文喜：《马克思与伦理学——兼论伯恩施坦、海德格尔对马克思的解读》，《广西社会科学》2001 年第 4 期，第 20—23 页。

唯物主义""唯物主义历史观""经济唯物主义"等来冠名马克思、恩格斯的思想。

### 1. 普列汉诺夫结合历史唯物主义与辩证法的解读

最深刻、最有贡献地说明历史唯物主义的是普列汉诺夫。他一生写下了大量关于历史唯物主义的著作，扩展了历史唯物主义的研究范围，运用唯物史观深入地分析政治、经济、历史、美学、文艺、宗教、伦理、法学等领域的问题，并且在一系列重大理论问题上提出了他独到的思想，在相当程度上发展、丰富了唯物史观学说。[1]

普列汉诺夫关于唯物史观的论述中，主要思想有：其一，"五项论"社会结构学说。所谓"五项论"社会结构学说，就是按照人的社会活动的性质把社会结构分为生产力、经济关系、社会政治制度、社会心理和思想体系共五项。[2]普列汉诺夫认为，社会系统中的各种因素共同对整个社会发展或社会某一方面产生作用，只是在不同历史条件下作用的方式不同而已。这五项之间有一种辩证的起源关系，前面的每一项决定着后面的各项，后面的每一项适应着前面的每一项。他认为，生产力或经济关系对其他社会因素的决定作用并不总是直接的，而是最本源意义上的，随着社会的发展而复杂化。这种决定作用越来越由直接的变为间接的，越来越多地需要通过中介环节才能起到作用。他的"社会心理"理论中最重要、最有创新意义的是关于"社会心理"和思想体系相互关系的论述。其核心命题是："一切思想体系都有一个共同的根源，即特定时代的心理。"[3]其二，关于杰出人物在历史中的作用问题的论述。普列汉诺夫把社会的发展分为两

---

① 王秀芳、李澄：《论普列汉诺夫对历史唯物主义的三个贡献》，《马克思主义研究》1988年第3期，第171–184页。

② 王荫庭：《普列汉诺夫对历史唯物主义理论的创新性贡献》，《南京政治学院学报》2008年第2期，第21–24页。

③《普列汉诺夫哲学著作选集》（第3卷），三联书店1962年版，第196页。

个层次，即"一般趋势"和"个别外貌"或"局部后果"，认为杰出人物只能决定社会发展的个别外貌不能决定社会发展的一般趋势，生产力和经济关系的发展才是决定社会发展一般趋势的"一般原因"。其三，发展了马克思主义关于地理环境在社会发展中的作用学说。普列汉诺夫第一次明确提出地理环境对社会发展的作用是生产力的函数关系的基本原理。他写道："社会人和地理环境之间的相互关系是出乎寻常地变化多端的。……自然环境之成为人类历史运动中一个重要的因素，并不是由于它对人性的影响，而是由于它对生产力发展的影响。"[1]

总之，在普列汉诺夫看来，马克思主义学说是唯物主义和辩证法的结合。他认为，马克思主义是一个有机整体，包含经济学说、历史理论、哲学和科学社会主义几个基本部分，强调历史唯物主义是处于马克思主义的基础地位，"现代社会主义的创始人是唯物主义的坚决拥护者。唯物主义是他的整个学说的基础"[2]。

### 2. 伯恩斯坦等人对历史唯物主义的机械解读

伯恩斯坦、大卫、列金、福尔马尔等为代表的右派与普列汉诺夫相反，他们抛弃了辩证法来阐释历史唯物主义，把社会主义的最终目标视为毫无现实基础的形而上学的设定。伯恩斯坦的思路是，认为理论可以分为两种：纯粹的理论和应用的理论。他视马克思、恩格斯的历史唯物主义是纯粹的理论。

他认为，这种作为"纯粹的理论"的历史唯物主义，"就是关于历史必然性及其根源的问题。作为唯物主义者，首先意味着把一切现象归因于物质的必然的运动……决定思想和意志趋向的形态是物质的运动，思想和意志趋向以及从而人类世界的一切现象因而也是物质上必然的"[3]。实际上，

---

① 《普列汉诺夫哲学著作选集》（第 2 卷），三联书店 1961 年版，第 170 页。

② 《普列汉诺夫哲学著作选集》（第 2 卷），三联书店 1961 年版，第 377 页。

③ 殷叙彝编：《伯恩施坦文选》，人民出版社 2008 年版，第 141 页。

他所理解的纯粹理论就是像机械力学一样的理论。这样，历史唯物主义在他那里成了毫无主体性的"铁的列车时刻表"，即历史宿命论，退回到了近代机械唯物主义的水平。按照伯恩斯坦的观点，既然社会的发展规律如同自然的、机械的规律一样，那么，我们只要等待就可以了，社会主义革命就是多余的，我们有所作为的方面只有社会改良了。他说："把社会主义建立在纯粹唯物主义的基础上和使社会主义的胜利依赖于社会主义的内在经济必然性是不可能的。"① 伯恩斯坦从这样的考虑出发：其一，西方资本主义在 19 世纪后期出现新的发展，尤其是德国一度超过英法两国跃居欧洲第一强国，工人运动则处于低潮。伯恩斯坦立足于这种新"现实"，更加怀疑社会主义目标。其二，在怀疑的同时，为了"坚守"马克思主义立场，伯恩斯坦选择了用新康德主义来"补充"马克思主义，欲图在新时期为马克思主义找到在场出路。他的基本思想就是康德哲学的二元论的认识论原则。以康德的二元论的认识论原则反观马克思主义的社会主义理想时，伯恩斯坦"发现"所谓社会主义的最终目标，不过是一个没有现实基础的和人的经验感觉无法达及的"自在之物"。从这个认识原则出发，伯恩斯坦认为放弃社会主义理想这个不切实际的主观空想目标，可以使党全身心地投入到那些更"实际的"事务中去。他认为，即使说马克思和恩格斯在 19 世纪中期撰写《共产党宣言》时设定的"最终目标"是有现实基础的，当时的资本主义发展造成了社会两大阶级的尖锐对立，强调通过阶级斗争实现社会主义的最高理想，但在资本主义经过了几十年的发展之后，欧洲各国的社会经济关系和阶级结构发生了根本性改变，阶级关系和矛盾出现缓和，却没有造成马克思所预言的那种爆发社会主义革命的两极分化条件，马克思和恩格斯所提出的"最终目标"就失去了现实基础。

---

① ［德］爱德华·伯恩施坦：《阶级斗争的教条和阶级斗争的真实》，东方出版社 1989 年版，第 345 页。

### 3. 伯恩斯坦等人以伦理因素"补充"历史唯物主义

伯恩斯坦等人否弃马克思主义哲学中的历史唯物主义的革命内涵，而以抽象化、伦理化的康德哲学来"补充"马克思主义，认为只有这样社会主义理想才可以在当下得到部分实现。伯恩斯坦说："在我看来，'回到康德去！'这句话在一定程度上对社会主义理论也是适用的。"① 他的"回到康德"意在把社会主义理想的实现转变为在当下社会生活中的伦理价值的点滴实现。"在社会主义的学说中只有一点是社会主义所特有的：贯穿着它的判断的伦理观或正义观。"② 这样一来，社会主义运动也就变成了人们的道德实践活动。

为了阐明"回到康德"对马克思主义的必要性，伯恩斯坦在马克思和恩格斯的文本中，找到一些"证据"。他认为，在马克思和恩格斯的文本中，关于道德意识的论述表现出一些非常矛盾的态度，马克思和恩格斯在主观上从来没有打算将社会主义运动奠定在某种伦理原则的基础上，但是在对资本主义的理论批判过程中又总是不自觉地诉诸某些伦理观念。如，一方面，在《共产党宣言》《哲学的贫困》等著作中，马克思和恩格斯对道德意识持否定的态度，甚至在后期的著作中，他们也"直截了当地避免了直接诉诸道德动机"③。另一方面，在《资本论》中充满着"以道德判断为基础的用语"④。在此书中，马克思视资本家对剩余价值的侵占为"根本是一件不正当的事"⑤，"在价值概念中包含着一种道德因素，一种平等的观念和公平的观念"⑥。同样，在恩格斯的《反杜林论》中关于社会发展给人类带来了道德进步的论述，显然也是存在道德诉求的一面。

---

① 中央编译局编：《伯恩斯坦言论》，三联书店 1966 年版，第 281 页。
② 中央编译局编：《伯恩斯坦言论》，三联书店 1966 年版，第 283 页。
③ 殷叙彝编：《伯恩施坦文选》，人民出版社 2008 年版，第 83 页。
④ 殷叙彝编：《伯恩施坦文选》，人民出版社 2008 年版，第 85 页。
⑤ 殷叙彝编：《伯恩施坦文选》，人民出版社 2008 年版，第 85 页。
⑥ 殷叙彝编：《伯恩施坦文选》，人民出版社 2008 年版，第 86 页。

伯恩施坦的结论是，道德因素的力量在社会主义运动中起着非常重要的作用。"如果没有道义上的动力就根本不会出现任何持久的群众运动。"[1]既然社会主义革命目标在当下是不可实现的"自在之物"，那么伯恩施坦转向主张追求社会主义的伦理目标是无产阶级革命的首要"实践"，似乎是"合理"的修正。他将社会主义运动的"基础"由经济因素置换成了伦理因素，将科学社会主义理解为"不科学的预言"。

### （二）"科学的马克思主义"对"伦理的马克思主义"的批评

#### 1. 考茨基等人对"伦理的马克思主义"的批评

伯恩斯坦的修正主义受到当时第二国际中派和左派的批评。考茨基首当其冲。他在当时的德国社会民主党的理论刊物《新时代》上连续撰文（后整理成题为《伯恩施坦和社会民主党纲领》的著作出版），发表了批评伯恩施坦的一系列的文章，如《社会主义问题》《社会主义的前提和社会民主党的任务》，同伯恩施坦的修正主义思潮展开斗争。考茨基指出，伯恩斯坦的修正主义是用伦理观点去论证社会主义，与此相反，"马克思由于有了唯物主义历史观，恰恰没有用伦理眼光去论证社会主义"[2]。

一方面，考茨基批评伯恩斯坦将马克思主义伦理化；另一方面，考茨基又针对伯恩施坦对科学社会主义的否定而予以反击。恩格斯在他的《反杜林论》中宣称唯物主义历史观和剩余价值理论使得社会主义已经成为科学了。然而，伯恩斯坦却认为恩格斯的这个论断是错误的。在考茨基看来，伯恩施坦对对科学社会主义的否定主要手法就是曲解"科学"与"社会主义"这两个概念，或者说伯恩施坦主要是由于对"科学"和"社会主

---

[1] 殷叙彝编：《伯恩施坦文选》，人民出版社 2008 年版，第 87 页。
[2] ［德］卡尔·考茨基：《唯物主义历史观》（第一分册），上海人民出版社 1964 年版，第 9 页。

义"这两个概念在理解上发生了偏差。[①]

### 2. 考茨基等人对马克思主义的实证化

考茨基在有力批评了伯恩斯坦强调马克思主义是"主观价值判断"体系的论调的同时，欲论证马克思主义是"客观的"科学化体系。他对马克思主义的科学主义化和实证主义化，是通过把马克思主义"去哲学化"的路径来实现的。由于对马克思主义的哲学内涵把握片面化，考茨基的批评充满着折中主义和不彻底性。伯恩斯坦是从认识论方面否定马克思主义的革命性，而考茨基是用实证主义来否定马克思主义的革命性。"考茨基突出马克思主义的科学性，……就是越来越摆脱主观的价值判断和革命意志的过程。"[②]殊途同归，最后他两人的立场和观点基本是一致的。

这样，考茨基把马克思主义解释成像毫无哲学内容的"实证科学"，从而消除了马克思主义的社会革命性质，认为马克思主义的科学社会主义理论是不需要主观价值判断和革命意志的。正如伯恩斯坦将马克思主义唯物史观理解成机械的历史宿命论一样，考茨基把马克思主义唯物史观解释成了服从经济必然性的经济宿命论。

不论是伯恩斯坦的新康德主义的马克思主义还是考茨基的实证主义的马克思主义，都受到左派罗莎·卢森堡、列宁以及早期西方马克思主义者卢卡奇、葛兰西等人的强烈批判。在第二国际时期，不管是什么模式的修正主义，他们的真实面目竟如罗莎·卢森堡所揭示的，所有修正主义共同面目是：他们既不想放弃社会主义者的称号，又不愿认可马克思主义的基本理论；一方面打着社会主义旗号，表现出自己是尊敬马克思主义的，一方面他们却又在一些关节点上竭力否定马克思主义，并且又把这说成是对

---

① 陈学明：《评卡尔·考茨基的主要理论观点》，《马克思主义与现实》2008年第4期，第23-33页。

② 陈学明：《评卡尔·考茨基的主要理论观点》，《马克思主义与现实》2008年第4期，第23-33页。

马克思主义的发展。①

　　伯恩斯坦与考茨基之间的伦理与科学之争，虽然不是直接面对"马克思的理论体系与道德"的关系问题来展开的，但他们都有过这样的言论：马克思、恩格斯的文本中缺乏道德的判断，或者明确地拒绝道德判断，不需要用伦理眼光去论证社会主义。

## 二、科学与伦理的初步融合

　　融合科学与伦理、事实与价值的关系来重新解读马克思主义的，有奥地利马克思主义者和南斯拉夫实践学派。20 世纪一战前至 30 年代中期，奥地利马克思主义者鲍威尔和阿德勒站在"正统马克思主义者"立场，一方面他们拒绝为社会主义寻找道德根据，另一方面他们在强调马克思主义是科学的思想体系的同时，并不认为马克思主义完全排斥道德信念和价值判断，但他们并没有实质性地解决马克思主义中科学与伦理的关系问题。

### （一）南斯拉夫马克思主义哲学的分裂

　　此方面的讨论，最激烈的是南斯拉夫实践派。南斯拉夫的马克思主义哲学，是由一支思想非常活跃、自由的学者队伍组成的。它最初出现在二战前夕以及二战中兴起的社会主义革命运动中。从那时直到 1947 年，苏联哲学家精心构造的"辩证唯物主义"被视为马克思主义的唯一正确解释。在 1948 年 6 月将南共开除出共产党情报局的布加勒斯特会议上，联共（布）中央主管意识形态和对外关系的政治局委员日丹诺夫在报告中说："近来南斯拉夫共产党在国内外政策的主要问题上执行的是一条错误路线，是脱

---

　　① 陈学明：《罗莎·卢森堡对伯恩斯坦、考茨基修正主义的批判》，《学海》2009 年第 2 期，第 72-79 页。

离马克思主义和列宁主义的路线"①，"南共领导正在实行一条对苏联和联共（布）不友好的政策"②。在此会议之前，贝尔格莱德大学和萨格勒布大学哲学系的学生，便开始怀疑苏联哲学家的马克思主义。1948 年铁托与斯大林关系破裂，这意味着"马克思主义的第四号经典领袖斯大林这一独裁者的破产，这为更加自由、独立和批判地研究全部问题扫清了道路"③。南斯拉夫马克思主义哲学，正是在南共联盟大规模批判斯大林主义过程中形成的一个哲学学派。到 20 世纪 60 年代，南斯拉夫马克思主义哲学分裂为辩证法派和实践派。

辩证法派特别注重以自然科学为依据来论证哲学观点，试图利用现代自然科学的新成果来阐发恩格斯《自然辩证法》中的论点。他们的使命是要去捍卫和证实马克思、恩格斯和列宁这些经典作家的著作，但他们对马克思早期的人道主义的著作和中后期的对资本主义进行政治经济学批评的著作却予以忽视。他们认为哲学的根本问题仍然是物质与精神的关系问题，提出以研究"关于自然界、社会、人的思想的最普遍的规律"为纲领。由于他们的思想倾向于传统，这个派别也被称为"正统马克思主义的路线"④（也不同于斯大林主义的马克思主义）。

实践派是南斯拉夫哲学家的多数，他们对"辩证唯物主义"持否定态度，认为它是保守的思想和教条主义，它无助于人的解放和人道主义的实现。他们对马克思的"实践"（Praxis）概念做了进一步的阐发，并以此作为自己哲学观的核心范畴，又因为他们在 1964 年刊发了举世闻名的《实践》

---

① ［美］乔治·霍夫曼、弗雷德·华纳·尼尔著，裘辉等译：《南斯拉夫和新共产主义》（下卷），商务印书馆 1963 年版，第 147–148 页。

② ［美］查尔斯·麦克维克著，何璧人译：《铁托主义：国际共产主义的榜样》，商务印书馆 1963 年版，第 116 页。

③ ［南］M. 马尔科维奇、G. 彼得洛维奇编著，郑一明、曲跃厚译：《南斯拉夫"实践派"的历史和理论·导论》，重庆出版社 1994 年版，第 7 页。

④ 贾泽林：《南斯拉夫哲学简介》（上），《哲学动态》1979 年第 3 期，第 20–24 页。

杂志，所以他们被称为"实践派"。20 世纪 50 至 60 年代，南斯拉夫实践
学派的主要代表人物有 G. 彼得洛维奇、R. 苏佩克、P. 弗兰尼茨基、M. 马
尔科维奇和 S. 斯托扬诺维奇等，在长期反对所谓"斯大林主义"过程中，
他们用犀利无比的语言揭示斯大林式的"社会主义"对人的扭曲，尤其抨
击苏联社会主义运动中不合理、不公平的现象，致力于为更加人道的社会
主义廓清理论的、实践的路线。

20 世纪 70 年代末，国内学者贾泽林比较全面地阐述了南斯拉夫实践
派的主要哲学思想，称他们的思想通过实践、异化、人道主义、辩证法等
四个主要概念展开。[①] 除此之外，"实际上，实践派演绎的重要概念还有自
由、自治、革命和社会主义等"[②]。

### （二）南斯拉夫实践派对马克思的"实践"概念的解读

在苏联马克思主义教科书体系当中，"实践"一直被当作认识论而非
本体论范畴。在实践派具有创见性理论观点当中，最独特的理论贡献就
是"把实践（praxis）同关于实践（practice）的纯认识论范畴区分开来"[③]。
也有学者认为，实践派的"实践"概念"从哲学方法论的角度为人们揭示
南斯拉夫新哲学同传统社会主义哲学的分野"[④]。实践派的"实践"可以被
理解为对现实的超越性批判活动和极大追求实现人的自由本质的理想性选
择活动。正如他们自己所表达的那样，它不是指"主体变革客体的任何活

---

① 贾泽林：《南斯拉夫哲学简介》（上），《哲学动态》1979 年第 3 期，第 20–24 页。

② 姜海波：《"南斯拉夫实践派"研究述评》，《国外马克思主义研究》2012 年第 3 期，
第 24–28 页。

③ Mihailo Marković，Gejo Petrović，*Praxis：Yugoslav Essays in the Philosophy and Methodology of the Social Sciences*，D.Reidel Publishing Company，1979，PV：XXIX.

④ 王逸舟：《人和社会主义——"实践派"的社会批判哲学》，《马克思主义研究》1989
年第 1 期，第 119–136 页。

动"，而是指"一种人类特有的理想活动"①，"一种理想的极限"，"人自发地努力以求的一种生存的可能性"。②他们特别反对把"人"看作是"一种能制造工具的动物"，反对"把'实践'同劳动和物质生产等同起来"③。

最引起学界关注的是 M. 马尔科维奇的人道主义辩证法观。马尔科维奇教授在他的名作《马克思的社会批判理论》一文中，对"实践"做了如下七个方面的系统的说明④：（1）实践是人的潜力和现实力量的对象化。（2）实践是自我人格的肯定，同时也满足了他人的需要。（3）实践建立人与人的关系，从而构成人类社会这种存在。（4）人的实践比其他生物的活动更具普遍性和无限性，融汇了所有其他生物的活动和生产模式。（5）实践是理性的，人能发现自然和社会过程的结构，能为自己制定目标和寻求实现目标的最佳手段。（6）实践是自由的，摆脱了来自外界的强制的自由和自我完成的自由。（7）实践是服从"美的法则"的一种活动，把美当成目的本身。他认为，辩证法"既不是一种绝对的、抽象的精神结构（如黑格尔所说），也不是自然界的一种一般结构（如恩格斯所说），而是人类历史的实践及其本质方法的一种总体结构——批判思维"⑤。他不同意彻底否定自然辩证法，认为辩证法不应该仅仅是社会辩证法，它还包括自然辩证法。自然辩证法不是"自在自然"的辩证法，而是人化自然的辩证法。马尔科维奇认为，辩证法的本质是人的历史的自我实现，马克思的辩证法才是真正从一种人本身存在的角度出发来研究现实，也只有这种批判思维才

---

① ［南］M. 马尔科维奇、G. 彼得洛维奇编著，郑一明、曲跃厚译：《南斯拉夫"实践派"的历史和理论·导论》，重庆出版社 1994 年版，第 23 页。

② ［南］M. 马尔科维奇：《南斯拉夫哲学论文集》，三联书店 1979 年版，第 269 页。

③ ［南］G. 彼得洛维奇：《关于马克思主义人道主义问题的论争》，三联书店 1981 年版，第 141–142 页。

④ 郑一明：《马尔科维奇的实践人道主义》，《哲学动态》1988 年第 12 期，第 48–50 页。

⑤ ［南］M. 马尔科维奇、G. 彼得洛维奇编著，郑一明、曲跃厚译：《南斯拉夫"实践派"的历史和理论·导论》，重庆出版社 1994 年版，第 26 页。

是人道主义的,"它还必须被理解为一种研究和解决人道主义问题的方法,归根到底,被理解为一种决定人类行动的目标与适当手段的方法"①。

### (三)实践的人道主义

实践的人道主义是实践派对"人道主义的马克思主义"和"科学主义的马克思主义"的融合。实践派哲学家们认为,作为哲学思潮之一的实践派的中心思想是人在本质上是一个能进行自由创造活动的"实践的存在",人正是通过这种创造活动改造世界、发展自己的能力以及满足人类的需要,历史条件可能会干扰和阻碍人类的自我实现,哲学研究的根本目标就是要揭示国家、市场、政党等历史性机构本质的和内在的局限性,并指出可以消除这些局限性的各个革命实践阶段。革命不仅仅限于夺取政权,而是人与人关系的彻底变革,是推动人类解放的不断深入的过程。② 实践派围绕"人"这个问题,并且从实践、异化、辩证法、自由、革命这几个核心方面展开了蕴含着深刻的伦理意义的讨论。在《实践》杂志发刊词中,实践派哲学家们表达了一个最基本的共识,几十年来社会主义的理论和实践遭受失败和被歪曲的最重要的原因之一,就是人们力图贬低马克思思想的"哲学的向度",公然地或暗中否认马克思思想的核心是"人"。③

20世纪60年代兴盛的南斯拉夫实践派围绕"人"这个问题,融合当时流行已久的"人道主义的马克思主义"和"科学主义的马克思主义"这两种主义。20世纪60年代以前,西方马克思主义学者们对于马克思哲学与人道主义的关系存有两种分歧:一是"人道主义的马克思主义者"

①〔南〕M.马尔科维奇、G.彼得洛维奇红编著,郑一明、曲跃厚译:《南斯拉夫"实践派"的历史和理论·导论》,重庆出版社1994年版,第4页。

②〔南〕M.马尔科维奇著,张伯攝译,顾良校:《南斯拉夫的马克思主义哲学——"实践派"》,《哲学译丛》1981年第1期,第22-28页。

③《哲学译丛》编辑部:《南斯拉夫哲学论文集》,三联书店1979年版,第325页。

（Humanistic Marxists）。以弗洛姆为代表的一些马克思主义学者看重马克思早期的人道主义思想，认为他后期著作中的经验的、科学的论证是一种退步的非人道主义思想。二是"科学主义的马克思主义者"（Scientific Marxists）。以阿尔都塞为代表的另一些马克思主义学者把历史唯物主义看作马克思思想的实质性科学，并以此审视和判断马克思早期的人道主义是不成熟的、反科学的思想。南斯拉夫实践派认为马克思主义无论是一种哲学，还是作为一种人道主义，都是以实践的观点为哲学基础的。他们在马克思的早期思想和西方人道主义的马克思主义的基础上，将人道主义与唯物主义统一起来。尤其是马尔科维奇坚持认为，马克思理论体系既是科学，也包含伦理学思想。

马尔科维奇认为，马克思已经把社会科学和道德批判融入了社会批判理论之中，在马克思早期作品与晚期作品里对伦理学概念的阐释的确有所不同。[①] 马尔科维奇始终认为马克思的"实践"概念蕴含道德标准，实践作为最高的道德标准是马克思伦理思想的核心。

不同于伍德做出道德的善（moral goods）与非道德的善（non-moral goods）的区分[②]，实践派哲学家们认为，"我们不能根据是否谈及道德律等概念而界定一种理论'是'还是'不是'有关道德的；在道德方面，马克思反对康德哲学论断，始终追求什么是对我们有利的善，什么是使我们成为善的善。在这样的道德标准中，道德的意义也在改变，会因为性别、艺术、想象、爱以及教育机构等其他不同社会生活而不同。"[③] 马克思著作中从来没有抽象地讨论过道德律，他提倡的是实践伦理学，坚持人是自觉自

① George Brenkert，Marx，Engels and the relativity of Morality，*Studies in Soviet Thought*，Vol.17，1977，p201-224.

② Allen W.Wood，*Karl Marx*，London，Boston，Henley：Routledge ＆ Kegan Paul，1981，p126-127.

③ Sara Ruddick，Better Sex，in *philosophy and sex*，Buffalo：Prometheus books，1975，p85.

为的、实践的存在。这是否意味着像伍德认为的那样，马克思是一个道德的相对主义者。道德相对主义的观点是，多样的道德只要有一定的社会领域或者个人的接受就是合法的，没有必要而且也不可能寻找到一种理性的方法和标准去比较、判定不同的道德生活和道德规范。这等同于说没有一种道德对人们而言是最好的、最合理的，道德原则只与奉行它的主体有密切关系了。马尔科维奇认为，马克思是反相对主义的。马尔科维奇认为，道德相对论者的善、正确、应该或真理等概念都与具体的体系有关。[①]但是，不同的道德生活和道德规范的存在，并不意味着我们不能合理建构正确的伦理原则。人类社会的总体趋势是发展，所有相对性的道德原则都迟早要受到普遍性伦理原则的检验和在实践中被过滤。实践作为最高的道德标准，超越了形而上学的道德抽象主义，又克服了道德相对主义。

### （四）较为完整和系统的人的理论

南斯拉夫实践派通过对"人"和"实践"概念的哲学把握实现了"异化、革命、辩证法"这些术语之间特殊意义的整合。较为完整和系统的人的理论是南斯拉夫实践派的基本理论。马尔科维奇在《当代马克思》《富裕到实践：哲学和社会批判主义》等著作中大量系统地阐述了人的理论。彼得洛维奇也在《哲学和革命》和《哲学与马克思主义》中讨论马克思人的概念，对马克思的哲学做出以人为中心的系统解读。南斯拉夫实践派的其他哲学家，如坎格尔加、日沃基奇等也有大量关于人的系统论述。

#### 1. 对马克思异化理论的深刻解读

在南斯拉夫实践派的人的理论中，被关注的最大问题就是人的异化问题，他们十分重视马克思的异化理论。坎格尔加的典型命题是："离开人无所谓异化"，"只有在对象性的外化过程中，即在人成为人（或自然成为

---

① Mihailo Markovic, *Historical Praxis as the Ground of Morality and reply to Kurtz*, Buffalo: Prometheus Books, 1980, p36.

人的自然）的过程中，才可能有真正的人的异化"。① 在他看来，自然只是自在地存在，不存在异化，只要谈异化就必然是人的异化。日沃基奇甚至断言："当代世界的基本的人道主义问题均包含于马克思的异化理论之中"，在一定意义上，"整个马克思主义是一个伟大的异化理论"。②

南斯拉夫实践派的人的异化理论，并未停留在抽象层面讨论人的生存状况，而是深入到南斯拉夫的社会生活中，对当时的官僚制度、意识形态、科学技术等给予现实有力的社会批判。马尔科维奇一针见血地指出："当代文明的特征表明，大多数人迄今过的是一种异化了的，不光彩的生活。"③

### 2. 人道主义的革命观

实践派哲学家们通过对马克思早期著作，如《论犹太人问题》和《〈黑格尔法哲学批判〉导言》等文本的解读，得出人的概念同革命的观点有着内在关联的结论。实践派哲学家认为，马克思的革命学说是以人道主义为出发点的，而且将它作为革命的核心要求。正如彼得洛维奇断言的那样："没有'人道'，根本就不可能对'革命'下定义。"④ 从"实践"的人的概念演绎出人道主义与革命的统一，实质在于："没有人道主义，就不可能有真正的革命，同样，没有革命的态度，真正的人道主义也是不可想象的。"⑤

尤里奇在《政治的人》一文中认为，一种人类历史的普遍现象是，政

---

① 衣俊卿：《现代性焦虑与文化批判》，黑龙江大学出版社 2007 年版，第 208 页。

② 衣俊卿：《现代性焦虑与文化批判》，黑龙江大学出版社 2007 年版，第 206 页。

③《哲学译丛》编辑部：《关于马克思主义人道主义问题的论争》，三联书店 1981 年版，第 184 页。

④《哲学译丛》编辑部：《关于马克思主义人道主义问题的论争》，三联书店 1981 年版，第 165 页。

⑤《哲学译丛》编辑部：《关于马克思主义人道主义问题的论争》，三联书店 1981 年版，第 177 页。

治是和人之最深刻的本体论——实践或创造，是相一致的。他认为政治是人类不完整性和不完善性的最生动、最有特色的表达，是一个创造了人之自然，人的历史存在的生活过程。① 从政治的基本定义来看，马克思所指的革命不是一般意义上的政治革命，不能仅仅等同于夺取政权。尤里奇进一步阐释人与政治的关系，认为基本的政治概念表明的是权力、冲突和斗争；但是，人们又不可能停留在这种理解上，在对社会现象研究中，必须对政治概念作更为详尽的界定，不能以为政治等同于全部人类实践的活动。② 从人的实践本质来理解，马克思的革命在最根本的意义上，是指结束 "人类史前时期" 的社会革命，其中既包括社会制度和社会形态的根本改变，也包括人的生存方式的革命。

### 3. 主体性的辩证法

如同卢卡奇的前期思想那样，实践派哲学家们拒绝自然辩证法，用黑格尔的 "主体性" 去理解辩证法。他们主张辩证法要同人的自由的、有意识的创造性实践活动联系起来，因而实践派主张的是人的辩证法。马尔科维奇认为，"当前马克思主义哲学的基本问题是：如何使辩证法成为人道主义的辩证法，而使人道主义成为辩证法的人道主义。" ③

在南斯拉夫实践派哲学家看来，人道主义的辩证法就是人的自由的、有意识的活动的辩证法，实践的辩证法。实践的辩证法将人置于辩证法的核心，人改造自然、创造自身的活动过程本身就是人的存在的辩证法。恰如弗兰尼茨基所说的："正是辩证法要求对于人的哲学解释要找到那个历史杠杆赖以支撑的阿基米德点。马克思在实践范畴中找到了这个支点，而

---

① ［南］M. 马尔科维奇、G. 彼得洛维奇编著，郑一明、曲跃厚译：《南斯拉夫 "实践派" 的历史和理论·导论》，重庆出版社 1994 年版，第 121–122 页。

② ［南］M. 马尔科维奇、G. 彼得洛维奇编著，郑一明、曲跃厚译：《南斯拉夫 "实践派" 的历史和理论·导论》，重庆出版社 1994 年版，第 123 页。

③ ［苏］В.П. 沃尔金等：《人道主义、人性论研究资料》（第四辑），商务印书馆 1965 年版，第 27 页。

在人本身找到了杠杆。"①

南斯拉夫实践派以实践辩证法的批判性、革命性本质，来解决南斯拉夫社会中有关人的一些重要问题。他们认为，实践辩证法的批判不是概念的批判，而是对现实社会关系的批判。就像当年马克思在 1844 年巴黎期间写下的手稿中所指出的那样，认为黑格尔辩证法的神秘之处在于把人的异化的各种现实，包括宗教、私有财产、国家、市民生活统统理解为抽象思维的异化，因而异化也只能在思想中克服。这样，实践派哲学家们通过对人的实践本质的揭示为基础，重新理解"异化、革命和辩证法"这些核心概念，使得概念术语和理论体系之间呈现出辩证运动特性。借此，南斯拉夫实践派使得他们的哲学思想获得了在世界马克思主义格局中的理论地位。

### （五）科学性与伦理性的内在统一

西方马克思学学界有一种观点认为，马克思既然具有鲜明的科学性，就不可能再含有伦理思想，凡是致力于科学性的理论都是遵循必然性的，必然性必将使道德责任无法成为可能。道德是以自由意志为前提的，在必然性面前自由意志的选择和行动不能超越它的。美国斯坦福大学知名的政治哲学、伦理学教授，马克思研究专家艾伦·伍德尤其持这样的观点。

实践派哲学家们认为，马克思的思想理论既是科学的，也包含伦理学思想和政治。"道德判断以道德责任为前提，道德责任以自由为前提"②，"但是，科学尤其是社会科学不是不顾前提强调严格决定论的因果律"③，也就是说，社会科学在非道德领域中论证的是一种趋势而不是必然性。

沃因·米利奇认为，科学主义的马克思主义社会决定论片面地将社会

---

① 衣俊卿：《现代性焦虑与文化批判》，黑龙江大学出版社 2007 年版，第 233 页。

② Svetozar Stojanovic，*Between Ideals and Reality：A Critique of Socialism and Its Future*，New York：Oxford University Press，1973，p155.

③ Svetozar Stojanovic，*Between Ideals and Reality：A Critique of Socialism and Its Future*，New York：Oxford University Press，1973，p151.

决定论理解为一种机械的生物学的结论；这种理解和观点在现代社会学中依然明显存在，如：实证主义学者要求把自然科学的方法和观点运用到对社会的研究上，它确信这样的方法对社会的考察也能产生像对自然界研究那样的精确结果。① 这里告诉我们的是，有机生物学的、社会的因果关系的本质特征之一是它的渐进性，也即社会的发展是人的自由和创造性活动的长期积累结果。马尔科维奇也认为，经济基础不是绝对性地决定社会的发展，而是适度地决定，还有其他因素影响包括道德目的指导的、自由的人类行为，也必定是一种改变世界的物质力量。

从对人的理论和对马克思伦理思想探究的基础上，实践派哲学家们提出伦理思想一定要实现事实和价值的统一。不同于实证主义思想家所认为的那样，事实和价值是明显区分的。在马尔科维奇看来，事实和价值有区分的时候，但有时候二者是不能区别的。伦理既能够也应该和科学联系在一起，在经济和科学发展提供的可能条件下，我们用科学有效的方法选择最好的和最道德的手段，去实现最美好的目标。一般来说，社会批判理论的非规范特征占主导地位，在其他一些时间和空间范围内区分事实判断和规范判断是不可能的，也是不必要的。② 马尔科维奇还指出，伦理理想基于事实但是又超越现实，并能在未来实现，社会批判理论在"是"和"应是"之间保持一定的距离而又不是完全分离的关系，这样社会批判理论才可能是彻底的。他指明："否认马克思伦理思想，否认道德与事实、规范和价值的关系，无疑是要把道德哲学与丰富的现实世界和人们普遍的经验相分离，使之为给定的、现存的社会进行辩护。"③ 伦理与科学的融合关系，

① ［南］M.马尔科维奇、G.彼得洛维奇编著，郑一明、曲跃厚译：《南斯拉夫"实践派"的历史和理论·导论》，重庆出版社1994年版，第160页。

② 杨文圣：《西方马克思主义对马克思社会批判方法的选择》，《理论探讨》2009年第5期，第73–77页。

③ Mihailo Markovic, *Marxist Humanism and praxis*, Buffalo：Prometheus Books, 1978, p23.

是人们用批判的眼光对待社会现实时发现的客观关系，并不是思想家的主观臆造。

## 三、分离与融合之争的影响

第二国际的"科学的马克思主义"与"伦理的马克思主义"之争源自当时的马克思主义继承者们对历史唯物主义的解读。他们普遍认为历史唯物主义是马克思主义的基础和核心。他们的解读目的之一就是要将历史唯物主义所揭示的社会历史运动中的决定性因素作为精确的科学体系确立起来。在他们的解读模式中，出现了两种路径："科学的马克思主义"和"伦理的马克思主义"。

"伦理的马克思主义"解读路径本质上转变成了对马克思主义的修正，以伯恩斯坦为代表。他将马克思主义的科学性理解为机械的理论，反对像普列汉诺夫那样将历史唯物主义与辩证法统一起来，以致于他最后提出社会主义的实现是"自然"的结果、无须进行社会主义革命这样的主张，同时当看到19世纪后期西方资本主义国家的新发展时，他又对社会主义目标产生怀疑，于是便提出以新康德主义来修正马克思主义，并认为这样才能部分地实现社会主义目标。实际上，他受到康德哲学的二元认识论的影响，最后他把社会主义目标看成是没有现实基础的"自在之物"了。既然社会主义目标被认为是没有实现基础的了，那么值得做的"实际"事物对他来说就是从马克思、恩格斯的著作中寻找道德因素的存在"证据"，尽力对马克思主义做出伦理的解读。

伯恩斯坦的修正主义必然受到左派和中派实证的马克思主义的严厉批评。实证的马克思主义反对将马克思主义伦理化，同时又对马克思主义科学化、实证化。他们对伦理的马克思主义曲解"科学"与"社会主义"的关系给予了一针见血的批评，但他们的马克思主义科学化又是在对马克思主义"去哲学""去价值判断"的路径来实现的，最后将马克思主义解读为"经济宿命论"的理论。

总体上来看，第二国际内部的"科学的马克思主义"和"伦理的马克思主义"对马克思历史唯物主义的解读带来的结果和影响有：其一，两种解读模式对历史唯物主义的把握和发展都不算全面。其二，本质上伯恩斯坦对马克思主义的伦理模式的解读，并不是要建构正确的马克思主义伦理学，实际上造成了对马克思主义的否定。其三，"马克思主义作为一个科学的理论体系是否需要某种伦理观"作为一个问题，第一次被他们提出来了。很显然，它的提出影响到了以后学界对马克思主义伦理学的研究，当然也影响到 20 世纪 70 年代之后兴起的分析马克思主义。在分析马克思主义学者佩弗、卢克斯、柯亨等人的讨论中都提及第二国际修正主义的马克思主义的一些相关论点。因此，上述从历史上追溯马克思理论体系中"道德因素"之争的问题是有必要的，这样有利于澄清分析马克思主义道德理论视域的特征以及正确解读马克思道德批判理论。其四，科学与伦理的关系在第二国际内部的争论，有其特定的背景和角度，但作为一个一般性问题在马克思主义伦理学的研究中依然需要具体回答。如，科学性的社会理论与伦理能不能统一起来？如何统一？这样的问题在第二国际内部没有得到根本解决。

南斯拉夫实践学派也是围绕历史唯物主义的解读来讨论科学与伦理的关系问题的。南斯拉夫实践学派否定辩证法派的"辩证唯物主义"，认为它忽视了马克思主义重点关注的"人"的问题，并提出马克思主义的实质是实践的历史唯物主义。南斯拉夫实践学派对马克思历史唯物主义的解读有几点积极意义：关键之一，实践学派对"实践"这个概念做出了深度的且符合马克思主义的解释。他们把握最精确的是，认为实践是对现实社会的批判活动和实现人的自由本质的理想性活动，不能简单地把实践等同于劳动和物质生产以及把人看作能制作工具的动物，实践的根本在于对世界的批判。关键之二，他们坚持人的实践本质、人的实践存在方式，围绕"人"这个问题对"实践、异化、辩证法、自由、革命"等核心方面的伦理意义做出了深刻解读。关键之三，他们将"人道的马克思主义"与"科学的马克思主义"融合起来。他们坚持认为马克思的社会批判理论既是科学的又是包含伦理思想的，认为"实践"这个概念蕴含着最高的道德标准，是马克思伦理思想的核心，社会制度和社会发展如果有利于人的实践本质的实现就是对人的尊重。

南斯拉夫实践派对"实践"这个概念的伦理意义的解读非常深刻，但他们对马克思道德理论的其他方面没有像此后的分析马克思主义学者们那样予以广泛分析和讨论，也没有系统阐释马克思的道德理论或马克思主义伦理学。

## 第二节　马克思"道德悖论"问题的提出

　　分析马克思主义视域下的马克思"道德悖论"问题的争论与它之前的传统西方马克思主义"科学与伦理"问题的讨论有着某种联系，但事实上分析马克思主义又不是从第二国际和南斯拉夫实践学派直接发展过来的。分析马克思主义运用分析哲学和元伦理学方法解读马克思的著作，在解读的基础上又重构出分析马克思主义的道德理论，都是带着它特别的问题域和理论目的展开的。

## 一、分析马克思主义道德理论的问题域

　　20 世纪 70 年代兴起的分析马克思主义，同西欧大陆西方马克思主义有着这样或那样的历史联系，但分析马克思主义道德理论的问题域，不同于传统马克思主义，也不同于传统西方马克思主义。这种不同源自分析马克思主义兴起的独特历史背景和他们运用的研究方法的不同和理论视界的不同。它的问题域在于，它不是注目于历史与经验理论的重构，而是建构性地聚焦于问题与方法。

### （一）西方马克思主义问题域的承上启下

　　传统马克思主义的论域，主要论证的是无产阶级如何采用暴力革命推翻了原有的政权，建立无产阶级专政的国家。西方马克思主义的论域是对传统马克思主义革命理论提出质疑的基础上转向"社会文化批判"的新

探索。

### 1. 意识革命和文化革命为先导的新革命观

20世纪20年代至70年代中期，在西欧和中欧思想界兴起一股以卢卡奇、柯尔施和葛兰西为代表的，重新诠释马克思学说的思潮，通常称之为"西方马克思主义"。西方马克思主义的最大特点，突出"社会文化批判"，是在分析20世纪人类社会发展特点和总结国际无产阶级革命经验教训之后的转向。它以深刻而敏锐的方式切入了20世纪的核心问题——普遍的文化焦虑和文化危机问题。在东方，苏联在帝国主义链条的薄弱环节中，利用帝国主义发动瓜分世界的战争，以暴力革命推翻了旧制度。在接下来的国际共产主义运动史上，则发生了一系列无产阶级暴力革命相继失败的教训。俄国十月革命之后的五年间，德国、奥地利、意大利、匈牙利等国家和地区相继爆发的以暴力夺取政权为宗旨的无产阶级革命，均以失败告终。当时西方马克思主义理论家面临的一个根本问题是现实无产阶级革命的前途问题。最先探索这一问题的是西方马克思主义的创始人卢卡奇、柯尔施和葛兰西。他们基于对俄国十月革命的成功经验和一战后西方无产阶级武装革命相继失败的教训，在探讨西方社会结构和统治机制的总体性特征以及分析西方社会阶级结构的变化和工人阶级地位及其态度的转变的基础上，对传统无产阶级革命观提出了质疑，从而提出以意识革命和文化革命为先导的新革命观。

### 2. 渴望主体性以克服物化、唤醒革命意识

在马克思的"商品拜物教"思想的影响下，卢卡奇在1923年发表的《历史和阶级意识》一书中提出他的物化理论，资本主义商品经济发展导致了普遍的物化现象，人与人的关系变成了物的关系，人被自己创造的外化的产品所控制。这种物化现象无所不在，它使得整个社会生活碎片化、僵硬化，使得无产阶级丧失主体性。不但现实生活被物化，而且物化结构内化到人的意识之中，人的革命意志被麻痹了。卢卡奇的结论是，要扬弃

物化就要生成历史和社会的总体性，而总体性的生成依赖于无产阶级的自觉的阶级意识。为了唤醒无产阶级的创造历史的主动性和热情，卢卡奇提出“渴望主体性”的总体性理论。

### 3. 意识形态领导权的革命观

葛兰西则从分析东西方社会结构的不同，来说明西方社会革命失败的原因。他认为东西方社会结构的主要差别在于市民社会在东西方社会中的地位不同。葛兰西说：“在哲学中，统一的中心是实践，也就是人的意志（上层建筑）与经济基础之间的关系。在政治中，统一的中心是国家与市民社会的关系。”[①] 在东方社会没有形成独立的市民社会，是典型的政治社会结构，国家至上、主宰一切，暴力和强权是它的本质特征。在西方资本主义国家中，作为意识形态—文化方面的上层建筑中的市民社会，起着比政治社会还重要的作用。相比东方社会而言，西方资产阶级的统治除了靠暴力来控制，在相当程度上还靠意识形态—文化方面的宣传，形成被人民大众普遍接受的世界观来维持。

葛兰西认为，由于东西方社会结构的不同、统治阶级控制社会的手段不同，决定了无产阶级武装革命在东西方社会的成败命运不同。在东方社会中出现经济和政治危机时，只要用暴力打碎旧的国家机器，革命就能成功。而在西方社会哪怕是出现了政治经济危机，无产阶级仅用暴力夺取政权并不能保证革命的成功，还需要改变市民社会这种意识形态—文化方面对社会和国家的支撑力量。葛兰西得出结论，西方社会无产阶级革命的首要任务不是政治的武装革命，而是从资产阶级手里夺取意识形态领导权的革命。他的这种关于“领导权理论”的革命观是不同于传统无产阶级革命观的。

---

① Gramsci，A. *Selections from the Prison Notebooks*，London：International Publishers Co，1971，p402–403.

### 4. 总体的社会革命理论

柯尔施的一些基本见解与卢卡奇比较接近。柯尔施力图恢复马克思主义的革命本质。他的《马克思主义和哲学》一书以批判第二国际社会民主党的理论家们把马克思主义庸俗化的倾向和剖析当时的马克思主义"危机论"为主题，突出革命的、批判的马克思主义观。

柯尔施认为，作为社会革命理论的马克思主义这一性质从马克思主义的最初形态，到它的整个发展一直存在着。他强调，这个理论在马克思和恩格斯的后期著作中有重大的调整，但它的实质没有变化，"马克思和恩格斯的马克思主义作为科学社会主义，仍然是社会革命理论的唯一整体"①。

柯尔施批判第二国际的庸俗马克思主义，认为它实际上是把马克思主义的社会革命的一般理论变成了没有任何革命结果的纯粹理论，马克思和恩格斯的理论不是思辨的纯理论。柯尔施认为，在马克思和恩格斯那里，"废除哲学""消灭哲学"既不是简单地抛弃哲学，也不是用经验科学来代替哲学，更不是要把哲学变成纯粹的科学，而是为了批判地改变资本主义现实，因为近代哲学始终是资本主义现实的一个重要的组成部分。马克思主义是理论与实践的统一。至于马克思主义与哲学的关系，柯尔施明确地回答："马克思和恩格斯的辩证唯物主义按其基本性质来说，是彻头彻尾的哲学"；"它是一种革命的哲学，它的任务是以一个特殊的领域里——哲学——的战斗来参加在社会的一切领域里进行的反对整个现存秩序的革命斗争"。②

柯尔施的《马克思主义和哲学》这一著作在相当程度上是为总结20年代初德国无产阶级的革命失败的教训而写的。与他的革命的、批判的马克思主义观相联系的一个重要问题是，革命转变与国家问题。他写道：

---

① Korsch，K. *Marxism and Philosophy*，London：Monthly Review Press，1970，p24.

② Korsch，K. *Marxism and Philosophy*，London：Monthly Review Press，1970，p37–38.

"马克思主义理论的危机最清楚不过地表现在社会革命对国家的态度上。"①
柯尔施认识到，第一次世界大战爆发后，国家问题成了一个重要又迫切的
问题。十月革命爆发前，列宁重视国家问题并写了《论国家问题》的专
著，而十月革命的胜利证实了国家理论的重要性和指导性。柯尔施批评第
二国际的所谓正统的马克思主义者们"没有能耐处理好国家和无产阶级革
命的关系问题"②。柯尔施提出，没有正确的国家理论就不可能领导无产阶
级夺取革命斗争的胜利，要确立正确的国家理论，就必须回到马克思主义
哲学上去。因为第二国际正统的马克思主义者们认为马克思主义没有哲学
思想，需要用康德、叔本华等哲学家或新康德主义等哲学流派的思想去补
充，马克思主义才能获得哲学的地位。这样一来，他们把马克思主义修正
为一种脱离革命实践的先验伦理学说或非辩证的无主体性的实证科学。

与卢卡奇的总体理论相接近，柯尔施也提出马克思主义是"一个活的
总体的社会革命理论"。他认为，传统的马克思主义者只看到社会的三个
方面：经济、法和国家、纯粹的意识形态，没有把它们理解为一个总体。
柯尔施指出，马克思对资本主义社会的批判"从来都是对资本主义社会整
体的批判，因而也是对这一社会的所有意识形式的批判"③。在对社会总体
的理解中，柯尔施特别强调意识形态问题："在这里需要解决的关键问题
是，要探讨在一般情况下，意识与它的对象是如何发生关系。"④他认为，
意识形态是一种虚假的意识，在社会生活中却起着重要的影响作用。在国
家问题中，国家的一个重要职能是意识形态方面的。无产阶级夺取国家政
权的斗争中必须正视意识形态问题。

上述欧洲大陆西方马克思主义的社会文化批判理论和新的社会革命理

---

① Korsch, K. *Marxism and Philosophy*, London：Monthly Review Press, 1970, p53.

② Korsch, K. *Marxism and Philosophy*, London：Monthly Review Press, 1970, p65.

③ Korsch, K. *Marxism and Philosophy*, London：Monthly Review Press, 1970, p85.

④ Korsch, K. *Marxism and Philosophy*, London：Monthly Review Press, 1970, p83.

论至少间接地影响到之后兴起的分析马克思主义，因为分析马克思主义也肩负着一种革命性的"政治承诺"。

### （二）分析马克思主义道德理论的问题域

20 世纪 70 年代以后，随着西方马克思主义学派中年老的一代先驱者如德拉沃尔佩、卢卡奇、霍克海默、布洛赫和马尔库塞等相继离世，西方马克思主义开始全面走向没落。西方的马克思主义研究中心转向英语世界。

#### 1. 分析马克思主义的兴起及其研究对象

分析马克思主义思潮，表现为"左派学院"的兴起。原因在于战后激烈的美、苏冷战中，美国推行麦卡锡主义操纵了思想界，强化反对马克思主义和共产主义的意识形态，甚至采取法西斯手段迫害民主和进步力量。到了 20 世纪 60 年代，在为争取民主和反对越南战争声讨中，麦卡锡主义受到美国人民的种种批判。"左派学院"的活跃分子在斗争中逐渐转向马克思主义，试图以马克思的观点去理解和解决当时的社会问题。从兴起开始，分析马克思主义表现为一种政治哲学转向的马克思主义研究，他们对马克思主义的重建有一种深重的"政治承诺"。一如段忠桥教授所言："分析马克思主义……它更关注的是发达资本主义国家如何走向社会主义和如何应对资本主义在全球的扩张。"① 按照分析马克思主义学者自己的理解，分析马克思主义的研究对象可以划分为：方法论，经验理论，规范理论或称道德理论。②

#### 2. 分析马克思主义争论的道德主题及不同观点

分析马克思主义道德理论的主要问题是随着这一政治哲学转向的需要

---

① 段忠桥：《20 世纪 70 年代以来英美的马克思主义研究》，《中国社会科学》2005 年第 5 期，第 47–56 页。

② 余文烈：《分析学派的马克思主义》，重庆出版社 1993 年版，第 22 页。

而展开的。从他们争论的道德主题中，如正义、剥削、自由、权利等，就可以窥探出这种突出的政治哲学色彩。具体而言，分析马克思主义道德理论争论中的不同观点，归纳起来主要涉及以下问题：（1）如何理解马克思的著作中有关 "反道德论" 的那些叙述？（2）如果马克思文本中 "反道德论" 叙述只是表面的，那马克思的理论体系中出现的道德价值判断是何种价值？（3）如果在马克思的著作中所发现的道德价值判断是正当且合理的，那以这些价值原则为基础可以重建出何种类型的马克思的道德理论？它会是目的论的，还是义务论的？（4）如果马克思的道德理论重建工作是有效的，那除了重建它的一些基本的道德价值要素之外，还可以用什么方式、方法来完成这个理论的重建。①

**3. 由马克思 "正义问题" 的争论引发马克思 "道德悖论" 问题的提出**

分析马克思主义道德理论的主要问题，又是因为对马克思如何看待正义问题的讨论而引发的。1972 年，美国斯坦福大学道德哲学教授伍德发表了《马克思对正义的批判》一文，引发了一场延续了 30 来年的有关 "马克思与正义" 问题的讨论。伍德的结论是，马克思对正义概念是持批判态度的，马克思的思想中根本不存在有关正义的道德理论。围绕 "马克思与正义" 这个主题，争论各方由此不断引申，趋向于阐发了对马克思、马克思主义的整个道德伦理观的看法。虽然观点不一，根据他们的基本论调，可以分为两种态度，即 "马克思是非道德论者或反道德论者" 与 "马克思是道德论者"。

坚持 "马克思是非道德论者" 的分析马克思主义学者认为，马克思的思想中根本不存在任何道德的善的价值概念，即便是需要、意愿、利益、

---

① 王露璐、张霄：《20 世纪 70 年代以来英美马克思主义伦理学研究中的主要问题》，《马克思主义研究》2007 年第 12 期，第 96—97 页。

快乐、幸福等价值维度，也只是与道德无关的非道德的善的价值概念。从理论上看，马克思的理论是与道德无涉的。此派代表人物主要包括伍德、米勒、克利尔、斯金伦等，其中最为典型的代表是伍德和米勒。他们一般把马克思主义看作一种经验的科学的理论形态，认为伦理道德在马克思那里是被看作具有依附性和描述性的、虚假的意识形态的法权概念而遭到批判的对象，并断定马克思没有打算用正义观念来分析、批判资本主义社会。

在伍德看来，道德的善包括美德、权利、正义、义务的履行等品质的占有，非道德的善则是指那些不需要道德承诺，人们就可以意愿拥有、追求的善，例如快乐和幸福等。伍德的结论是，马克思将其对资本主义的批判建立在诸如自我实现、共同体和自由等非道德的善的规范性基础上，因此马克思的思想理论中没有道德理论。

伍德认为马克思是依据一种具有"综合理论"特征的历史科学而非道德——伦理理论来批判和分析资本主义社会的。伍德认为，马克思对资本主义的批判"是在整体上对资本主义的谴责，即是建立在他认为是唯一地、本质地、充分地对资本主义的内在的分析的基础上和人类历史的立场上的谴责。如果要追问缘何批判资本主义的话，那马克思批判资本主义不是为了追求道德、正义这些道德的基本善，而是为了自我实现、共同体和自由这些非道德的基本善。在这一点上，他认为马克思与尼采极为相似，二者都是道德的批判家，都试图理解道德价值和道德准则在人类生活中的实际功能，并立基于非道德的基础之上对它们做出评价"①。

美国康奈尔大学政治学与哲学教授米勒认为，马克思不仅拒绝正义，而且拒绝所有的道德价值。米勒企图构建一种政治哲学的道德理论，以寻

---

① Bob Jessop and Charlie Malcolm-Brown eds., *Karl Marx's social and political thought: critical assessments*, London and New York: Routledge, Vol 1, 1993, p467.

求解决政治问题的道德基础。米勒认为，这种道德有别于自利、阶级利益、合理利益或纯粹的审美关系，并且这种道德基础只能被界定为如下三种特征："第一，平等……。第二，普遍准则……。第三，普遍性……"[①]

米勒认为，作为解决政治问题之基础的道德应该是中立的、无偏私的，马克思是"一位对政治上的道德观进行批判的人"，"他反对所有者三条原则，因为它们不适合用来决定人们追求何种基本社会制度"。[②]他认为马克思的思想作为一种政治理论与道德无涉，是一种"反道德论"。

坚持"马克思是道德论者"的分析马克思主义学者认为，马克思本人虽然没有创建系统的道德理论，也没有专门探讨道德问题的著作、文章，然而道德—伦理是饱含在完整的马克思的理论之中的。该派的主要代表人物有分析学派中的柯亨、杰拉斯、埃尔斯特、杨、肖等，以及分析学派以外的胡萨米、卢克斯、布伦克特、布坎南、尼尔森、艾伦、王尔德、艾瑞森等。他们认为马克思在以哲学和经济学的手段批判资本主义社会时，同时以正义与自由、自我实现（self-realization）、人类共同体（human community）、自我决定（self-determination）等，这样道德价值概念谴责和批判资本主义社会的不正义，进而论证社会主义和共产主义的价值优先性与正当性。

坚持"马克思是道德论者"的典型代表要算胡萨米和杰拉斯。胡萨米曾于 1978 年在《哲学与公共事务》上发表了他的长篇论文《马克思论分配的公正》，此文坚持马克思赞成正义的观点。在考虑资本家与工人之间雇佣关系是不是平等或公正的交换关系时，胡萨米区分了这种交换的两个

---

① ［美］R.W. 米勒著，张伟译：《分析马克思：道德、权力和历史》，高等教育出版社 2009 年版，第 15 页。

② ［美］R.W. 米勒著，张伟译：《分析马克思：道德、权力和历史》，高等教育出版社 2009 年版，第 15 页。

方面：一方面属于流通领域，即法律形式上的按劳动合同规定的劳动力的买与卖，另一方面属于生产领域，即劳动力的使用权及其对剩余价值的占有权。胡萨米认为，即使在交换领域中，马克思把劳动力商品看作与其他商品一样是按等价交换的原则"平等"地交换，实际上马克思在这里还是意在揭露这种所谓的按等价交换的原则"平等"交换，是以形式上的平等掩盖实质上的不平等、不公正。不能说马克思承认了流通过程中这种雇佣关系是公正的或无欺诈的。尤其是进入生产领域，马克思直接地指出这种雇佣关系不是真正的平等交换，因为工人不仅要用劳动创造出价值以补偿工资归还给资本家，而且工人创造的多于工资价值的剩余价值也被资本家无偿占有了。一如马克思所说的："表现为最初行为的等价物交换，已经变得仅仅在表面上是交换，因为，第一，用来交换劳动力的那部分资本本身只是不付等价物而占有的别人劳动产品的一部分，第二，这部分资本不仅必须由它的生产者即工人来补偿，而且在补偿时还要加上新的剩余额。这样一来，资本家和工人之间的交换关系，仅仅成为属于流通过程的一种表面现象……"① 从生产关系方面来看，这种表面的平等掩盖着实质上的不平等和不公正。表面上工人是自愿地签订劳动契约的，实际上是因为工人一无所有而被迫出卖劳动力的。

　　胡萨米还认为，马克思批判资本主义剥削为不正义的依据，是无产阶级的分配正义原则。他指出，分配正义原则是马克思在《哥达纲领批判》（1875）中提出来的，即按劳动贡献分配和按需要分配。当然，社会主义的分配正义依然有许多不完善之处，如同马克思所说，它只是把人当作劳动者，而忽视了人们的不同个性。在马克思的"全面的人"的思想里，每个人不仅仅是一个劳动者，有丰富的物质要求和精神要求，而每个人的最终需要是全面的自我实现。

---

① ［德］卡尔·马克思：《资本论》（第 1 卷），人民出版社 2004 年版，第 640 页。

杰拉斯对马克思的正义理论从三个方面做出梳理与阐释：（1）马克思是否批判资本主义非正义？（2）马克思以什么标准批判资本主义？（3）社会主义是历史趋势吗？他指出，一方面，虽然有关伦理规范的观点在马克思的著作中大量地存在，但是"马克思不是一位道德哲学家，在他对这些问题的论述中可能会有不一致"①；另一方面，马克思在有关剥削的论述中，认为工资关系既是平等关系又不是平等关系，这种论述采用的是"辩证法的狡计"②。在杰拉斯看来，如果没有总体的思考，仅根据马克思的个别文本或某些语句为论据，就容易得出两种截然相反的关于马克思与正义的结论。

与胡萨米的观点类似，杰拉斯也认为，马克思揭示了在资本主义工资关系中表现出剥削的"两面性"特征。在流通领域中，资本家按照等价交换原则支付对价工资购买工人的劳动力。但在生产的领域中，在资本家完全支配工人的劳动力之下生产，工人在被监管之下创造的、被资本家作为利润占有的剩余价值，远多于他们所获得的工资的价值。

对于"马克思以什么标准批判资本主义"的问题。在杰拉斯看来，马克思对资本主义的批评隐含着超历史的正义标准。他认为，一方面马克思援引资本主义标准下的正义概念按劳取酬来剖析资本主义剥削是否正义。按劳取酬原则，承认劳动者拥有不同等的个人天赋和不同等的工作能力，依此获得不等同的报酬。这里就意味着"一种不平等的权利"③的存在。马克思并没有根据按劳取酬原则这种表面的平等关系就肯定这种交换关系，而是把它看作不平等交换和剥削。另一方面，马克思又依据不同于正义标准的标准——马克思的异化理论，来谴责和批判资本主义。资本主义制度下，在某种意义上每个人都是处在异化的、不自由的状态。尽管资本主义

---

① Norman Geras，*The Controversy About Marx and Justice*，New Left Review 150，1985，p62.

② Norman Geras，*The Controversy About Marx and Justice*，New Left Review 150，1985，p63.

③《马克思恩格斯选集》（第3卷），人民出版社1995年版，第305页。

社会以法律的形式赋予一些人以自由发展的有利条件和机会，然而却是以剥夺其他大部分人的自由发展的有利条件和机会为代价的。无产阶级的解放斗争就是为了实现所有人的自由发展，按照马克思的意思，这是消除资本主义社会不平等、不正义的一种道德进步。这里表明，马克思用到了历史进步观念和社会主义正义标准对资本主义予以批判。

关于进步观念和社会主义正义标准的观点，杰拉斯是在批判塞耶斯的主张基础上阐述的。他认为马克思对资本主义批判，特别是对资本主义非正义的批评，依据的标准不是相对的超历史的正义标准，而是历史的进步观念。他提出，一个阶段相对于前一阶段是进步的或更高级的。尽管按照内在于资本主义自身发展之中的标准，资本主义比封建主义进步或更高级，仍然可以参照一种更进步、更高级的社会主义阶段对资本主义进行谴责和批判。由此说明，马克思对资本主义剥削的非正义指控，依据的是社会主义的正义标准。

## 二、分析马克思主义运用的主要方法与理论目的

分析马克思主义者围绕马克思"道德悖论"问题展开争论和研究，他们解读马克思的著作以及重构分析马克思主义的道德理论时，运用的研究方法主要有：

### （一）分析哲学的方法

自 20 世纪 70 年代初开始，分析马克思主义对马克思"道德悖论"展开争论，并提出某种解决办法。他们主要运用分析哲学的方法对马克思著作予以解读，从不同角度讨论，在解读和挖掘马克思著作中的道德因素基础上重构出分析马克思主义的道德理论。

### 1. 分析方法与分析哲学

分析方法原本是人类固有的理性思维方式之一，即将整体分解为部分予以考察，最后终结于某个最小的、不可再分析的要素上进行研究。对于什么是分析哲学，学术界没有形成一致的定义。最狭义的理解是，分析哲学是通过语言的逻辑分析和语义分析来解构传统形而上学，同时主张科学理性的哲学。维也纳学派代表保罗·鲁道夫·卡尔纳普在他的《通过语言的逻辑分析清除形而上学》一文中坚持反对形而上学，主张科学理性，强调语义分析和语言逻辑分析。① 维也纳学派的石里克也持这种观点。在哲学史上，哲学中心问题出现过三次转向：古代哲学的本体论转向、近代哲学的认识论转向、当代哲学的语言学转向。② 而分析哲学是当代哲学语言学转向的典型。

分析哲学是在西方科学理性的倡导下，用后现代解构现代性和以逻辑分析解构形而上学的一场哲学运动。在这场哲学运动中出现了以弗雷格、罗素、早期维特根斯坦、石里克、卡尔纳普等所代表的逻辑经验主义或逻辑实证主义的分析哲学和以摩尔、晚期维特根斯坦、奥斯汀、塞尔等所代表的日常语言哲学或人工语言分析的分析哲学。分析哲学离不开二者的融合。因为不能说凡是对哲学问题进行语言分析都是分析哲学，分析哲学必须运用逻辑分析，但不进行语言分析又一定不是分析哲学。人工语言适用于逻辑分析，日常语言适用于语言分析，如语法学、语义学和语用学等。因此，分析哲学与语言学、逻辑学还是有区别的。分析哲学不管是进行语义分析，还是进行语言逻辑分析，其目的既不是研究语言问题，也不是研究逻辑问题，而是研究哲学问题。所以说，分析哲学家的目的不是语言的分析，语言的逻辑分析是他们解决哲学问题的方式和手段。按照罗素的说

---

① 陈波、韩林合：《逻辑与语言——分析哲学经典文选》，东方出版社 2005 年版，第 248—273 页。

② 转引自洪汉鼎：《当代西方哲学两大思潮》（上），商务印书馆 2010 年版，第 5 页。

法，传统逻辑是亚里士多德的演绎逻辑；近代逻辑是培根、伽利略、穆勒的归纳逻辑；黑格尔的辩证逻辑不是逻辑，而是形而上学；而现代逻辑则是莱布尼兹以来，更进一步，从布尔到皮亚诺、弗雷格、罗素和怀特海以来，逻辑斯谛或数理逻辑发展的方向。[①]

也有学者从最广义的角度来定义分析哲学，如普特南，他认为分析哲学是应用分析方法的哲学。分析方法在所有的哲学中都有应用，根据普特南观点，似乎可以得出一切哲学都是分析哲学，分析哲学之外没有哲学。这里普特南说的分析方法，指的是一种分析精神或分析传统。这种分析精神中外自古就有，把事物或世界分析为最小的、不可再分的单元，如古希腊德谟克利特的"原子"，中国哲学传统中的"元气"，就是分析传统的表现。

现代分析哲学是分析精神和分析传统发展到语义分析和逻辑分析的升级版。从语义分析和逻辑分析的融合来理解，在弗雷格之前是没有分析哲学的，因为分析哲学只是在语言哲学的转向和现代逻辑出现之后才形成的。

当代分析哲学发展到以奎因、普特南、克里普克、戴维森和刘易斯为代表的阶段时，像其他所有拒斥形而上学却又陷入形而上学的哲学那样，它也从拒斥形而上学走向了不可摆脱的形而上学的重构之中，从此形而上学成了分析哲学一个基本领域。当代分析哲学从以语言哲学为核心领域，转向从形而上学、知识论、语言哲学到心灵哲学，以及社会哲学等多个方向展开，并且当代分析哲学开始与现象学、解释学对话。

## 2. 分析哲学在分析马克思主义中的运用

自 20 世纪 70 年代初开始，分析马克思主义者用分析哲学的方法围绕

---

① 陈波、韩林合：《逻辑与语言——分析哲学经典文选》，东方出版社 2005 年版，第 166–188 页。

马克思的著作中是否存在道德理论这个问题，对马克思的著作予以解读，在此基础上重构出分析马克思主义道德理论。

柯亨从马克思的历史唯物主义去寻找其道德哲学根源。他认为马克思的唯物主义围绕的主题，"一个是生产力总是在不断发展；另一个是生产力选择什么样的生产关系与该种生产关系推动生产能力发展的程度相关"①。首先，柯亨用语义分析和逻辑分析的方法，对马克思理论体系中的基础概念予以界定，力求达到清晰化和明确化；其次，论证概念之间的严密逻辑关系，力图使之成为更科学的理论。如，关于生产力和经济结构（经济基础）之间的关系。马克思在《资本论》第一卷中认为，生产关系的性质是经济学的，而生产力的性质却不是；生产力"是一切社会组织的物质基础"②。我们一般是这样理解马克思这一思想的：生产关系的总和构成经济基础，生产力是社会的物质基础，但不包括在经济基础之中。柯亨用语义分析和逻辑分析来界定"生产力、生产关系、经济基础"这三个基本概念，然后论证它们之间的逻辑关系。

他认为，生产力是一种能力，能力不是关系；生产关系是生产过程中两个或多个要素之间的某种属性或性质。柯亨重点对生产力进行了严格的辨析。在英文中生产力 productive powers 与 productive forces 有严格的区别，power 是一种内在的能力，force 是一种外在的力量。他认为，生产资料或原料等都不是生产能力 productive power，只具有可能用于生产的能力。柯亨断言，只有能动的内在的劳动力才具有生产能力；认为马克思的生产力指的是内在的能力 productive power，并且人本身也不是生产力，只有人之劳动力才是生产力。柯亨还强调生产力是被"限定为用来生产物品的"③，

① ［英］G.A. 柯亨著，岳长龄译：《卡尔·马克思的历史理论：一个辩护》，重庆出版社1989 年版，第 381 页。

②《马克思恩格斯全集》（第 23 卷），人民出版社 2002 年版，第 312 页。

③ ［英］G.A. 柯亨著，岳长龄译：《卡尔·马克思的历史理论：一个辩护》，重庆出版社1989 年版，第 44 页。

不是用于刺激或促进生产的手段，比如法律、道德和政府等可以促进生产，但不是生产力本身，不参与生产力的构成。关于科学是否生产力的问题，柯亨指出："劳动力的一个方面是可用来生产的知识。因此，可以用于生产的科学知识是生产力。进一步说，知识的发展是生产力发展的核心。因此在生产力发展的高级阶段，其发展是与可用于生产的科学的发展合而为一的。"[①]他主张只有那些与生产有关的科学知识才属于生产力。柯亨还对生产力的构成到底包括哪些要素做了非常细致的分析。

　　柯亨为了阐明生产力和经济结构（经济基础）之间的关系，对命题"如果生产力在解释上是基本的，那么它们便是经济基础的一部分"进行了分析。对于这个命题，关键在于如何界定"基础"这一概念。柯亨认为"基础"一词在这里有含糊性。他用日常语言分析方法分析指出，"基础"一词在这里可以表示两个不同的概念。[②]他用房屋的地基来说明基础 I：x 是 y 的基础，并且 x 是 y 的一部分，y 的其余部分建立在 x 之上，用塑像的底座来说明基础 II：x 是 y 的基础，并且 x 是在 y 之外的，y 的全体建立在 x 之上。而柯亨认为上述命题中的"基础"其实应该是指向"基础 II"而不是"基础 I"，即生产力是经济的基础但是不属于经济基础。

　　卢克斯指出："马克思主义对道德的态度中存在一种似是而非的矛盾。"[③]卢克斯解决这个"似是而非"问题的方法也是分析哲学的方法。他从马克思语境的道德概念中分析出"法权的道德"和"解放的道德"。法权的道德指公平、正义、权利和义务等，解放的道德则意味着一般地将公民从受奴役、受剥削的不利条件中解放出来。他认为法权的道德在马克思

---

　　①［英］G.A.柯亨著，岳长龄译：《卡尔·马克思的历史理论：一个辩护》，重庆出版社1989年版，第48页。

　　②［英］G.A.柯亨著，岳长龄译：《卡尔·马克思的历史理论：一个辩护》，重庆出版社1989年版，第32页。

　　③ Steven Lukes, *Marxism and Morality*, Oxford：Clarendon Press, 1985, p1.

那里是一种意识形态,是应该被否定的,解放的道德才是真正的应该被提倡的道德观点。①

卢克斯分析认为,马克思的道德哲学是关于"解放的道德",同资产阶级的"法权的道德"是有区别的。卢克斯认为,在马克思那里,人类解放就是摆脱人类受奴役、受剥削的历史,实现个体自由的理想社会状态,也就是共产主义社会。卢克斯相信,按照马克思的说法,在共产主义社会中,"利己主义与利他主义的区别,政治的公共领域与市民社会的私人领域的区别,作为社会的人和作为个体的人的区别统统消失了"②。由于卢克斯关注到的是马克思早期的人道主义思想,却从马克思的历史唯物主义理论中分析出结果主义,从而认为马克思的唯物主义方法并不能充分地解释"公正、权利"和"手段—目的"这样的问题;接着,他逻辑地推出,结果主义引发了社会主义实践中的不公正、强权和暴力,从而认为使马克思的"解放的道德"成了一种虚幻。

同样地,米勒也使用语义分析和逻辑分析来解决马克思思想中的"道德悖论"。米勒的论证有两个目的:"一是要说明马克思应当成为非马克思主义哲学中的一个核心人物……二是要发展一种对马克思的更加政治化的解释……"③出于这样的理论目的,米勒认为道德作为解决政治问题的基础,如何陈述这个道德基础的选择标准是需要分析论证的。米勒认为马克思是反对"平等、一般规范和普适性"这样的传统哲学的道德原则的。但米勒相信马克思的道德哲学是"正派的"(Decent),因为马克思成功地把握住了"狭隘的自我利益与本然的道德之间一直被忽略的广大区域"④。在

---

① Steven Lukes, *Marxism and Morality*, Oxford: Clarendon Press, 1985, p29.

② Steven Lukes, *Marxism and Morality*, Oxford: Clarendon Press, 1985, p34.

③ 〔美〕R.W. 米勒著,张伟译:《分析马克思:道德、权力和历史》,高等教育出版社2009 年版,第 3 页。

④ Richard W. Miller, *Marx and Morality*, in Marxism Nomos XXVI. Edited by J. Roland Pennock and John Chapman. New Youk: New York University Press, 1983, p3–4.

详细分析了"平等、平等分配、平等权利、平等关心、功利主义、普遍性、普遍理性意识形态"等概念的基础上，米勒相信马克思"正派"的道德哲学与传统道德观点是有区别的。米勒认为，首先，马克思是为工人阶级指出一种在进行社会选择时可以作为指导原则的政治道德，反对道德选择标准的普遍性；其次，马克思对特定的社会安排的论证是建立在"各种各样的善的基础上，比如自由、自我表达、互惠、避苦等之上的"[1]；最后，马克思为我们提供的办法是取消传统道德，代之以一种由特定经验和交往产生的品质典范，比如爱、愿意为素不相识的人做出牺牲等。

还有布伦克特和凯因也分别从不同的角度用分析哲学的方法对马克思的历史唯物主义道德理论进行论证。布伦克特认为历史唯物主义是马克思的元伦理学。在《马克思的自由伦理学》一书中，布伦克特重新解释了历史唯物主义。他首先对马克思的"生产方式"给予语义分析。他认为，在马克思的理论中，生产力与生产关系互相结合形成了生产方式，历史唯物主义的基础不是生产力而是生产方式。他重组生产方式的内容，认为除了马克思的劳动力，道德和价值观也应该被看作是生产方式的组成要素。[2]凯因则认为，历史唯物主义原理是一个宽泛的理论。历史唯物主义原理隐含着对美学、法律、宗教、伦理学和其他理论的需要，需要把这些理论制定出来，历史唯物主义是形成这些理论的关键。从这种视角出发，凯因断定："马克思在一生中没有坚持单一的伦理学思想。"[3]

## （二）元伦理学的方法

### 1. 元伦理学方法与分析哲学方法的共性

分析马克思主义学者用分析哲学的方法来论证基本的哲学问题和哲学

---

① Richard W. Miller, *Marx and Morality*, in Marxism Nomos XXVI. Edited by J. Roland Pennock and John Chapman. New York: New Yourk University Press, 1983, p20.

② Gorge Brenkert, *Marx's Ethics of Freedom*, London: Routledge & Kegan Paul, 1983, p36.

③ Philip Kain, *Marx and Ethics*, Oxford: Clarendon Press, 1988, p1.

概念，同时他们用元伦理学的方法来论证基本的道德哲学问题和伦理概念。分析哲学的方法和元伦理学的方法有着共同的特征。元伦理学也是以逻辑分析和语义分析来解决道德概念、道德判断的性质和意义，研究伦理学的词、句子的功能和用法的理论，侧重于分析道德语言中的逻辑，解释道德术语及道德判断的意义，主张对任何道德观点和原则体系都要保持客观的价值中立态度，并在此基础上研究道德问题。从一定意义上说，元伦理学的兴起使得伦理学成了真正的科学。

资本主义经济在自由主义思潮的影响下，市场竞争日益激烈，由此引发诸多道德方面的疑难问题。如何解决这些疑难道德问题，传统伦理学在理论上和实践上陷入一种困境。随着科技的进步以及语言分析和现代逻辑分析的发展，为了把握各种道德问题之间的整体性关系，非线性的元分析的元伦理学出现了。

### 2. 元伦理学的诞生

摩尔在 1903 年出版的《伦理学原理》（Principia Ethica）标志着元伦理学的诞生。在此著作中，他向整个西方传统伦理学提出命中要害的质疑，批评传统伦理学理论在没有弄清伦理学根本问题，即"善"的定义问题，就试图解决实际道德问题，结果导致了伦理学理论和道德实践上的困境。摩尔从直觉主义出发对"善"的定义问题进行重新阐述，得出了"善"是一种不言自明、不可分析的性质的结论。摩尔指出，像传统的形而上学伦理学和伦理自然主义这两种方法那样，用超自然的实体或经验的实体来定义或描述"善"，那我们最终无法知道什么是真正的"善"。摩尔认为，传统伦理学有关行为的"好"与"坏"或"善"与"恶"的道德判断不能视为伦理学的全部含义，伦理学研究不能仅仅停留在人类行为之上，伦理学要分析的是"善"与"恶"本身的"元"含义。因此，摩尔的《伦理学原理》开创了元伦理学的历史新局面。继摩尔之后，"元伦理学的理论发展呈现为三个渐次展开的核心主题：首先是对于一般道德概念（如'善'和'正当'）的元分析；其次是对道德判断与道德推理的逻辑性质进行分析论证；最后是对道德语言的性质进行整体性分析研究"①。

在 20 世纪 30 年代，西方元伦理学进入了黄金发展时期。先是在英语国家以 B. 罗素（晚期）、维特根斯坦、A.J. 艾耶尔、卡尔纳普、C.L. 斯蒂文森等为代表，对道德判断与道德推理的逻辑性质进行分析论证的情感主义伦理学（emotionalism）；随后是以 R.M. 黑尔、塞尔、图尔闵等人为代表，对道德语言的性质进行整体性分析的语言分析伦理学（linguistic-analytic ethics）。进入 20 世纪 50 年代以后，在英国、美国，元伦理学获得长足的发展。尤其是在 70 年代，约翰·罗尔斯名著《正义论》一书，用语言分析的元伦理学方法来阐释"正义"这一基本伦理学概念，建构一定的规范伦理学体系。此著作在推动元伦理学回归规范伦理学方面起到了不可忽视的作用。

### 3. 元伦理学方法在分析马克思主义中的运用

分析马克思主义道德理论中运用元伦理学方法，主要对马克思理论体系中"权利、道德、正义、剥削"等道德概念做了元分析，还对"自由、自主、阶级、价值、责任、人性、平等、人权、劳动、功利主义、辩证法"等概念也做了不同程度的元分析。

从分析马克思主义对"正义""剥削"这样的伦理概念的元分析中，可以窥见其运用元伦理学方法的技巧和一般特色。1972 年，美国道德哲学家伍德在《哲学与公共事务》杂志上，发表了《马克思对正义的批判》一文。伍德用语言分析的方法，得出了"资本主义剥削是正义的"这样令人惊讶的结论。此文的发表被认为是拉开了分析马克思主义争论"正义""剥削"问题的序幕。

伍德认为，马克思是根据正义在特定社会生产方式中的功能来看待正

① 唐凯麟、高辉：《现代西方元伦理学述要》，《道德与文明》2012 年第 2 期，第 52-58 页。

义问题的，"以马克思之见，政治国家以及法律和权利概念（它们与社会的公共调节机制相联系）都取决于这种占支配地位的生产方式……"①伍德的意思是说，正义是以特定的生产方式为根据的，交换和制度只要与特定生产方式相一致、相适应就是正义的，反之，则是不正义的。伍德认为马克思在《资本论》中坚持这样的观点："生产当事人之间进行的交易的正义性在于，这种交易是从生产关系中作为自然结果产生出来的。这种经济交易……只要与生产方式相适应，相一致，就是正义的；只要与生产方式相矛盾，就是非正义的。"②伍德认为，这段文字中虽然提及的是"交易"的正义性，不能算作是马克思"正义理论"的清楚论述，但是马克思对正义的论述却足以应用到行为、社会制度甚至法律和政治结构。从正义性是以特定的生产方式为根据的这个观点出发，伍德认为在马克思、恩格斯著作中"不仅根本没有打算论证资本主义的不正义，甚至没有明确声称资本主义是不正义或不平等的，或资本主义侵犯了任何人的权利"③。按此理解，伍德最后断定："资本对劳动的剥削不仅与资本主义生产方式相一致，……因此，资本主义剥削是正义的。"④

在《马克思论分配的正义》中，胡萨米认为文本引用不能脱离具体的语境。胡萨米的理解是，伍德所依据的那段话是出现在马克思讽刺资本主义的一个语境里，因为马克思在这段文字之后马上把剥削描述成一个"戏法"："我们的资本家早就预见到了这种情况，这正是他发笑的原因——戏法终于变成了。货币转化为资本了。"⑤胡萨米认为，把"交易"（交换）

---

①［美］艾伦·伍德著，林进平译，李义天校：《马克思对正义的批判》，《马克思主义与现实》2010年第6期，第39—47页。

②《马克思恩格斯全集》（第25卷上），人民出版社1972年版，第379页。

③［美］艾伦·伍德著，林进平译，李义天校：《马克思对正义的批判》，《马克思主义与现实》2010年第6期，第42页。

④ Allen W. Wood, *Karl Marx*, London, Boston, Henley: Routledge & Kegan Paul, 1981, p136.

⑤《马克思恩格斯全集》（第23卷），人民出版社1972年版，第220页。

分为流通领域和生产领域两个方面，那伍德理解的"交易"的正义性就是片面的。马克思把劳动力这种特殊商品看作与其他商品一样是按等价交换原则"平等"交换的，这指的是在流通领域中的交换。在这个方面，马克思也是用讽刺的口吻说市场是"天赋人权的真正乐园"，它满足了"自由、平等、所有权和边沁"。① 论述一旦涉及生产领域的时候，马克思就没有把雇佣劳动关系看作是平等的交换。

对剥削概念的分析，要数罗默和佩弗两人为典型。他们认为，剥削概念是马克思批判资本主义社会制度的一个重要的经济学和伦理学概念，但是马克思从没有给剥削概念给出过明确的定义。在马克思的文本中常常以道德谴责的方式使用剥削概念，马克思的剥削概念是否包含道德意义在分析马克思主义中引起了很多的争论。一些鼓吹资本主义道德中性说的新古典经济学家认为，马克思的剥削概念没有道德批判的意义，其剥削概念仅仅是剩余价值率这一经济技术层面的事实性描述，从中根本无法推出资本主义是不道德的价值判断。面对这一难题，许多分析马克思主义学者，努力对马克思的剥削概念予以新的解读和分析，以驳斥资本主义制度和生产方式的道德正当性。

耶鲁大学教授约翰·罗默主要运用西方经济学的方法重构剥削理论，分析论证剥削概念"非正义性"的伦理内涵。他承认马克思的剥削概念只是一种描述性概念，不是规范性概念。罗默主张，如果不局限于从劳动价值论意义上理解剥削概念，从财产关系的角度重构剥削概念可以达到对资本主义的道德批判。罗默说："如果成员在与平等的生产资料初始所有权相联系的产品分配中的境况比他在现实的产品分配中的境况更好，那他就受到了剥削。"② 也就是说，一个人在现实的产品分配中的境况不如他在

---

① ［德］卡尔·马克思：《资本论》（第 1 卷），人民出版社 1975 年版，第 199 页。

② ［美］约翰·罗默：《在自由中丧失——马克思主义经济哲学导论》，经济科学出版社 2003 年版，第 62 页。

平等的生产资料初始所有权相联系的产品分配中的境况，这样他是受剥削的。罗默认为，资本主义最初的财产所有权都是通过类似掠夺、强占以及盗窃这样的方式确立的，这显然是不平等、不公正的。

罗默指出，从事实判断角度上讲，一些人对另一些人的劳动的占有，这是实证的技术意义上的剥削概念；从价值判断角度上讲，一些人对另一些人的不公正的利用，这是道德批判意义上的剥削概念。在他看来，马克思在实证的技术意义上的剥削概念，是为了解释利润的存在；在道德批判意义上的剥削概念，是为了表明工人受到资本家的不公正对待。

圣地亚哥大学教授 R.G. 佩弗认为，马克思使用的剥削概念并不缺乏道德的内容，只是需要对其进行清晰合理的分析和重构。佩弗的方法是，将马克思的"剥削程度"概念同马克思的"剥削"概念区分开来，从而分析出马克思剥削概念的道德内容。佩弗认为，剥削程度是一个与剩余价值率（剩余价值除以可变资本即劳动力价值）相关的概念，"剩余价值率是劳动力受资本剥削的程度或工人受资本家剥削的程度的准确表现"[①]。佩弗指出，这种与剩余价值率相关的剥削程度概念是一种纯描述性的概念，但这不是马克思的剥削概念完整意义，不能以此得出马克思缺乏对资本主义剥削的不正当性道德批判。

马克思的剥削概念到底是怎样的意义？一般人的理解是，剥削就是资本家对工人创造的剩余价值的无偿占有。佩弗认为，这是一种过于简单的理解；这种剥削定义只是一种简单剥削，事实上马克思的剥削概念远不止如此的意义。佩弗将马克思的剥削概念区分为简单剥削与严格剥削。他认为，在马克思对被剥削劳动的描述中存在一种严格的剥削定义。首先，马克思将被剥削劳动理解为被强迫的。表面上无产者的劳动是"自由的"，似乎无产者可自由地将劳动力出卖给任何不同的买主，实际上无产者在任

---

① 《马克思恩格斯全集》（第 23 卷），人民出版社 1972 年版，第 244 页。

何现实的层面上没有不出卖自己的劳动力的自由，无法真正掌控自己的劳动。其次，马克思将这种劳动理解为无酬的，"这种剩余劳动是资本未付等价物而得到的，并且按它的本质来说，总是强制劳动，尽管它看起来非常像是自由协商同意的结果"①。在马克思那里，被剥削的劳动是被强迫的、无偿的劳动。佩弗强调，这种理解下的剥削概念才是真正意义上的马克思的剥削概念。佩弗将其称为"严格剥削"。

佩弗将剥削概念区分为简单剥削和严格剥削，是为了论证马克思剥削概念的道德批判意义。即使马克思的简单剥削概念是作为一种纯描述性的定义，不具有道德力量。但马克思的严格剥削概念显然是有道德内容的，因为它带有否定性价值判断的意义。当我们提到强迫的、无偿的劳动时，就能直接推出资本主义剥削的不正当性。为了有力论证严格剥削的不正当性，佩弗进一步做出强制（coercion）与强迫（force）之间的区分。他引用埃尔斯特的观点："强制暗示着［一个］有意的行为者或强制者，而强迫则仅仅暗示存在着某种限制，它没有为选择留下余地。"②佩弗的理解是说，强制意味着一种直接的外力被有意施加于被强制者身上，被强制者不能做出任何选择的状态，而强迫意味着对象受到某种难以言明的限制的状态。这种强制是不公平的。正是剥削概念具有这种否定性价值判断，马克思才在《资本论》中大量使用的"奴役""窃取""抢劫""偷盗""掠夺"等富含道德内容的词语来批判强制性剥削。这样，佩弗以严格剥削概念驳斥了资本主义制度和生产方式不是不正义的观点，论证了马克思的剥削概念的道德内容。

## （三）分析马克思主义道德理论的理论目的

尽管分析马克思主义并非一个严密的理论派别，没有形成统一的理论

---

① 《马克思恩格斯全集》（第 25 卷下），人民出版社 1974 年版，第 925 页。

② Jon Elster，*Making sense of Marx*，New York：Cambridge University Press，1985，p211–212.

体系和一致的观点，但他们共同运用分析哲学的方法和元伦理学的方法，形成了他们比较一致的理论目的。

### 1. 分析马克思主义道德理论的理论目的

分析马克思主义学者们没有明确或正式地说明过他们一致的理论目的是什么，但在他们的著作中都阐述了各自的写作目的，他们写作面临的问题是相近的。例如，分析马克思主义的重要代表人物之一，牛津大学的 G. A.柯亨教授阐述道："我认为，当今有三个问题应当引起我们当中那些从事马克思主义理论研究的人注意。……第一个问题是，我们想要什么？一般说来，甚至更具体点讲就是，我们所追求的是什么形式的社会主义社会？第二个问题是，为什么我们想要这种社会主义？资本主义究竟错在哪？社会主义又对在哪？第三个问题是，我们怎样才能实现社会主义？……"① 从大多数分析马克思主义者的研究成果来看，他们几乎都是围绕柯亨提出的三个问题展开的。柯亨的此段论述代表了分析马克思主义的一般理论目的。这种目的是源自当代资本主义社会的新变化及其社会基本矛盾激化的现实，他们欲从抽象原则的理论高度来更清楚、合理地回答资本主义灭亡和社会主义胜利的问题。

他们的目的一直贯穿在他们的研究方法的运用中。他们运用分析方法就是为了重构一种既是科学的又是革命的马克思主义理论。他们所谓的科学理论，即概念清晰、论证严谨，符合当代分析哲学标准的理论，同时这样的理论不仅有对社会历史的宏观描述，还有对社会历史的微观分析。他们所谓的革命理论，是指有助于改善社会制度的理论。他们之所以要构建一种既是科学的又是革命的马克思主义理论，正是因为他们认为马克思主义存在这样的问题：其一，有些概念不清晰，论证不严谨；其二，对社会历史问题只有宏大叙事的论述而缺少具体的论述；其三，某些理论已经过

---

① G.A.Cohen, *History，labor and free*，Oxford：Oxford University Press，1988，p12.

时，或者是错误的。他们提出，必须运用分析的方法对它进行重构、修正和补充才能使马克思主义成为科学的革命的理论。

### 2. 分析马克思主义道德理论的理论目的与其"政治承诺"的关系

分析马克思主义道德理论目的是他们上述带有"政治承诺"理论目的的具体实现。如佩弗的理论目的就是要构建一种充分的马克思主义道德和社会理论。他的"道德和社会理论"是指"它提供一套道德原则或标准来评价社会安排，从而为在彼此竞争着的、具有历史可能性的社会安排间作出判定提供一种标准"；"所谓'充分的'是指建立在一套正确的、经验性的社会科学理论以及一种正确的道德理论基础之上的理论"；"所谓'正确的'道德理论决定于在广义的反思平衡中与我们深思熟虑的道德判断最为一致"。[①] 卢克斯的理论目的是为了解决马克思道德批判中一个似是而非的矛盾。他认为，马克思主义一方面拒斥道德，对社会进行一种科学的研究，另一方面又极富道德判断，这两者之间的矛盾只是一种似是而非的矛盾，只要将马克思主义视域中的道德区分为法权的道德与解放的道德，并认识到马克思主义拒斥的只是法权的道德，而信奉的是解放的道德，这个似是而非的矛盾就迎刃而解了。[②]

## 三、分析马克思主义中马克思"道德悖论"问题的表面性

20 世纪 70 年代兴起的分析马克思主义者是在为争取民主和反对越南战争声讨中逐渐转向马克思主义的，以马克思的理论观点去解决当时的社

---

① ［美］R.G. 佩弗著，吕梁山、李旸、周洪军译：《马克思主义、道德与社会正义》，高等教育出版社 2010 年版，第 1 页。

② ［英］史蒂文·卢克斯著，袁聚录译：《马克思主义与道德》，高等教育出版社 2009 年版，第 27 页。

会问题。分析马克思主义者提出马克思"道德悖论"意味着：一方面是它需要马克思的道德理论这种资源，另一方面它又用分析哲学和元伦理学的方法去重建它想要的道德理论。与其说是马克思著作中存在"道德悖论"问题，还不如说是分析马克思主义有着难言之隐。

从分析马克思主义兴起开始，就表现为一种政治哲学转向。苏东社会主义国家趋于解体和资本主义加速全球化进程的背景催生了它。它关注发达资本主义国家如何走向社会主义，以及如何应对资本主义在全球的扩张这样的世界政治问题。因此，分析马克思主义重构马克思主义道德理论也有一种深重的"政治承诺"。分析马克思主义道德理论的基本论域，基本上是随着这一政治哲学转向的需要而展开的，从分析马克思主义争论的主题（正义、剥削、自由、权利等）都表现出突出的政治哲学色彩。

分析马克思主义围绕这些主题展开的讨论中，出现了两种对立的观点和立场："马克思是非道德论者"与"马克思是道德论者"。持着两种不同立场的分析马克思主义者在各自的视角下对马克思以及马克思主义道德理论的解读都达到了一定的深度，将马克思主义伦理学研究推进到新时代的前沿。他们所提出的问题是有一定现实原因的，是值得深入研究的。

分析马克思主义一贯采用语言逻辑分析、语义分析和元伦理学分析，赞成方法论的个人主义，忽视综合方法和历史主义的原则，反对辩证法和方法论的整体主义，尤其忽视了主体性的实践。他们这种分析方法与实践是不统一的，这使得他们重构的马克思主义道德理论依然陷入事实与价值、道德相对主义与道德普遍主义的对立之中，最终没有合理解决唯物史观与道德理论的关系问题。他们将道德理论从唯物史观中剥离出来作独立的语言逻辑分析，这容易丧失马克思的道德理论话语方式和理论精神。凯·尼尔森、罗德尼·佩弗、威廉·肖等学者力图对唯物史观与道德理论的相容关系做出阐释，但由于他们囿于研究方法的局限，解决得不算彻底。

　　他们的两个方法都一致地强调语言逻辑分析和语义分析，强调概念的明确清晰性和语言的严谨性。这有其合理性，但他们把哲学问题归结为语言问题，仅仅依靠逻辑分析或语义分析来解决问题，这就否定马克思主义哲学对世界的实践把握。语言的意义总是在以一定的概念、理论去实际地"测量"具体的社会现实事件时才能获得，纯粹的、普遍的语言意义是无所谓清晰明确的。概念的清晰明白，或者概念的确定意义，并不完全像皮尔士所认为的"概念的意义问题是这样一个问题：一个特定的信念将引导我的从事什么样的特定的行动"①。皮尔士的这种实效主义分析方法只是认识论意义的解读，不具有对现存社会的革命性意义。

　　在分析马克思主义那里，马克思"道德悖论"问题实际上是一个文本表面的问题。由于它注重以语言逻辑分析和语义分析的方法来解读马克思的著作，这不可避免地会"发现"马克思文本里有如此强烈地批判旧道德的词句，同时又有十分愤慨地用道德判断谴责资本主义制度的词句。马克思"道德悖论"问题在分析马克思主义中首要的是个"语言问题"而已，它重构的马克思主义道德理论绝大程度上是把它作为"语言问题"来解决，以求得一种"正确的"马克思以及马克思主义的道德理论。

---

　　① ［美］穆尼茨著，吴牟人、张汝伦等译：《当代分析哲学》，复旦大学出版社 1986 年版，第 60 页。

# 第二章

# 马克思历史哲学中"道德悖论"的解决

　　分析马克思主义道德理论主要涉及马克思的历史唯物主义是否存在道德因素和道德论证方面的问题。此领域中的争论主题比较宽泛，如历史唯物主义作为科学的体系是否需要道德的论证，社会革命理论是否存在道德动机，道德是否因为是意识形态而被马克思拒绝，马克思的道德原则是否具有客观性，等等。解决这些问题，一方面需要梳理清楚分析马克思主义者的不同态度立场、观点和论证依据，另一方面需要回到马克思的相关文本。在正确理解和把握马克思的文本基础上才有可能正确解决这些问题。

**马克思历史哲学与道德的相容性关系**

如果说存在马克思的道德理论，肯定就会体现在他的历史唯物主义中。分析马克思主义的一些学者认为马克思的历史唯物主义作为科学性的理论体系与道德理论是不相容的关系。分析马克思主义的一些学者认为，道德理论是价值体系，而历史唯物主义是历史哲学，是对事实的判断，事实与价值是两个不同的领域，那么马克思的历史唯物主义与道德存在不相容关系。因此，马克思的历史唯物主义与道德理论是否可以统一起来，是一个事先要讨论的问题。

## 一、马克思历史哲学是科学性与伦理性的统一

### （一）马克思历史哲学中"道德悖论"问题的初现

马克思的历史哲学理论作为科学的思想体系，其中是否存在道德论证，或者说它是否需要道德成分来做补充，是西方学界长期争论不休的问题。

20 世纪中叶，卡尔·波普尔针对第二国际和南斯拉夫实践学派的马克思主义的历史唯物主义中科学与伦理的关系问题，提出体现马克思科学性的"历史主义"和体现其道德性的"行动主义"之间可以沟通起来。波普尔认为马克思在处理科学与伦理、事实和价值的关系问题时，所采取的做法是将历史的必然性接受为道德的善。因此，波普尔把马克思的道德理论

解释为"历史主义的道德论"。波普尔揣测马克思对这一问题的可能性回答是:"我就把即将来临的时期这一事实作为我的道德标准来采纳了。"①波普尔这种解释,毋宁说是将历史主义的必然性视为道德的本体。虽然,波普尔自认为他将马克思的道德理论解释为"历史主义的道德理论"就可以解决事实和价值之间的对立,但其解释显然偏离了马克思的本意,所以未能正确地阐明马克思道德理论中事实与价值之间的关系。

而到了 20 世纪中后期,阿尔都塞以结构主义的方法对马克思的理论做另一种诠释,但这种解读同样偏向于将马克思的理论科学化的倾向。在阿尔都塞那里,马克思的理论是作为宏大叙事的合理论、目的论;他更看重一些结构性的社会因素和概念,如"社会形态、生产力、生产关系、上层建筑、意识形态、经济起最后决定作用以及其他特殊的决定性因素"在社会历史理论当中的重要性和优先性。② 这种解释倾向致使马克思主义的实践的革命性和道德的批判力量被淹没在"科学性"之中。

## (二)马克思是非道德论者在分析马克思主义中的提出和讨论

### 1. 马克思是非道德论者观点的提出

马克思的理论体系中科学与伦理、事实与价值之间的关系问题,到了分析马克思主义学者那里又以一种新的形式出现,他们围绕着马克思的历史哲学与道德理论的关系掀起一场激烈的争论。他们当中的一些学者根据马克思的著作中存在的大量批判道德为虚假的、意识形态的论述以及被他们认为是不含价值判断的经验性论述,认为马克思的历史哲学坚持的是非道德主义立场。他们很容易搜集到马克思的一些拒斥道德的言论,如"头脑中的思想映象即概念一样都处在生成和灭亡的不断变化中"③,没有一种

---

① [英]卡尔·波普尔著,陆衡译:《开放社会及其敌人》(第 2 卷),中国社会科学出版社 1999 年版,第 316 页。

② [法]路易·阿尔都塞著,顾良译:《保卫马克思》,商务印书馆 2011 年版,第 223 页。

③ 《马克思恩格斯选集》(第 4 卷),人民出版社 1995 年版,第 244 页。

"道德观和正义观适用于一切世界"①，"一切以往的道德论归根到底都是当时的社会经济状况的产物"②，"把一种永恒的、不以时间和现实变化为转移的道德强加给未来的无阶级的社会"③，"驳斥一切想把任何道德教条当作永恒的、终极的、从此不变的道德规律强加给我们的企图"④，共产主义的任务是要"废除……道德，而不是把它们革新"⑤，等等。他们认为，马克思的理论是基于历史唯物主义的框架，道德只是附着于经济基础的上层建筑，并随经济基础的改变而改变；道德具有不确定性、相对性甚至次要性。分析马克思主义的一些学者突出强调经典马克思主义作家的上述言论，以这些言论为依据提出马克思是非道德主义者的立场。

### 2. 辨析马克思是非道德论者的观点和论据

一部分分析马克思主义学者强烈地持有马克思是非道德主义的观点，关键是他们的观点似乎是奠定在不可颠覆的马克思关于意识观念与物质活动之间关系的基本看法上。在分析马克思主义当中一些学者明确提出："马克思主义是纯科学的，即不仅主张马克思主义是'科学的'，而且认为它仅仅不过是科学理论。"⑥他们的所谓"不过是科学理论"的观点，意味着马克思的理论体系除了科学性没有任何的道德成分。维尔纳·桑巴特和罗伯特·塔克尔明显支持这种观点，认为"全部马克思主义自始至终没有丝毫的道德成分，既没有道德判断也没有道德假设"⑦，"'科学社会主义'

---

① 《马克思恩格斯选集》（第 3 卷），人民出版社 1995 年版，第 425 页。

② 《马克思恩格斯选集》（第 3 卷），人民出版社 1995 年版，第 435 页。

③ 《马克思恩格斯选集》（第 3 卷），人民出版社 1995 年版，第 435 页。

④ 《马克思恩格斯全集》（第 20 卷），人民出版社 1971 年版，第 103 页。

⑤ 《马克思恩格斯选集》（第 1 卷），人民出版社 1995 年版，第 292 页。

⑥ ［美］R.G. 佩弗著，吕梁山、李旸、周洪军译：《马克思主义、道德与社会正义》，高等教育出版社 2010 年版，第 185 页。

⑦ ［美］R.G. 佩弗著，吕梁山、李旸、周洪军译：《马克思主义、道德与社会正义》，高等教育出版社 2010 年版，第 184 页。

正如它的名字所暗示的……在本质上是科学的思想体系。马克思主义……被认为不包含任何道德内容"①。某种理论是否纯科学，他们是看该理论是否符合纯描述性—解释性的标准。他们认为马克思的思想理论中有描述性—解释性的成分，甚至认为描述性—解释性的成分是其唯一的成分。佩弗认为，"从马克思的著作来看，马克思主义在本质上是纯科学的或描述性—解释性的论断不合道理，以至于让人纳闷它是如何被提出来的，并且让人怀疑其支持者……"②佩弗进一步的分析是，马克思的理论是纯科学的主张存在一个事实与价值之间是可分的预设，如果描述性—解释性的判断与评价性或规范性的判断之间是可以区别的，那是指"实际地可分"还是"逻辑地可分"。按照马克斯·韦伯的观点，将一个理论或世界观的描述性—解释性的成分与评价性或规范性的成分予以实际的分离是困难的，但是在逻辑上予以区分常常是可能的。所以，一种情况是，马克思的理论是纯科学的主张是基于区分描述性—解释性的成分与评价性或规范性的成分而得出的。另一种情况是，马克思的理论是纯科学的论点是基于路易斯·阿尔都塞所给的定义，"道德规范……就其本质来说是意识形态"③。他声称马克思的理论是不容许有意识形态成分的。佩弗指出，阿尔都塞的意思是说马克思的经验社会科学理论缺少规范性内容。佩弗认为："也许对'马克思主义者'这一术语认真思考一番就会把这一点弄清楚。"④一个人如果接受所有的马克思的经验性理论，但他却不谴责资本主义，也不颂扬社会主义以及社会主义革命，那他就不算是马克思主义者。在现当代哲学作

① ［美］R.G.佩弗著，吕梁山、李旸、周洪军译：《马克思主义、道德与社会正义》，高等教育出版社 2010 年版，第 184 页。

② ［美］R.G.佩弗著，吕梁山、李旸、周洪军译：《马克思主义、道德与社会正义》，高等教育出版社 2010 年版，第 185 页。

③ Louis Pierre Althusser, *Marxism and Humanism*, New York：Pantheon Books，1969，p232.

④ ［美］R.G.佩弗著，吕梁山、李旸、周洪军译：《马克思主义、道德与社会正义》，高等教育出版社 2010 年版，第 187 页。

品中，唐纳德·克拉克·霍奇斯的《伦理学中的历史唯物主义》是最为强烈地对马克思是反道德主义论者这一命题作出辩护的。佩弗却认为他的辩护是失效的，一是由于他在道德与道德理论的性质上存在许多混淆，如他混淆了认知主义的元伦理学理论与规范性观点或原则，这使得他自己陷入无法成立的规范性道德相对主义；二是他认为目的与手段只有量的差别没有质的区分，而且认为任何可以实现的道德标准的唯一正当理由在于它是纯策略性的，即非道德性的手段，这样他陷入了循环论证：策略只有作为达到既定目的的手段才是策略，而追求既定目标的指令就是规范。这等于是说，策略（手段）的正当性反而在于它们本身就是规范（目的）。这样肯定会得出矛盾的结论，道德标准的正当性在于它是非道德性的纯策略，而策略的正当性又在于它本身就是道德性的规范。佩弗最后指出："就政治目的（甚至手段）而言，马克思不是马基雅维利主义者这一点是明确的。虽然马克思对用道德话语来实现社会主义对资本主义的取代……没有多大的信心，但是……马克思尤其热衷的价值之一是自由的价值——一个似乎与霍奇斯在这里所写的相矛盾的价值和理想。"[①] 佩弗认为，所有对马克思是反道德主义者命题的辩护之所以不能令人信服，多数是由于 19 世纪的道德理论和元伦理学的不发达状况所导致的。

### 3. 辨析马克思考虑的是非道德的善，因而没有道德观点

艾伦·伍德和理查德·米勒则从这样一个假定的事实——道德必须是中立的——出发，认为马克思的世界观缺乏道德成分，因为马克思对不同阶级利益的态度不是中立的。伍德的论点是，马克思虽然持有旨在促进自由、人类共同体和自我实现这样的规范性观点，但马克思的规范性观点是基于非道德的善的考虑，不能算作道德观点；即使是马克思关于异化和自

---

① ［美］R.G. 佩弗著，吕梁山、李旸、周洪军译：《马克思主义、道德与社会正义》，高等教育出版社 2010 年版，第 191 页。

我实现的理论也不能构成马克思的理论的"道德基础"，虽然任何关于人类福祉的思想都可以被视为是"道德的"观点，但从道德的善与非道德的善的区分来看，马克思的观点是没有道德意义的。伍德指出，在人们的价值评价中，道德的善与非道德的善是可以区分的，"道德的善包括美德、正确、正义、履行义务以及拥有在道德上值得赞扬的品格。另一方面，非道德的善包括快乐、幸福以及这样一些事物：即使追求或者拥有它们并不能增加人们的道德声誉但我们认为对人们来说仍是值得渴望的且是善的"[1]。伍德的结论是，马克思对资本主义的批判是建立在资本主义妨碍了很多非道德的善，如自我实现、安全、身体健康、舒适、共同体、自由这样的基础上，而且马克思"从未曾讲过由于人们有拥有这些善的权利或正义需要这些善"[2]。因此，伍德认为马克思是非道德主义者。

佩弗不同意伍德的观点。首先，他认为马克思对权利和正义的拒斥与他对作为一个整体的道德的批判是有区别的，马克思即使不将其价值性判断观点建立在权利和正义的基础上，也可以将其建立在其他一些道德规范的基础上。佩弗分析，马克思不只是关注非道德的善，伍德认为马克思视自由为最重要的非道德的善，非道德的善必须被平等分配，可是伍德错了。佩弗认为，这两个观点的基础是他对人的尊严——道德的善——的关注。这表明马克思隐含地怀有某种公平和正义观念。其次，佩弗认为伍德显然是通过过多的限定性道德观点论证马克思是非道德主义者，可是"规定快乐、幸福等非道德的善之最大化的功利主义不能算作道德观吗？"[3]佩弗认为，伍德的所有论证顶多只能证明马克思不愿意用道德的善来表达，不能证明别的。佩弗还认为，用"道德的"话语来谴责一种社

---

[1] Allen W. Wood, *Karl Marx*, New York: Routledge, 2004, p126–127.

[2] Allen W. Wood, *Karl Marx*, New York: Routledge, 2004, p128.

[3] [美] R.G. 佩弗著，吕梁山、李旸、周洪军译：《马克思主义、道德与社会正义》，高等教育出版社 2010 年版，第 196 页。

会制度或不用"道德的"话语来谴责之，这两种谴责方式之间没有任何区别。这两种谴责方式中的规范性判断和原则都符合这三个道德定义性标准："①约定俗成的，②可普遍化的，③基于对人的利害考虑的。"① 马克思的价值性判断和原则满足了这三个标准，因此它是一套道德判断和原则。佩弗以退为进地认为，一个人是否有一个关于道德的善的哲学理论与他的价值性判断和原则是否道德判断和原则之间并无直接关系，说马克思不是道德哲学家并不意味着他不是一个道德主义者。佩弗进一步驳斥伍德，出于良心或道德律而做出的评价或行为选择与出于个人的需要、愿望或利益而做出的评价或行为选择是有区别的，后者不是道德的评价和行为，但是除非伍德断定道德律要求我们的道德判断完全基于人类意志自由，而与愿望、需要、倾向等非道德的善完全无关——这是最极端的康德主义观点，否则就得承认功利主义的道德判断也是完全符合道德律的。佩弗认为伍德的逻辑是错误的，"伍德似乎把义务论道德理论和目的论道德理论之间的区别与审慎的和道德的评价之间的区别弄混淆了"②。佩弗驳斥伍德的另一个逻辑观点是，马克思的规范性判断不是基于对美德的追求或对罪恶感的诉求，因此他不是做出道德判断。佩弗指出，虽然道德判断与罪恶感、美德观念紧密联系，但是当人们从道德观点方面来评价或批判社会实践或制度时，这种联系是极其微弱的甚至是没有的，只要社会的规范性理论满足了上述所列的三个标准就是道德理论；而且从道德判断的定义性特征（规范性、普遍性、社会公认性或基于对人的利害考虑）之中，不能分析出道德判断与对美德的追求或对罪恶感的诉求之间的直接关联，因为"马克思主要关注评价社会安排而不是个人的行为、动机、意图和性格等，所以他

---

① ［美］R.G.佩弗著，吕梁山、李旸、周洪军译：《马克思主义、道德与社会正义》，高等教育出版社 2010 年版，第 197 页。

② ［美］R.G.佩弗著，吕梁山、李旸、周洪军译：《马克思主义、道德与社会正义》，高等教育出版社 2010 年版，第 199 页。

很少关注人们的'对美德的爱'或'罪恶感',这一点也不奇怪"①。事实上,在马克思看来,正是民俗或行为规范将剥削性社会秩序合法化、意识形态化了。

### 4. 辨析以道德的政治决策衡量马克思的规范性政治判断,认定马克思没有道德命题的观点

米勒和伍德不赞同上述三个道德定义性标准。米勒认为,道德的政治决策基础会显示出三个特征:平等、一般规范、普遍性。他认为一个道德原则至少会具有其中的一个特征。在佩弗看来,米勒的道德观包含了他所列出的三个道德定义性标准,米勒的第三种普遍性的特征即博得所有人的同意并非是一个道德命题的定义性特征。还有,平等也不是道德命题或原则的定义性特征,因为很多道德命题并不给予所有人以平等的价值。米勒的平等显然关系到利益,而且意指人们的全部实际利益,这样可以推断出马克思肯定不会接受米勒的这种道德观点,因为某些人维持剥削的、不公正的社会安排,甚至不人道的社会实践也是他们的实际利益。伍德在这一点上犯的是一样的错误,他指出马克思所描述的无产阶级运动缺乏道德的政治决策基础的第一个特征——平等,即不具有道德的无私性和公正性,因为无产阶级运动主要地关注无产阶级的利益而不关心其他阶级的利益。任何道德都不可能绝对地要求人们对所有的利益予以同等的重视。正如尼尔森对伍德的批评所言,无产阶级的利益是社会中绝大多数人的利益,道德在根本性上就是考虑多数人的利益,在同样类型且同等重要性的利益之间发生激烈冲突时道德要求人们满足更大的或更广泛的利益。佩弗认为,尼尔森的意见虽然正确,但是还不足以避免米勒和伍德的论点——道德判断必须在人们的实际利益之间保持绝对的公正性——所带来的攻击。关键

---

① ［美］R.G.佩弗著,吕梁山、李旸、周洪军译:《马克思主义、道德与社会正义》,高等教育出版社 2010 年版,第 201 页。

是，关注和尊重道德上的平等不同于也不需要我们对所有实际利益给予同等重视。如果米勒坚持的平等原则就是要对所有实际利益给予同等重视，那米勒在此明显地歪曲了"道德"这一术语的理解，因为不合法的实际利益也是利益。这样一来，米勒和伍德的论点并不能表明马克思的历史哲学理论与道德理论是不相容的。

### 5. 辨析以精神分析的方法论证马克思反对道德的做法

割裂马克思理论体系与道德理论的关系的人采取的另一种策略是，用弗洛伊德主义的或精神分析的道德观点来论证马克思会因为道德利己主义而反对道德。弗洛伊德主义的观点是，道德是一种通过压抑个人的自然主义倾向以实现社会规范的手段，是一种社会操纵和控制，而且在阶级社会里被剥削阶级是最受压抑和控制的，对占多数人的被剥削阶级来说，道德是一种反动的意识形态，这必然为马克思所反对。刘易斯·福伊尔就是持这种观点的，还有安东尼·斯基伦和安德鲁·科利尔的总体思路也是这样。佩弗和尼尔森以有力的事实驳斥这些观点，马克思"在诉诸对个人满足的考虑之外找到了一种非利己主义的诉求源头"，那些并非纯粹出于自身利益而行动的社会主义战士和革命英雄的事迹就是非利己主义的宣誓。尼尔森指出，虽然马克思致力于世界的某种道德图景，但他所接受的道德价值不会像利己主义者那样消磨人的阶级斗争意志。上述弗洛伊德主义的道德观点，实际上是运用了非常狭义的道德概念，因为并非所有的道德理论都只是有助于自身利益而不利于改变世界的努力。因为道德压抑了自身利益或本阶级利益的实现，因此马克思是反道德主义的，这是违背事实和运用狭隘道德概念的论证，不能说明马克思的理论与道德理论是不相容。有种观点认为，马克思是诉求自身利益的道德利己主义与马克思的"真正的人""共同体的联合"概念和理想是不相符合的。佩弗认为这种观点也是有问题的。虽然马克思对"共同体的联合"、共产主义的设想是超越了对因为适度匮乏而造成的正义问题的思考和对非人道主义造成的自然主义的克服，不是根据某种价值理论来设计的，但很显然马克思的设想中意味着共产主义比资本主义优越，因为共产主义比资本主义更加能够实现"真正的人""共同体的联合"这样的价值。如果说马克思是理性自利的利己主义者，那如何说明他赞同致力于人类个体的自我实现，却为了社会主义的发展而放弃自身利益的直接满足、做出无畏无私的牺牲。这种无私的选择，是因为重大自我牺牲的风险很低而个人的收益很高，才情愿冒生命危险的，还是因为如果一个人不积极支持和参加社会主义运动就会招致更大的死亡危险呢？这两个理由都不能很好说明马克思主义者的"那些以高于或超越义务要求的方式参加阶级斗争的人已做了在道德上真正值得颂扬的事"[①]。正如彼得·毕恩斯所言："从巴黎公社到1905年的彼得堡苏维埃，激发了数百万工人的很多勇敢行为……'自身利益'决不能证明他们行为的正当性。"[②] 佩弗认为，虽然马克思不是一个严格的道德主义者，但是在"以考虑人的痛苦和幸福为基础来约束人们行为的普遍化的规定"[③] 上来看，马克思的理论体系中"绝对并完全地渗透着道德判断和原则"[④]。

以上分析马克思主义学者在马克思的历史唯物主义领域，关于马克思是道德主义者还是非道德主义者的争论观点和论证的梳理可以看出，以上认为马克思是非道德主义者的观点存在很多逻辑上的错误。主要是他们的科学与伦理的二元对立思维造成了他们对马克思历史唯物主义与道德相容关系的错误判断。马克思的历史唯物主义不存在这种二元对立，它是科学性与伦理性相统一的理论体系。

---

① ［美］R.G.佩弗著，吕梁山、李旸、周洪军译：《马克思主义、道德与社会正义》，高等教育出版社2010年版，第218页。

② Peter Binns，Anti-Moralism，*Radical Philosophy*，1975（10），p20.

③ ［美］R.G.佩弗著，吕梁山、李旸、周洪军译：《马克思主义、道德与社会正义》，高等教育出版社2010年版，第219页。

④ ［美］R.G.佩弗著，吕梁山、李旸、周洪军译：《马克思主义、道德与社会正义》，高等教育出版社2010年版，第219页。

## 二、马克思只是拒斥以道德标准批判资本主义

在分析马克思主义的争论中，马克思"道德悖论"问题远不止存在上述的争论，更具激烈性且极端性的是其中有学者提出"马克思是反道德主义者"的观点。

在分析马克思主义学者运用分析哲学和元伦理学方法的研究中，"马克思是反道德主义者"的观点肇始于这样一种"矛盾的"文本现象：简单地说，即马克思（及其他马克思主义经典作家）在各种不同的文本中，一方面用一些强烈的批判词句，如道德是"虚假的意识形态""保守的社会力量""空洞的废话""陈词滥调"等来表述他对道德的态度，声称道德说教、阶级同情既无益于推进无产阶级革命，也无助于分析资本主义生产关系的本质。另一方面马克思在批判资本主义社会时，经常频繁地使用诸如"剥削""侵占""盗取""掠夺"等明显带有道德判断、表达善恶的词汇。像伍德、米勒、克利尔、斯坎伦、塔克尔等分析马克思主义学者，不认为马克思使用这些道德判断词句就意味着他持道德主义立场。他们的结论是：马克思主义从根本上说持有一种"反道德论"的立场。

基于马克思文本中的所谓"矛盾"现象，需要讨论的是：马克思究竟对道德是持何种态度？马克思为什么拒斥用道德来批判资本主义？如果马克思主义不是一种"反道德论"，那他的著作是一种怎样的道德理论？

### （一）马克思并不持反道德的态度

如何正确解读马克思文本中"反道德论"的现象。持"马克思是反道德主义者"观点的逻辑是，马克思拒绝以道德为武器来分析、批判资本主义社会，也不打算从道德方面来论证或赞美社会主义和共产主义的优先性，更不会把道德理论当作无产阶级推翻资本主义社会的革命武器，因此马克思的理论体系中根本不存在任何道德规范性判断和原则，马克思的理

论是道德无涉的。

马克思拒斥道德必然就是反道德吗？其一，伍德、米勒、克利尔、斯坎伦、塔克尔等人认为，即使马克思的历史哲学理论中存在着不可或缺的规范性判断和原则，也不能称之为是道德的规范性，因为它仅仅是指向诸如需要、欲望、利益、快乐等非道德的善。可是，他们这一观点只能说明马克思拒绝从道德方面批判资本主义社会制度，并不能充分论证马克思就是反道德的。问题的本质是，正如余京华教授所言，历史唯物主义之创立意味着马克思对资本主义的批判发生了深刻的转变，从此摒弃了他早期所秉持的道德批判视角而转向社会历史研究，从"道德评价优先"到"历史评价优先"。[①]实际上，难以由此推出马克思选择了谁优先就是反对另一方的结论。其二，坚持"马克思是道德主义者"的立场与马克思拒斥从道德方面批判资本主义并不矛盾。伍德认为，"马克思批判资本主义依据的是历史科学的'综合理论'而不是道德伦理"[②]，道德话语体系会弱化、模糊原本科学的历史分析和经济分析。塞耶斯也指出，将马克思的批判视为一种道德批判，"这对马克思主义的理解是非常荒谬的。因为不仅马克思曾非常明确地拒绝这种观点，更为重要的是，马克思全部方法中最重要的方法——历史的和唯物主义方法，与这种观点明显矛盾"[③]。还有米勒和布坎南也如此认为。米勒断言，历史唯物主义反对从普遍的、抽象的、超历史的道德标准来评价过去并建构未来，其作为一种综合性历史科学，与道德是无涉的。布坎南则强调，历史唯物主义将正义和权利方面的论述斥为

① 余京华：《历史唯物主义与道德、正义——兼评马克思主义的"道德论"与"反道德论"》，《马克思主义与现实》2013年第5期，第48—54页。

② 余文烈：《分析学派的马克思主义》，重庆出版社1993年版，第168页。

③ ［加］罗伯特·韦尔、凯·尼尔森著，鲁克俭等译：《分析马克思主义新论》，中国人民大学出版社2002年版，第70页。

"'过时的语言垃圾'和'意识形态的胡说'"①。

马克思只是拒斥采用道德作为批判社会的手段。从马克思的文本语境来看，这只能说明从批判手段上马克思是以拒斥态度对待道德的。不采取道德作为批判的手段，不意味着马克思没有道德立场、总体上反道德。马克思的历史唯物主义要揭示的是人类社会的实践本质和人类社会的发展规律，变革现存社会，实现人的解放是他的理论目的。他拒绝以道德的标准批判资本主义社会，是从他的理论目的考虑的。在马克思看来，对无产阶级抱以道德的同情是没有力量的，是不能解放无产阶级和全人类的。道德价值和道德判断是内含在马克思的理论之中的。以下具体讨论马克思为什么拒斥用道德来批判资本主义。

### （二）马克思拒斥用道德来批判资本主义的理由

#### 1. 马克思通过对拉萨尔主义的批判表明他对道德的态度

马克思在这方面的表达很清楚。他在《哥达纲领批判》中曾经气愤地批判拉萨尔在党的纲领上空说"公平的分配""平等的权利"等言论。"什么是'公平的'分配呢？难道资产者不是断定今天的分配是'公平的'吗？……'社会一切成员'和'平等的权利'显然只是些空话。"②伍德指出，当我们阅读马克思的《资本论》和其他著作中关于资本主义生产方式的描述时，直觉告诉我们他的这些描述都是对社会制度做出的是非正义方面的描述③，如马克思说："只要与生产方式相适应，相一致，就是正义的；只要与生产方式相矛盾，就是非正义的。"④每一具体历史时期的正义概念

---

① Allen E.Buchanan, *Marx and Justice*: *The Radical Critique of Liberalism*, London: Methuen, 1982, p59.

② 《马克思恩格斯全集》（第 19 卷），人民出版社 1956 年版，第 18–19 页。

③ 《马克思恩格斯全集》（第 19 卷），人民出版社 1956 年版，第 224–282 页。

④ 《马克思恩格斯全集》（第 25 卷），人民出版社 1974 年版，第 379 页。

本身是需要合理论证的;用一个需要论证的正义概念去论证某种社会制度的合理性,这已经是不合理的做法了。马克思是没有这样去做的。显然,伍德曲解了马克思的意思。伍德进一步推出不可思议的结论:根据历史唯物主义的观点,"生产方式制约着整个社会生活、政治生活和精神生活的过程"①,那么一种社会制度正义与否,就看其是否符合现存生产方式的发展要求,资本主义制度尽管存在"掠夺性""抢劫性"的剥削,当其与现存的生产方式相适应时它就不是"不正义"的。这里的问题是,"生产方式—正义"这种模型的标准是经济—交往意义上的,不是政治制度意义上的,更不是道德意义上的。马克思不但拒绝用某种道德标准批判资本主义制度,而且也没有以道德概念来论证未来的社会。

### 2. 马克思拒斥的是抽象的道德

然而,马克思的著作之所以拒斥道德,是因为传统的,尤其是资本主义制度下的道德观念具有阶级局限性、意识形态性和理论的唯心主义缺陷。马克思并非反对和批判一切道德,例如,马克思在 1871 年,起草的《国际工人协会共同章程》中写道:"这个协会以及加入协会的一切团体和个人,承认真理、正义和道德是他们彼此间和对一切人的关系的基础,不分肤色、信仰或民族。"②王晓升教授认为,马克思所反对的道德是康德意义上的脱离社会历史条件的纯粹的道德,但这并不意味着马克思反对一切具体的道德,更不意味着马克思反对对社会行为或者社会制度给予任何形式的道德判断和道德评价。③马克思的唯物主义正是在这种拒斥、批判抽象的道德伦理过程中,才获得"实践的、历史的"根基,从而实现科学性和革命性、科学性和伦理性的统一。

---

① 《马克思恩格斯全集》(第 13 卷),人民出版社 1962 年版,第 8 页。

② 《马克思恩格斯全集》(第 16 卷),人民出版社 1963 年版,第 16 页。

③ 王晓升:《马克思是反(或非)道德主义者吗?》,《伦理学研究》2012 年第 1 期,第 108-115 页。

### （三）马克思的历史哲学包含道德论证

前面已经论述，其一，马克思对道德的态度是拒斥以道德伦理这种"包装"社会制度的手段批判资本主义社会；其二，马克思拒斥道德是由他的理论使命、性质决定的，而且以此为理由拒斥道德不意味着他是反道德的立场。那么，他的历史哲学理论是否包含道德因素和道德论证以及如何包含着呢？

#### 1. 初步驳斥伍德的命题

分析马克思主义学者中以柯亨、胡萨米、杰拉斯等为代表，持"马克思是道德主义者"的观点。柯亨等人指出："从全面的观点看，马克思认为资本家是偷，决不是按资本主义的标准看的……至少可以得出结论，从道德上评价某一种生产方式时，不是只能用该生产方式的道德规范。……这表明，对于马克思来说，并不是每一种正义标准都是内在于特定的生产方式。"[①] 这有力地驳斥了"符合资本主义生产方式，因而资本主义剥削不是不正义的"伍德命题。

胡萨米认为，根据马克思的思想观点，政治、法律和道德以及国家制度等上层建筑因素具有双重决定因素，一是它们产生于并决定于其中的生产方式，二是它们决定于所代表的阶级利益，从这两个方面的逻辑来解释一个规范，必须一方面说清它产生的生产方式，另一方面要说清它在该社会中与该规范相关联的社会阶级[②]。伍德等人只是片面地看到正义观念是由它产生于其中的生产方式决定的，没有理解到马克思所指的阶级利益也是决定上层建筑的因素。

#### 2. 初步得出马克思的道德理论是超越传统道德的理论

纳塞尔则从伦理学意义上将马克思视为一位亚里士多德主义者，断言

---

[①] 余文烈：《分析学派的马克思主义》，重庆出版社 1993 年版，第 184–185 页。

[②] 余文烈：《分析学派的马克思主义》，重庆出版社 1993 年版，第 185 页。

马克思的社会批判理论根植于西方人本主义传统，内蕴一种建立于规范人类学基础之上而非历史唯物主义基础之上的伦理道德要素。[①]

马克思的道德理论是超越传统的，尤其是超越德国古典哲学道德学说的批判理论。就马克思道德批判理论而言，他对抽象道德的批判态度就是一种道德观，也是一种方法论。马克思并没有建立他的道德形而上学和规范伦理体系，他所做的就是批判旧的道德观，颠覆那些抽象的道德原则，建立一种实践的、反独断论批判的道德理论。在他的著作中，所要做的是终结旧道德观对革命的毒害。他说："这就对任何一种道德，无论是禁欲主义道德或者享乐道德，宣判死刑。"[②]

最后，恩格斯的一段话最典型地展示了马克思的道德理论的基本观点："我们断定，一切以往的道德论归根到底都是当时的社会经济状况的产物。……但是我们还没有越出阶级的道德。只有在不仅消灭了阶级对立，而且在实际生活中也忘却了这种对立的社会发展阶段上，超越阶级对立和超越对这种对立的回忆的、真正人的道德才成为可能。"[③]

## 三、马克思社会革命理论的道德动机

马克思的社会革命理论是否存在合理的道德动机在分析马克思主义学者中颇受争议，这个问题就是"马克思认为无产阶级的革命动机是只出于自身利益而行还是自身利益只是其首要的或最重要的因素"[④]。争议的核心问题是：无产阶级革命行为有没有道德理由，道德在其中扮演着什么样的角色？

---

① Alan G. Nasser，Marx's Ethical Anthropology，*Philosophy and Phenomenological Research*，Vol. 35，No.4，1975.

② 《马克思恩格斯全集》（第3卷），人民出版社1960年版，第490页。

③ 《马克思恩格斯选集》（第3卷），人民出版社1995年版，第435页。

④ ［美］R.G.佩弗著，吕梁山、李旸、周洪军译：《马克思主义、道德与社会正义》，高等教育出版社2010年版，第219页。

### （一）"阶级利益"不等同于"自身利益"

我们知道，马克思的著作常常使用"阶级利益"学说来论证无产阶级革命的根源，并且用"阶级利益"这一范畴来揭示这样的客观事实和历史动力："一切社会的历史都是阶级斗争的历史。"① 然而，他的"阶级利益"学说却被一些分析马克思主义学者误解为，无产阶级革命的动机是赤裸裸的"阶级自利"，或说马克思的社会革命动机理论是一种十足的"利己主义的功利主义"。更甚的是，斯金伦在《工人的利益与无产阶级的伦理：马克思反道德论中的不和谐的曲调》一书中认为，道德没有成为无产阶级革命的动机，因为"物质的自利"（Material Self-interest）才是马克思的革命动机理论中的核心范畴，而这个范畴是一个没有包含道德内涵的、狭窄的概念。

无产阶级的革命动机真是出于纯粹的"自身利益"，那革命的集体行动就是妄想。正如佩弗所认为的："似乎自身利益不是马克思观点中仅有的因素。"② 佩弗分析，其一，在马克思的观点中，自身利益和非自身利益是不是都存在革命行动中？其二，对马克思来说，纯粹的自身利益动机成分能保证革命行动成功吗？即使对这两个问题都做出肯定回答，自身利益动机是不能满足革命行动的。③ 至少，自身利益动机无力解释像马克思、恩格斯、列宁、卢森堡这样的工人领袖多数出自特权阶级——大、中、小资产阶级这样的事实。他们革命的动机就不是为了自身利益或本阶级的利益。

在我们今天的时代，尤其是在发达资本主义国家里，工人的物质富裕程度已经远远超出马克思的时代，纯粹的"自身利益"动机有没有可能带

---

① 《马克思恩格斯选集》（第1卷），人民出版社1995年版，第272页。

② ［美］R.G.佩弗著，吕梁山、李旸、周洪军译：《马克思主义、道德与社会正义》，高等教育出版社2010年版，第220页。

③ ［美］R.G.佩弗著，吕梁山、李旸、周洪军译：《马克思主义、道德与社会正义》，高等教育出版社2010年版，第220页。

来今天工人的革命行动？布坎南的解释是，由于资本主义生产关系的调整和改革，其适应生产力的能力提升，很多工人不再革命是因为他们的生活条件和命运明显得到改善。他认为对"自身利益"动机论有一种更为激进的反驳是，如果无产阶级的每一成员都是理性的主体，那么他们将做出这样的选择："不论我是否作出贡献，其他人的努力要么足以创造利益，要么不能创造出利益。如果是前者，那么我就可以免费得到这一利益，我的付出就是浪费；如果是后者，那么我的付出对我又是一种损失。因此，理性的自身利益要求我不付出代价而搭乘别人所付出努力的'便车'。"① 布坎南的意思是，正是由于马克思的革命动机是出于"自身利益"，所以今天无产阶级的共同革命行动是不可能实现的。在《马克思理论的逻辑》一书中，奥尔森也得出这样的结论："许多证据都表明，马克思提出的理论是建立在理性、功利主义的个人行为之上的。如果是这样的话，这一理论就是自相矛盾的"②，"因为如果组成阶级的个体采取理性的行为，就不会产生争取阶级利益的行为"③。

布坎南和奥尔森的理论预设是，无产阶级的每一成员都是理性的，而且他们的理性是计算理性。这种计算理性符合在革命历史中的经验事实吗？每个人都想搭乘"便车"，都不付出，结果必然是不成功，难道这样的判断不是理性，不会成为"理性的无产阶级"选择？布坎南的"理性"显然是不符合历史事实的"理性"，低估了无产阶级的"理性"。为什么马克思的革命动机理论只能是个人理性，而不是集体理性呢？他们错误地把马克思的"阶级利益"理解为个体理性选择的、无道德内涵的、物质的"自身利益"。在马克思的观点中，为了"阶级利益"恰恰是为了共同利益、

---

① Allen E.Buhanan, *Marx and Justice*: *The Radical Critique of Liberalism*, Totowa New Jersey and London: Rowman & Littlefield, 1982, p88–89.

② ［美］曼瑟尔·奥尔森著，陈郁等译：《集体行动的逻辑》，上海三联书店 1995 年版，第 131 页。

③ 余文烈：《分析学派的马克思主义》，重庆出版社 1993 年版，第 128 页。

他人利益。如果说这不是出于高尚的道德动机的考虑，那就很难解释无产阶级革命者甘愿自我牺牲的行为和他们的一致革命行动。马克思说："社会从私有财产等的解放、从奴役制的解放，表现为劳动者的解放这样一种政治的形式，而且这里问题不仅在于劳动者的解放，因为劳动者的解放包含着全人类的解放。"① 恩格斯也在《共产党宣言》1888 年英文版序言中指出："现在已经达到这样一个阶段，即被剥削被压迫的阶级（无产阶级），如果不同时使整个社会一劳永逸地摆脱一切剥削、压迫以及阶级差别和阶级斗争，就不能使自己从进行剥削和统治的那个阶级（资产阶级）的奴役下解放出来。"② 从马克思和恩格斯的阐述来看，无产阶级革命行为是有道德动机理由的。

### （二）不能以"方法论的个人主义"理解马克思的革命动机理论

竟如分析马克思主义学派的代表人物之一埃尔斯特所指出的，布坎南等人以个体理性推证无产阶级的共同革命行为的可能性，所采用的方法论原则是方法论的个人主义，"所有社会现象（它们的结构与变迁）都可以在原则上仅以涉及个人（他们的财产、他们的目标、他们的信念和他们的行为）的方式进行解释。因而，方法论的个人主义被认为是一种还原主义的形式"③。

按照这种还原主义的方法论个人主义观点，无产阶级的共同革命行为依据个人主义的理性选择——"搭便车"，这个阶级将不可能产生集体的革命行为。那如何才能规避革命行动上的"搭便车"问题呢？在《革命动机与理性》一文中，布坎南认为，只有道德原则的运用，即它要求阶级去

---

① ［德］卡尔·马克思著，中共中央马克思恩格斯列宁斯大林著作编译局译：《1844 年经济学哲学手稿》，人民出版社 1979 年版，第 5 页。

② 《马克思恩格斯选集》（第 1 卷），人民出版社 1995 年版，第 257 页。

③ J.Elster，*Make Sense of Marx*，London：Cambridge University Press，1985，p5.

建立自由和正义的制度，只有坚持这些原则工人阶级才会产生成员间相互合作的状况。布坎南的结论是：马克思似乎忽视了道德和利益可以通过同一种声音说话的可能性，而道德在这种可能性中是可以发挥作用的。①

　　就道德动机而论，布坎南所提供的解释立场只是单方面的。道德动机（moral motivation）即推动人们产生和完成具有道德意义的行为的内在动因。它是由道德认识和道德情感所构成，只有当道德认识和道德情感升华为道德信念时，人们才会具有真正自觉和自律的道德行为的内在动因。从动机的来源来看，一般存在着外在的认知主义（cognitivism）与内在的情感主义（emotionalism）之别。通常，内在的情感主义道德动机观所注重的是道德判断依赖内在的欲望、需要、意志等主观因素，而外在的认知主义则注重道德判断仰仗外在的信念、知识等客观因素。布坎南片面地认为，马克思主义革命动机理论遵循的是内在的情感主义的理论路线。马克思、恩格斯更倾向于信念、知识等对道德动机的外在的依据，因为马克思主义认为，社会存在决定社会意识、"自由是对必然的认识"。

　　从康德的观点来说，道德动机也有两种——合乎义务的行为和出自义务的行为，并且"在一切道德评判中最具重要性的就是以极大的精确性注意到一切准则的主观原则，以便把行动的一切道德性建立在其出于义务和出于对法则的敬重的必然性上"②。在康德那里，道德行为不能出自偏好、利益，只能出自义务。合乎义务的行为与出于义务的行为的区别，用康德的话来说是，"前者（即合法性）哪怕是只有爱好成了意志的规定依据时也是可能的，但后者（道德性），即道德价值，则必然只是建立在行动出自义务而发生，也就是仅仅为了法则而发生这一点上"③。也就是说，我们

---

① Allen Buchanan, *Revolutionary Motivation and Rationality*, *in Philosophy and Public Affairs*, vol.9, no.1, 1979, p68-76.
② ［德］伊曼努尔·康德著，邓晓芒译：《实践理性批判》，人民出版社2003年版，第111页。
③ ［德］伊曼努尔·康德著，邓晓芒译：《实践理性批判》，人民出版社2003年版，第111页。

看一个行为动机是合乎义务还是出于义务，主要是看行为的推动力是出于义务还是出于爱好和利益。合乎义务的行为并无道德价值，因为"这样一种动机之产生道德上正确的行动的可能性依赖于偶然的和可变的环境"①，它只是"偶幸而有益于公众"，才貌似与义务相符。因此，康德认为，"只有出于义务的行为才具有道德价值。"②康德还认为，"义务是由于敬重规律而产生的行为必然性。"③在康德看来，对于行为结果，虽然可以爱好，但是决不会敬重，因为它仅仅是意志的结果，而不是意志的能动性。

从唯物主义立场，可以看出马克思是在接受康德的义务论的道德动机论的同时，又批判康德的形式主义而发展出自己的革命动机论。从马克思的文本语境来理解，马克思的革命行为的动机并非出自个体理性的"自身利益"，而是建立在行动出自"阶级利益"的规范性义务上而发生。用康德的话来说，无产阶级革命者的行为是"出于义务的行为才具有道德价值的"④。

### （三）解释无产阶级革命行为道德动机的路径与客观基础

当代美国权威辞典《道德百科全书》中有关"马克思的道德理论"条目是这样的：马克思的理论"把道德、'义务'取消了……马克思的理论则……把道德看成总是相对于阶级结构的……把道德建立在阶级的基础上"⑤，"按那样确定道德，正当与否就失去了它们通常的意义，而变成仅仅是根据对无产阶级利益（照马克思对这些利益的解释）的推进而表示的便

---

① ［美］芭芭拉·赫尔曼著，陈虎平译：《道德判断的实践》，东方出版社2006年版，第9页。
② ［德］伊曼努尔·康德著，苗力田译：《道德形而上学原理》，上海人民出版社2005年版，第16页。
③ ［德］伊曼努尔·康德著，苗力田译：《道德形而上学原理》，上海人民出版社2005年版，第16页。
④ ［德］伊曼努尔·康德著，苗力田译：《道德形而上学原理》，上海人民出版社2005年版，第16页。
⑤ ［美］弗吉利亚斯·弗姆主编，戴杨毅等译：《道德百科全书》，湖南人民出版社1988年版，第271页。

利或成功"①。此条目的逻辑结构非常清晰，道德把正当的东西与我们的经济利益区别开，而马克思的道德理论把正当的东西仅仅看成是对无产阶级利益的成功推进因素，所以马克思的无产阶级革命理论取消了道德。

道德确实是把正当的东西与我们的利益区别开了。道德也把正当的东西与无产阶级事实上追求的利益区别开了。可是，马克思的无产阶级革命理论确实是把正当的东西仅仅看成是对"无产阶级利益"的成功推进吗？这里的主要论据是：马克思把道德看成"总是"相对于阶级结构的，把道德建立在阶级的基础上。然而，马克思是这样的观点吗？

根据马克思关于无产阶级革命和共产主义的基本理论，看看马克思是否"总是"把正当的东西看成是对无产阶级利益的成功推进。一般认为，利己主义是一种"把个人利益置于社会整体利益之上的生活态度和行为原则……认为有利于个人的就是道德的，因而追求个人利益和满足私欲是一切行为的出发点和归宿"②。在对待无产阶级自身利益方面，如果马克思的观点是无产阶级的"利己主义"，那么在马克思的道德理论中是否符合无产阶级的自身利益就是正当与否的标准。马克思没有以此作为正当与否的标准，因为他对无产阶级自身的利益也做了正当与否的区分。例如，马克思说："革命之所以必需……推翻统治阶级的那个阶级，只有在革命中才能抛掉自己身上的一切陈旧的肮脏的东西，才能成为社会的新基础。"③在这里，马克思对无产阶级身上的"陈旧的肮脏的东西"是予以否定的，说明他认为这些东西是不正当的。

依据马克思的其他有关论述可以说明，马克思的思想理论不是主张而是坚定反对无产阶级的"利己主义"的。这最集中地表现在马克思把无产阶级

①［美］弗吉利亚斯·弗姆主编，戴杨毅等译：《道德百科全书》，湖南人民出版社 1988 年版，第 276 页。

②宋希仁等主编：《伦理学大辞典》，吉林人民出版社 1989 年版，第 547 页。

③《马克思恩格斯文集》（第 1 卷），人民出版社 2009 年版，第 543 页。

的革命目标规定为解放全人类。马克思说："社会从私有财产等的解放……而且这里问题不仅在于劳动者的解放，因为劳动者的解放包含着全人类的解放。"① 马克思的思想理论中不仅没有取消，恰恰是十分重视道德的。

　　无产阶级革命行为道德动机的解释路径与客观基础，只能是马克思主义所坚持的历史唯物主义立场。其一，"无产阶级利益"是建立在历史唯物主义基础上的，是富含道德意义的范畴。阶级是作为"在生产方式中处于不同地位的人群"。"阶级利益"是指阶级社会中各个阶级所特有的利益和要求，是促进一个阶级行动的各种有形的或无形的价值目标。无产阶级的特殊性决定它的"阶级利益"不同于其他阶级的阶级利益。对于无产阶级和它的"阶级利益"，马克思论述道："大工业却创造了这样一个阶级，这个阶级在所有的民族中都具有同样的利益。在它那里民族的特殊性已经消灭，这是一个真正同整个旧世界脱离并与之对立的阶级。"② 按照马克思的观点，无产阶级已经不代表特殊的民族利益，它以各民族的、全人类的共同利益为本阶级的"阶级利益"。为了实现这样的"阶级利益"而采取的革命行动难道不具有道德的正当性？当然，无产阶级也有一个发展的过程，当无产阶级处在"自在"阶段时，其"阶级利益"也是比较狭隘的，当无产阶级处于"自为"阶段时其"阶级利益"的普遍化才与全人类共同利益达到自觉的同一。从总体上看，无产阶级利益和全人类利益是一致的。所以，马克思的观点是无产阶级只有解放全人类，才能最终解放自己。其二，无产阶级革命行为的道德动机的客观基础是：社会存在决定社会意识，而不是由个体理性来决定的。道德作为一种社会规范、社会意识，必须从决定人与人的社会关系的客观方面予以理解，无论个体意识中包含着哪些社会因素，革命行为道德动机的客观基础不可能还原为个体理性，其根源只能从

---

①　［德］卡尔·马克思著，中共中央马克思恩格斯列宁斯大林著作编译局译：《1844 年经济学哲学手稿》，人民出版社 1979 年版，第 5 页。

②　《马克思恩格斯全集》（第 1 卷），人民出版社 1956 年版，第 67 页。

社会存在所决定的社会意识中得到解释。道德与道德动机是有区别的，但两者都有着共同的客观基础。马克思的观点是倾向于这一点的，他在《政治经济学批判·序言》里说道："这些生产关系的总和构成社会的经济结构，即有法律的和政治的上层建筑竖立其上并有一定的社会意识形式与之相适应的现实基础。"① 恩格斯在《反杜林论》中也说道："人们自觉地或不自觉地，归根到底总是从他们阶级地位所依据的实际关系中——从他们进行生产和交换的经济关系中，吸取自己的道德观念。"②

具体而言，无产阶级革命运动的道德动机的客观基础，就是共产主义理想和实现共产主义的现实运动。"共产主义是私有财产即人的自我异化的积极扬弃，因而是通过人并且为了人而对人的本质的真正占有；……这种共产主义，作为完成了的自然主义＝人道主义，而作为完成了的人道主义＝自然主义，它是人和自然界之间、人和人之间的矛盾的真正解决……"③ 按照马克思的看法，共产主义作为现实的运动，完全摆脱了康德的抽象的绝对命令以及黑格尔的绝对精神的束缚，包含了对人的解放的现实基础的基本理解。实现人的解放，就是真正地实现人的道德诉求，比较而言，宗教解放和政治解放仍然没有从根本上摆脱统治阶级的民族利益的困扰，道德依然受到利己主义的摆弄。

而且无产阶级革命运动的道德动机的客观基础还有历史性的因素。马克思认为道德是一种社会意识形态，它与社会阶级和历史相关联。当然，这里并不能像某些分析马克思主义学者那样，断言马克思的道德历史主义是道德相对主义。从唯物主义历史决定论意义上看，无产阶级革命的道德合理性也是存在的。

"自为"的无产阶级是联合的，并非是松散的个体之间随意的自由组

---

① 《马克思恩格斯全集》（第 13 卷），人民出版社 1962 年版，第 8 页。

② 《马克思恩格斯全集》（第 20 卷），人民出版社 1971 年版，第 102 页。

③ 《马克思恩格斯全集》（第 3 卷），人民出版社 2002 年版，第 297 页。

合，是存在着客观的相互协作的"阶级利益"基础的。道德对无产阶级的革命行为的推动作用，正是建立在这一基础之上的，不是建立在以"原子式"的个体的"计算理性"之上的。

## 四、马克思历史哲学理论与道德相容性的阐释

分析马克思主义学者关于马克思的历史哲学与道德是否存在相容关系的争论，在理论上事先预设了科学与伦理、事实与价值在逻辑上是可以区分的前提。这与它运用分析哲学的方法和元伦理学的方法密切相关。可是，逻辑上可以区分的概念，不意味着它包含的客观关系在事实上是分离的。正如邓晓芒教授所言："好像我们只有把科学主义抛弃才能获得人本主义，这又是另外一个极端，但是在马克思和黑格尔那里这两者共同才构成了自然界，或者才构成了人。你把人看作是离开自然界的一种纯精神，那也不是完整的人。人是感性的，人和自然界是不可分的，你必须把人和自然界看作是一体的，这样理解的人才是完整的人。所以马克思认为：'完成了的自然主义就是人本主义，完成了的人本主义就是自然主义。'"① 这里，必须以马克思的实践话语方式来理解，也是一种批判思维方式（见导论中"研究方法"一节）。分析马克思主义学者们没有把握到马克思的这一话语方式。分析马克思主义学者运用的现代分析哲学和元伦理学方法追求精确性的技术确实很精湛，可以把对象分析出很丰富的内容，但总是显得不够"完成"。马克思的描述性论述中有规范性判断，规范性判断中有描述性论述，他常常是在描述性判断与规范性判断之间展开对现存社会的批判。当然，这与马克思的理论的实践性、革命性相关，他在《德意志意识形态（节选）》中就明确地说过："实际上，而且对实践的唯物主义者

---

① 邓晓芒：《邓晓芒讲黑格尔》，北京大学出版社 2006 年版，第 49 页。

即共产主义者来说，全部问题都在于使现存世界革命化，实际地反对并改变现存的事物。"① 在《共产党宣言》中马克思和恩格斯更是直抒胸臆地说："共产党人不屑于隐瞒自己的观点和意图。他们公开宣布：他们的目的只有用暴力推翻全部现存的社会制度才能达到。让统治阶级在共产主义革命面前发抖吧。无产者在这个革命中失去的只是锁链。他们获得的将是整个世界。"② 由于马克思是抱着这样使命的理论家，要是他的理论缺乏科学性就不足以正确地指导实践，同样要是他的理论只是包含"真"却不包含"善"，或者像伍德所断定的其中只有非道德的善而没有道德的善，这样的理论能引导人们无畏地、情愿自我牺牲地向更美好的社会奋斗？人、社会除了是物质的客观存在，也必定是道德精神的存在。一种有影响力的社会理论完全是反（非）道德主义的那是不可能的。问题在于科学与伦理、事实与价值是如何统一在一个社会理论中的。讨论分析马克思主义内部所争论的马克思主义与道德是否相容的问题，毋宁讨论两者是如何相容的会更有意义。

如何将科学与伦理、事实与价值相统一起来，马克思没有像传统道德理论那样采取说教方式或构建道德形而上学体系的方式，他采取了拒斥道德形式，选择从现实的人和社会中寻找革命的根据的做法。马克思拒斥的是道德形式，诉求的是真实的道德内容。马克思的最真挚的、最理解他的战友——恩格斯在《在马克思墓前的讲话》中就曾这样评价马克思："他作为科学家就是这样。但是这在他身上远不是主要的。""因为马克思首先是一个革命家。他毕生的真正使命，就是以这种或那种方式参加推翻资本主义社会及其所建立的国家设施的事业，参加现代无产阶级的解放事业。"③ 作为科学家和革命家，马克思反对形式化的伦理学和道德说教，剥

---

① 《马克思恩格斯选集》（第 1 卷），人民出版社 1995 年版，第 75 页。

② 《马克思恩格斯选集》（第 1 卷），人民出版社 1995 年版，第 307 页。

③ 《马克思恩格斯选集》（第 3 卷），人民出版社 1995 年版，第 777 页。

除披在他那个时代的社会、政治的道德主义外衣，对社会现实的、物质的关系本身给予有力的批判。他在《德意志意识形态（节选）》中批判施蒂纳时说："共产主义根本不进行任何道德说教。"①马克思的理论建立在"任何一个小孩子都知道"②的历史事实基础上，因为马克思的历史唯物主义不是为了解释世界，而是为了改造现实世界，这就必须对资本主义做科学的理论分析，在资本主义现实土壤中展开批判。实际上，马克思自《1844年经济学哲学手稿（节选）》研究政治经济学之后，就不再以抽象的道德词句批判资本主义和对共产主义的人本主义论证，转而从经济学的现实角度来批判资本主义的反人性的社会制度，同时力求从历史发展规律的视角来论证共产主义的历史必然性及其实现路径。③

马克思从由反对道德主义的伦理形式到对社会经济条件的批判中，发现了道德主义视角中根据意识形态意义的道德标准来判断会造成认识论的假象，而且正是这种假象掩盖着资产阶级的本质，"它使人和人之间除了赤裸裸的利害关系，除了冷酷无情的'现金交易'，就再也没有任何别的联系了……它把人的尊严变成了交换价值，用一种没有良心的贸易自由代替了无数特许的和自力挣得的自由"④。从经济学话语中批判资本主义，一样会造成"经济—技术决定论"的认识假象，正如马克思《在〈人民报〉创刊纪念会上的演说》中不无忧虑地说："技术的胜利似乎是以道德的败坏为代价换来的。"⑤所以说，认为马克思的理论体系的描述性判断中不包含有道德内容的规范性判断和原则这样的诉求，是对马克思文本的误读。

---

①《马克思恩格斯全集》（第3卷），人民出版社1960年版，第50页。

②［德］尤尔根·哈贝马斯著，曹卫东译：《公共领域的结构转型》，学林出版社1999年版，第259页。

③余京华：《论马克思唯物史观的道德批判精神》，《安徽大学学报》（哲学社会科学版），2010年第1期，第32–38页。

④《马克思恩格斯选集》（第1卷），人民出版社1995年版，第275页。

⑤《马克思恩格斯选集》（第1卷），人民出版社1995年版，第775页。

## 第二节 马克思社会历史发展规律论与道德判断

马克思的历史唯物主义是以什么原则来判断社会制度的道德正当性的，是历史主义的原则还是道德主义的价值原则？尤其是马克思对未来美好社会的阐述，仅仅是必然性命题还是同时包含了道德的正当性判断？

### 一、历史唯物主义对社会制度的道德判断

分析马克思主义的某些学者认为，根据马克思的唯物史观，在历史的发展长河中不管发展出一种怎样的社会制度都将在道德上是正当的，因为社会制度作为上层建筑只要适应生产力的发展就是合理的，这作为一种判断社会制度的标准是符合马克思的思想的。依据他们的理解，马克思坚持的是道德的历史主义立场。可是，如果是这样，当马克思用自由、共同体的联合和自我实现等道德价值来判断社会制度时，就与道德的历史主义立场相矛盾了。

#### （一）马克思并不坚持道德的历史主义

##### 1. 历史主义与道德主义

历史主义和道德主义是两种相互抵牾的社会评价尺度。什么是历史主义（historicism），学术界对这个概念的解释比较复杂。《中国大百科全书·哲学》的解释是：历史主义是指"从历史的联系和变化发展中考察对

象的原则和方法"①。新编《辞海》对词条"历史主义"的解释是:"研究历史的观点与方法。有资产阶级的历史主义与马克思主义的历史主义之分。……马克思和恩格斯批判地继承资产阶级历史主义,并给以革命的变革,形成科学的马克思主义的历史主义。"②当代英国著名哲学家卡尔·R.波普尔力图使历史主义接近社会科学,并期望它像社会科学那样成为有效的社会改良的工具,因此他赋予了历史主义重要意义。他的解释是:"我所谓的'历史主义',是指一种社会科学的研究途径,它认为历史预言是它的主要目的,并认为通过揭示隐藏在历史演变之中的'节奏'、'类型'、'规律'和'趋势'就可以达到这一目的。"③他进一步阐释:"历史主义者并没有意识到是我们自己在挑选并编排着历史事实……历史主义力图发现人类冥冥之中的必由之路;并试图去揭示历史的线索(如 J.麦考莱所说)或者意义。"④

至于道德主义(moralism),则是与历史主义相对应的,指依据一定的道德原则、标准来评判社会历史事件,包括人物、行为、事实、社会制度、文化观念等的一种价值评价观点。

### 2. 道德的历史主义

道德的历史主义则是将历史主义的评判视同于道德价值评判,实际上它是取消了对社会制度的道德评判。波普尔对道德历史主义的错误给予一针见血的批评:"我已经提到过道德历史主义(尤其是黑格尔的道德历史主义),这是一个只有现存标准,没有道德标准的理论;现存的就是合理

---

① 《中国大百科全书·哲学》(第 1 卷),中国大百科全书出版社 1987 年版,第 482 页。

② 《辞海》(增补本),上海辞书出版社 1983 年版,第 34 页。

③ [英]卡尔·R.波普尔著,何林、赵平译:《历史主义的贫困》,社会科学文献出版社 1987 年版,第 46-47 页。

④ [英]卡尔·R.波普尔著,何林、赵平译:《历史主义的贫困》,社会科学文献出版社 1987 年版,第 255-256 页。

的和善的；因此，强权就是公理。……它坚持即将到来的强权就是公理。"①
马克思的历史唯物主义，揭示了人类社会运动的物质性基础，意在发现人
类社会发展的客观规律。历史唯物主义所发现的人类社会发展的客观规
律，并不是事物本身现状决定的，而是历史的辩证运动。所谓辩证的，即
客观物质性和主体性相互统一，物质性运动实现着主体性，主体性驾驭物
质性运动的规律。主体性，意味着能动、自觉、自由、善的价值等方面的
要求。历史唯物主义，应该被理解为包含道德价值原则和道德判断在内的
历史观，不是历史的实证主义也不是道德的实证主义。像伊斯顿和古戴特
那样，严重地误解了马克思的历史唯物主义，他们说："马克思将'应该
是'什么与历史的辩证运动等同起来。由于这一认同，他不仅丧失了隐含
于他的人道主义中的对历史批判的道德影响力，也为发生的每件事提供了
辩护，无论它是多么残酷或不人道。"②

### 3. 辨析分析马克思主义学者中马克思是道德的历史主义者的观点

分析马克思主义的一些学者将马克思视为道德的历史主义者，这种观
点涉及两个方面的主张：一是马克思所坚持的社会主义（共产主义）即将
实现，是一个严格的必然性论题；二是马克思还坚持无论发展出什么样的
社会结构，其本身在道德上都是正当的。

按照马克思的观点，社会主义（共产主义）即将实现是不是一个严格
的必然性论题？从马克思的文本来看，马克思确实预言过资本主义将被社
会主义取代，而且他的预言可以从多方面得到论证，如历史唯物主义中生
产力与生产关系、经济基础与上层建筑之间的辩证运动规律，资本主义经
济危机和社会失调理论，阶级斗争和先进阶级的历史前途理论，等等。在

---

① ［美］R.G. 佩弗著，吕梁山、李旸、周洪军译：《马克思主义、道德与社会正义》，高等
教育出版社 2010 年版，第 227—228 页。

② Loyd D. Easton, Kurt H. Guddat, *Writings of the Young Marx on Philosophy and Society*, New
York：Doubleday Press，1967，p29—30.

马克思的著作中有如此多的、充足的论述，使得某些分析马克思主义者认为马克思坚信社会发展有"绝对规律"，因而将马克思主义称作"最纯粹的、最完善的和最危险的历史主义形式"①。关键是能不能认为，在马克思那里社会"发展规律"就是绝对的趋势，像自然规律那样。上述判断肯定是错误的。社会发展规律虽然具有客观性、必然性，但不能理解为等同于自然规律。马克思在《关于费尔巴哈的提纲》中指出："全部社会生活在本质上是实践的。"②在本质上社会发展规律是通过人的实践活动表现出来的规律。人的实践活动是自由、自觉的主体性活动，社会发展规律不可能是不需要人参与的自然运动表现出来的"绝对必然性"。从实践的历史唯物主义出发来理解社会发展规律，就不能离开人类所特有的实践活动。社会发展规律是客体与主体交互作用的结果。在历史唯物主义看来，社会发展规律不是绝对意义上的因果性，只是一种普遍趋势而已。

### （二）历史唯物主义是历史哲学和道德价值判断的统一

#### 1. 历史唯物主义包含判断社会制度的正当性道德标准

既然上述第一个主张是错误的，马克思并没有坚持这样的观点——"无论发展出什么样的社会结构，其本身在道德上都是正当的"，那么问题在于澄清在马克思的历史唯物主义中是否存在判断社会制度的正当性道德标准。马克思的思想在 1845 年前后经历了一个由人本主义向历史唯物主义的转变过程，但马克思思想这种转变并不意味着他通过这种转变完全拒斥了人本主义、道德理论，也不意味着他的唯物史观与道德理论是相互排斥的，或者说唯物史观中不具有道德立场与道德观点。③历史唯物主义要

① ［英］卡尔·R.波普尔著，郑一明译：《开放社会及其敌人》（第 2 卷），中国社会科学出版社 1999 年版，第 87 页。

② 《马克思恩格斯文集》（第 1 卷），人民出版社 2009 年版，第 501 页。

③ 高兆明：《马克思的唯物史观与道德观三问》，《道德与文明》2007 年第 3 期，第 11–14 页。

揭示和指导的是如何建立一种更适合人生活和发展的社会。谁也不能否认马克思的"真正的人""人的自由而全面的发展"的观点不是历史唯物主义判断社会制度、社会结构的正当性标准。历史唯物主义是关于历史规律的学说，马克思不屑于空洞的道德说教，他们致力于实践的道德社会的实现，致力于创造出新道德存在的物质条件，而不是精神的实现。在《德意志意识形态》中，马克思、恩格斯在批判施蒂纳时说："共产主义者根本不进行任何道德说教，施蒂纳却大量地进行道德的说教。"① 马克思对于道德有独特的理解，有一种独特的道德价值观念。马克思的历史批判理论是历史的客观规律性与实践的主体性之间、必然性与价值性之间相统一关系上的批判。也就是说，马克思既不仅仅从历史主义的角度阐述社会主义、人、自由以及发展等范畴，也不仅仅从道德主义的角度来论说。在马克思那里，这些范畴既是历史哲学的范畴，也是道德哲学的范畴；既是描述性范畴，也是规范性范畴。

### 2. 历史唯物主义是历史规律必然性选择与道德价值导向选择的统一

马克思将历史哲学与道德价值判断统一起来，历史对于人来说不再是"宿命"的安排。历史唯物主义告诉我们的是，人在遵守历史发展的物质条件这一"规律"的约束时，人可以按照真正的人、人的本质的实现这样的道德价值导向来"选择"自己的历史。道德价值判断在历史唯物主义中有着非常重要的意义。否认历史唯物主义中有道德观、道德立场，就是否认整个的历史唯物主义。普特南认为，关于社会历史的事实判断不同程度地以预设某种价值知识为前提。② 如果离开马克思实践话语方式，就会将历史唯物主义理解为只是揭示出社会历史发展的规律，就会认为这种关于

---

① ［德］卡尔·马克思、弗里德里希·恩格斯：《德意志意识形态》，人民出版社 1961 年版，第 25 页。

② ［美］希拉里·普特南著，应奇译：《事实与价值二分法的崩溃》，东方出版社 2006 年版，第 182 页。

历史事实、知识揭示的背后不存在任何的价值知识、价值判断作为其隐藏着的前提。人的自由、人的个性的全面发展，在马克思的思想中既是历史发展的必然目的，也是一种对社会制度的道德判断标准。马克思对资本主义社会的批判，正是基于这样的批判，即资本主义社会既有历史存在的必然性，又注定要在实践的历史的价值选择中被否定，这是马克思在善、恶之间的相统一的"关系结构"中的批判。马克思、恩格斯确立的唯物史观，不但揭示了社会历史发展的规律性，而且确立了一种判断历史现象、社会制度善恶、好坏的价值标准。这个标准不是传统观念中的人本、功利、美德、义务、契约等，而是人的自由本质的理性实践。①

**3. 分析马克思主义者得出马克思是道德的历史主义者的观点，是对马克思历史唯物主义的误读**

分析马克思主义中持"马克思是道德的历史主义立场"的学者，运用元伦理学和分析哲学的方法得出这样的结论，实际上是因为他们离开了马克思的实践的批判语境，没有解读出马克思历史唯物主义道德观的开创性内涵。马克思的道德理论是一场深刻的革命，是在批判传统伦理学的抽象原则的基础上，将之转变为包含现实的、历史的原则的一场"哥白尼式"革命。元伦理学和分析哲学的方法，都是重视语言的分析。在马克思的时代，还没有兴起这两种哲学方法；对于马克思的思想来说，这两种方法是"外在的"。分析马克思主义学者重构的道德理论在一定程度上是游离在马克思思想之外了。

**（三）历史唯物主义判断社会制度的具体道德标准**

就历史唯物主义道德观来说，它主要的是"制度伦理"，即关于社会制度的正当性判断，不局限于传统伦理学对个体的道德关注这样的狭隘领

---

① 高兆明：《马克思的唯物史观与道德观三问》，《道德与文明》2007年第3期，第11—14页。

域。历史唯物主义关于社会制度正当性判断标准，有如下特性：（1）以真正的人为标准。在西方传统伦理学中，社会制度的正当性判断标准要么就是不被关注，要么就是以某种抽象的原则为标准。以"真正的人"为标准，是历史唯物主义通过对人的一般与现实的人、社会关系中的人的实践批判把握，在克服西方传统伦理学以抽象的人性或抽象的人本质为基础的说教式的道德观而建立的现实标准。（2）以无产阶级利益为标准。前面已经论述，主张无产阶级利益的社会革命理论并不缺乏道德动机。这是历史唯物主义在个体的人利益与多数人的共同利益之间的实践批判基础上，提出的最具正当性的标准。（3）以自由解放为标准。一个好的社会制度不是愈来愈限制人的发展，而是不断解放社会制度对人的限制。历史唯物主义的自由观不是精神上的自由观、宗教的自由观，也不是少数人的自由观，它立足追求现实的、多数人的自由目标的实现，以批判和变革社会制度为途径。以上社会制度伦理判断标准，似乎都不是"道德的"尺度，从它的价值导向看却是极富道德正当性的标准。

## 二、历史唯物主义是历史评价与道德评价的统一

马克思并不坚持未来"无论发展出什么样的社会结构，其本身在道德上都是正当的"的观点，而坚持社会主义（共产主义）必然取代资本主义，这种"必然性命题"包含的是客观必然性"应该"，还是包含了道德正当性"应该"呢？不管是哪种"应该"都存在两种情况：第一情况是休谟原则的，"应该"意味着"能够"；第二种情况是康德原则的，"不应该"意味着"不可能"。[①] 在纯粹客观必然性"应该"中，这两种情况下都可以得

---

① ［美］R.G. 佩弗著，吕梁山、李旸、周洪军译：《马克思主义、道德与社会正义》，高等教育出版社 2010 年版，第 250 页。

到符合逻辑的理解。问题是，如果包含了道德正当性"应该"，那马克思所坚持的社会主义（共产主义）必然取代资本主义的命题，就包含了深刻的道德判断和道德原则。

### （一）历史评价与道德评价

历史的必然性与道德的正当性。分析马克思主义学者们争论的是，如果说社会主义在道德上是"应该"的，那么，这里的"应该"包含了"能够"还是没有包含"能够"。如果说包含了"能够"，很容易陷入道德的历史主义的窠臼中，就是用道德标准替代历史主义的标准。如果说没有包含"能够"，那就是"不可能"，"不可能"就意味着"不应该"，而"不应该"就意味着在道德上缺乏正当性。这似乎是一个两难问题。可是，由于历史是人的能动的实践活动过程，当对历史和社会制度作是否"应该"的评价时，这里的"应该"包含了历史必然性的"能够"，也有道德的"应该"之义。另外，对历史和社会制度做出"不应该"的评价时，并不是根据它是"不可能"而做出的判断。

历史唯物主义对历史和社会制度做出判断和评价时，包含历史必然性意义上的是否"能够"和道德意义上的是否"应该"，是这两个方面的统一。西方学术界有人认为，在道德与历史的关系上，存在一种"历史评价与道德评价的二律背反"[①]，将历史视为纯客观的社会运动进程，无须也不可能对之予以道德评价。

重新阅读马克思有关著作，可以发现在他们的许多论述中，常常把道德评价和历史评价结合在一起，同时从两种角度去审视社会现象。这两种评价的结果确实不同，甚至相反，如果仅仅从两者之中一个角度去审视历史和社会制度就会犯独断论的错误。

---

① 崔炳荣：《历史评价与道德评价存在二律背反质疑——与伊继佐同志商榷》，《社会科学探索》1990 年第 5 期，第 73–76 页。

　　其一，历史评价的要求。仅就历史评价来看，它有如下要求：（1）历史过程、历史事件，是具体的历史因素造成的，评价历史事件和历史事件的主体，必须用历史的态度对待它，具体问题具体分析。马克思认为，人们不能随心所欲地创造历史，总是受到既定的生产方式制约，"在十分确定的前提和条件下"①进行历史活动。马克思评价历史总"是以一定时期的物质经济生活条件来说明一切历史事变和观念，一切政治、哲学和宗教的"②。对历史的批判，马克思主张"'从一定的历史形式'和'特殊的历史形式'来考察，从历史条件出发，进行具体的历史研究，否则，就不能超出庸俗的见解"③。（2）世界是普遍联系的，历史事件也是普遍联系的。具体历史事件的联系又是有条件的。做出历史评价，必须把握历史发展的普遍联系及其联系的条件性。如在评价每一社会结构的性质上，马克思是从构成该社会结构的历史联系出发的，"每一历史时代主要的经济生产方式和交换方式以及必然由此产生的社会结构，是该时代政治的和精神的历史所赖以确立的基础，并且只有从这一基础出发，这一历史才能得到说明"④。在评价历史运动时，马克思是牢牢地把握历史事件之间的联系的。马克思指出："历史不外是各个世代的依次交替，每一代都利用以前各代遗留下来的材料、资金和生产力。"⑤在评价杰出历史人物时，马克思一样是把他放到当时历史事件的前后联系中考察的。他指出："一个人的发展取决于和他直接进行交往的其他一切人的发展；……总之，我们可以看到，发展不断地进行着，单个人的历史决不能脱离他以前的或者同时代的个人的历史，而是由这种历史决定的。"⑥（3）既然历史是发展的，历史事件是

---

① 《马克思恩格斯选集》（第1卷），人民出版社1995年版，第696页。
② 《马克思恩格斯选集》（第2卷），人民出版社1995年版，第537页。
③ 《马克思恩格斯全集》（第26卷），人民出版社1974年版，第237页。
④ 《马克思恩格斯选集》（第1卷），人民出版社1995年版，第257页。
⑤ 《马克思恩格斯选集》（第1卷），人民出版社1995年版，第88页。
⑥ 《马克思恩格斯全集》（第23卷），人民出版社1972年版，第12页。

普遍联系的，历史评价必然要把历史发展变化和历史事件作为一个过程来考察，要求用发展的观点，站在新生事物方面和进步的方面进行评论，总结出带有规律性的认识。

其二，道德评价的要求。道德，是人类独有的一种社会现象，是社会经济关系的产物。人们往往依据一定的善恶观、荣辱观、正义观等道德标准对历史事件进行道德评价。历史唯物主义对历史事件予以道德评价时，有如下的要求：（1）对道德评价标准本身予以批判。马克思认为，一定的善恶的标准是在具体的历史条件下产生的，是历史的产物，是基于一定时代的经济状况，即受经济生活条件的制约。在资本主义殖民时代，他们总把开拓生产的原料供应地和产品倾销地的武装侵略说成是道德的。在早期资本主义时代，他们同样地把充满血和泪的资本主义原始积累说成是道德的。"我们断定，一切以往的道德论归根到底都是当时的社会经济状况的产物。"①（2）对作为道德根据的阶级利益予以批判。在阶级社会里，道德必然具有阶级性。人们总是自觉不自觉地从自己的阶级利益出发，确立道德评价的善恶标准。在阶级社会里，人们进行道德评价的善恶标准，是有阶级局限的。（3）主观动机与客观效果的对立统一。一般说来，动机与效果的关系有两种情况：要么主观动机与客观后果保持一致性，好的动机造成好的后果，坏的动机造成坏的后果；要么动机与效果不一致，好的动机造成坏的后果，坏的动机造成好的后果。对历史主体的活动予以道德评价时，必须把主观动机与客观后果统一起来，如果片面强调动机，会导致主观唯心主义的道德标准，很难正确判断历史主体活动的善与恶；反之，如果片面强调客观后果，也很难正确评价那些出于坏的动机而引出好的结果的历史行动者，因而造成历史认识的错误。

① 《马克思恩格斯选集》（第3卷），人民出版社1995年版，第435页。

### （二）历史评价与道德评价的统一

#### 1. 历史评价与道德评价统一于历史的进步

尽管历史评价与道德评价是有差别的，但是在历史唯物主义中两者不是分离的，而是被统一起来了。两者结合在一起构成一个总的评价原则是：历史事件、历史活动是否有利于历史的进步。这个总的评价原则是道德的评价标准，也是历史的评价标准，道德评价中的善恶标准以是否有利于历史进步为根据，而是否有利于历史进步又是以一定的善恶观念为准则。一般说来，符合社会历史发展要求的历史运动是善的，反之便是恶的。

#### 2. 历史进步本身的善恶判断

历史进步这个标准本身是历史的标准还是道德的判断？这里是否导致一种循环论证呢？最能说明此问题的，莫过于马克思的"恶是历史发展的动力"的论断。马克思在他的《剩余价值理论》中引述过孟德维尔所写的《蜜蜂的寓言》的一段话："我们在这个世界上称之为恶的东西，不论道德上的恶，还是身体上的恶，都是使我们成为社会生物的伟大原则……一旦不再有恶，社会即使不完全毁灭，也一定要衰落。"[①] 马克思认为这些说法证明孟德维尔比"充满庸人精神的资产阶级社会的辩护论者勇敢得多、诚实得多"[②]。恩格斯在《家庭、私有制和国家的起源》和《路德维希·费尔巴哈和德国古典哲学的终结》中，也明确肯定恶是历史发展的动力。

这种对恶的力量的评价，看起来是多么的矛盾。既然是恶，却又是进步，还具有美德；既然是恶，却是历史动力。隐藏在这些矛盾后面的是两种截然不同的价值标准的统一，历史尺度和道德尺度的统一。

众所周知，历史唯物主义的创始人非常重视生产力、生产方式在社会发展中的决定作用，首先把历史看成是生产的发展史，生产力和生产关系

---

① 《马克思恩格斯全集》（第 26 卷），人民出版社 1973 年版，第 416–417 页。

② 《马克思恩格斯全集》（第 26 卷），人民出版社 1973 年版，第 417 页。

的发展史。他们主要是以生产力水平和生产方式状况，来衡量历史和社会制度是否进步。历史唯物主义强调经济基础的决定作用，但并不忽略上层建筑、意识形态的能动性反作用，也没有忽视其他价值标准，而将道德评价寓于生产力标准之中。

### 3. 正确理解"从道德评价优先到历史评价优先"

在历史唯物主义中，即使存在"从道德评价优先到历史评价优先"[①]的转向，并不意味着用历史尺度来取代其他的价值尺度，而是两者的结合统一，也没有简单地把生产力标准和道德标准完全等同起来，并不认为只要能促进生产力发展的都是道德的。马克思评价历史事件时，对同一对象常常从不同角度出发，肯定应该肯定的东西，也否定必须否定的东西。以历史评价的眼光看，奴隶制、封建制、资本主义制度下的生产力是逐渐发展的、进步的；但是，这些社会制度所获得的发展是通过多数人的痛苦和受压抑而实现的。所以，马克思又谴责这些虚伪制度下的进步，实际上是"相对的退步""最大的倒退"，这是道德评价，是用道德的眼光来看的。

### （三）道德评价在历史评价中的意义

历史唯物主义主要是为了揭示历史的必然性，为什么它要对历史作道德评价？道德评价的意义何在？

其一，历史是人的实践活动的过程，是主体与客观相统一的辩证运动，这决定历史的必然性是能动性的必然性。能动性意味着自觉性和选择性。从根本意义上说，决定人的存在和历史的不是一种单纯的"生存性"的存在，而是一种能动的"创造性"的存在，人可以"按照任何一个种的尺度来进行生产，并且懂得怎样处处都把内在的尺度运用到对象上去"[②]。

---

① 俞吾金：《从"道德评价优先"到"历史评价优先"——马克思异化理论发展中的视角转换》，《中国社会科学》2003 年第 2 期，第 95–106 页。

② 《马克思恩格斯全集》（第 42 卷），人民出版社 1979 年版，第 97 页。

人们对历史事件做出的道德评价，表现了他们的价值选择，表现了人积极干预历史进程的强烈愿望。道德评价的善恶观念体现人们欲扬善弃恶，努力使历史的运动朝自己选定的理想目标前进，而且历史也正是这样沿着客观条件性和能动选择性前进的。正是人们对历史采取道德评价，历史才有了总体的方向。如现代人憎恨一切奴隶制度，认为自由重于生命，"不自由，毋宁死"。历史有了增进人的自由的发展方向。这是道德评价意义之一。

其二，以道德评价历史，可以让人们在未来的社会行动中尽量避免重犯历史上的错误。人们谴责历史上的暴政、剥削制度、专制制度、特权等级制度、宗教禁欲主义、殖民主义、法西斯主义、种族歧视、性别歧视和一切非正义战争等，正是有了这些评价，人们才有可能避免重蹈历史覆辙。

道德评价与历史评价的统一，即基于在历史唯物主义中的道德与历史的相互统一，这种统一并不是人为的理论制造。一是完整的历史原本就包括物质的和精神的发展史，其中必然包括道德的方面，道德与历史本来就是共生共存的，二者不能被割裂。不能将历史仅仅理解为生产发展史，生产力的发展史，故而不能将生产力水平和国民生产总值作为衡量社会进步的唯一标准。二是进入私有制社会以后，以至于当今时代，人类的发展常常呈现出物质的进步以道德的牺牲为代价的现象，因为道德并不是虚无的。三是人的需要是多方面多层次的，物质的丰富并不必然使得人人都幸福，哪怕是有钱的人和国度也是这样。可见，物质方面的进步和满足不能取代其他方面的需要的满足。

本质上，道德与历史不存在二律背反的问题，因此，历史与道德的客观统一，是道德评价和历史评价可以统一起来的基础，道德既有理论的逻辑形式，又有现实的历史形式和历史的运动内容。道德的普遍价值植根于社会历史现实之中，具体历史的社会道德渐近地实现着道德的普遍价值。这些正是历史唯物主义对历史事件和社会制度做出历史必然性探索的同时，也坚持用道德原则和价值判断评价历史和社会制度的根据。

## 第三节 马克思语境中道德与意识形态的关系问题

马克思在他的著作中批判意识形态是虚假的观念体系，尤其批判和揭露资产阶级的意识形态的欺骗本性。任何道德理论都是意识形态的观念体系。分析马克思主义学者认为马克思会不会因为道德是意识形态而反对道德呢？还有，马克思在不同的文本语境下使用意识形态这个概念时，其意义是不完全相同的。马克思到底是在什么意义下批判道德是意识形态的呢？

### 一、马克思没有因为道德是意识形态而拒斥道德

前面主要分析和驳斥了分析马克思主义学者中这样的观点，即历史唯物主义是经验的、科学的理论，不需要道德的论证。与此相关的另一个问题是，在分析马克思主义学者中有一种普遍的看法，认为马克思批判道德是意识形态，一些分析马克思主义学者以此为理由，认为马克思不是一个道德学家而是反道德论者。

#### （一）马克思使用的意识形态概念的含义

##### 1. 意识形态的基本含义

"意识形态"一词来自希腊语，是由词根观念（ideo）和逻各斯（logos）合成的，指有关观念的学说。作为哲学术语使用的"意识形态"，是当法国感觉论哲学家德斯杜特·德·特拉西在1798年他所写《关于思维能力的备忘录》一文中首次使用的，其初始含义是"关于观念的科学"，目的

是对人类的心理活动进行经验分析，其精神是把一切观念的本质和根源归结为经验和感觉，反对一切虚妄的观念。在后来的使用中，"意识形态"一词的歧义增多。在当今社会主义、自由主义、保守主义、女权主义以及无政府主义等话语中，这个概念的意义显得尤为复杂。

### 2. 意识形态在马克思的文本语境中的几种意义

分析马克思主义学者对马克思使用的意识形态概念的确切含义争论不已。"意识形态概念在马克思那里远不清晰：他关于意识形态的评论多为顺便提到的，他从未进行系统的论述。然而主要的轮廓是清晰的。"[①]马克思没有对意识形态做过系统的论述，但从马克思有关著作的论述中还是可以梳理出这个概念的基本意义。根据米尔斯的概括，意识形态在马克思的语境中大致有以下几种意义："（1）马克思（包括恩格斯）基本上以轻蔑的方式使用'意识形态'概念，把它当作'虚假的'、非科学的阶级观念。（2）马克思恩格斯——或者说仅仅马克思——在某种意义上把'意识形态'当作一个中性的、描述性概念，理解为一般阶级观念，他们的认识立场无论如何是没有偏向的。（3）马克思（包括恩格斯）在两种不同意义上使用'意识形态'概念，一种是轻蔑的方式，一种是中性的含义，因此必须根据他们使用的语境来区分出不同的含义。"[②]最主要的问题是要澄清在马克思的理论体系中，他的批判语境下的意识形态概念有两重意义：一是对意识形态概念的定性，以及如何理解意识形态的基本特征；二是对反动的意识形态的批判，是马克思拒斥的那种意义，是意识形态概念的批判功能性意义。

### 3. 意识形态定义性特征及其分析

在马克思的著作中，他关于"意识形态"概念的使用意义并非那么单

---

① ［英］大卫·麦克里兰著，孔兆政、蒋龙翔译：《意识形态》，吉林人民出版社2005年版，第14页。

② C.W.Mills，"Ideology" in Marx and Engels，in *Karl Marx's Social and Political Thought*：*Critical Assessments*，Vol.IV，Routledge，1990，p227.

一，似乎"虚假的观念体系"是其基本含义之一。在后来的马克思主义著作中，意识形态概念也有着多种含义。在《怎么办？》一文中，列宁将意识形态作为中性词使用，甚至赋予其积极的意义，他认为社会主义也是一种意识形态。在分析马克思主义学者看来，马克思的文本中用以说明意识形态的定义性特征有十个特点[①]：①产生于阶级社会或由统治阶级所创立，②不科学的，③虚幻的，④对现实反方向的表现，⑤"虚假意识"的一个结果或成分，⑥系统化的误导，⑦社会性的蒙蔽，⑧把统治阶级的利益作为社会的共同利益代表，⑨用以证明社会现状和统治阶级利益的正当性，⑩起到维持社会现状和保护统治阶级利益的作用。如何根据上述的哪一个或哪几个定义性特征来划分马克思主义的意识形态概念，以及如何判断在马克思的语境下"道德是意识形态"是什么性质的观点呢？

伊福尔和伍德认为，马克思的道德概念具有前面所列的意识形态的定义性特征，所以他会认为道德是意识形态，因而必须被拒斥。伍德在他的名著《卡尔·马克思》一书中，就马克思的道德与意识形态之间的关系问题做了专门的研究。他说："马克思的历史唯物主义概念可以让我们认识到道德是虚假的，并且是意识形态的。"[②]伍德认为马克思表达意识形态与道德联系时，赋予意识形态贬义的意义又主张道德是意识形态，因而他是反对道德的。伊福尔引用恩格斯的陈述作为论据，"意识形态是由所谓的思想家有意识地、但是以虚假的意识完成的过程"[③]。伊福尔认为，在马克思那里意识形态是包含"虚假意识"成分的。

米勒对马克思的道德与意识形态观点的判断与伍德相似，他认为在马克思那里，意识形态是一个态度和信仰体系，它是由主导社会力量和占统

---

① ［美］R.G.佩弗著，吕梁山、李旸、周洪军译：《马克思主义、道德与社会正义》，高等教育出版社 2010 年版，第 254 页。

② Allen W.Wood, *Karl Marx*, London, Boston, Henley：Routledge & Kegan Paul, 1981, p159.

③ 《马克思恩格斯全集》（第 39 卷），人民出版社 1974 年版，第 94 页。

治地位的阶级的观念决定的并有意歪曲现实而提出的思想观念。<sup>①</sup> 米勒也认为马克思是在贬义意义上使用"意识形态"概念的。

埃尔斯特反对将意识形态定义为维持国家或阶级利益的观念实体，但他也不是为马克思的意识形态理论作辩护。他采取现代政治学理论所推崇的方法论个人主义，去寻求意识形态的微观机制。这与马克思的方法论集体主义正好是相反的。首先，埃尔斯特考察了马克思的早期的异化理论批判意识形态是一种"颠倒理论"的意义。他认为马克思所谓的意识形态是"颠倒理论"，就是用"真正的主词表现为神秘的谓词"<sup>②</sup>。这种"颠倒理论"的意识形态的错误在于黑格尔的"抽象"理论与费尔巴哈的"投射"理论的运用。意识形态的抽象取决于对现实世界的认知谬误，观念中的投射与观念创造者的动机相关。在《德意志意识形态（节选）》中，马克思彻底批判了黑格尔和费尔巴哈这样的颠倒做法。马克思的观点是，"意识形态家使一切本末倒置"的原因在于社会分工中职业化的政治家、法学家、伦理学家、笃信宗教者抽象出了颠倒的观念。这是埃尔斯特采取方法论个人主义，解读和论证马克思早期对待意识形态的态度和立场，认为马克思之所以批判意识形态是"颠倒理论"，是因为社会分工所导致的观念抽象是个人在认知上的谬误造成的。然后，埃尔斯特运用词语结构机制来解释马克思政治理论中的意识形态观念的意义，也即具有意识形态意义的观念中涉及各种利益和地位方面的虚假性转换。埃尔斯特认为，马克思批判地指出"对信念的各种利益解释，最具穿透力的是这样一种观念，即一种特殊的阶级利益的承担者倾向于声称它是社会的普遍利益"<sup>③</sup>，转换的机制是将

① ［美］R.W.米勒著，张伟译：《分析马克思——道德、权力和历史》，高等教育出版社2009年版，第43页。

② ［美］乔恩·埃尔斯特著，何怀远等译：《理解马克思》，中国人民大学出版社2008年版，第449页。

③ ［美］乔恩·埃尔斯特著，何怀远等译：《理解马克思》，中国人民大学出版社2008年版，第455页。

个人利益转化为阶级利益，再将阶级利益转化为普遍利益。埃尔斯特又考察了四种资产阶级经济理论的意识形态论述。他认为，在马克思看来，重农主义者代表了"一种对事物的资产阶级见解"①；重商主义者实质上是将个人的选择替代同时代的所有人的选择；马尔萨斯的经济学理论代表是封建贵族与国家官员的利益；庸俗经济学家则是现存资本主义制度的辩护士，宣称资本主义制度是最好的制度，也是永恒的制度。埃尔斯特认为造成上述经济理论的意识形态观念的原因：一是源于认知的谬误，二是源于情感或动机。埃尔斯特在《理解马克思》一书中，分别而且比较全面地论述马克思的道德理论与意识形态理论，但他没有论述马克思的道德与意识形态的关系。

凯·尼尔森在他的论文《马克思主义、意识形态和道德哲学》（1980）和著作《马克思主义和道德观点》（1989）中，对马克思的道德与意识形态的关系做了专门研究。尼尔森认为虽然马克思从未构建过系统的道德理论，但"马克思与恩格斯确实对道德进行过零散的评价"②。在他的这篇论文中，他不加区分地表示"马克思和马克思主义认为道德就是意识形态"③，道德是服务于统治阶级利益的意识形态。到后来的《马克思主义和道德观点》，尼尔森对道德与意识形态的关系的观点改变了，他认为"马克思以及马克思主义者通常将道德称为意识形态或是意识形态的，这是一个急需解释的论述"④，认为"道德信念本身就不是意识形态的"⑤。尼尔森认为意

---

① ［美］乔恩·埃尔斯特著，何怀远等译：《理解马克思》，中国人民大学出版社 2008 年版，第 468 页。

② Kai Nielsen, *Marxism and the Moral Point of view: Morality, Ideology and Historical Materialism*, Colorado: Westview Press, 1989, p26.

③ Kai Nielsen, *Marxism, Ideology, and Moral Philosophy: Morality, Ideology and Historical Materialism*, Colorado: Social Theory and Practice, Vol.6, NO.1（1980）, p53.

④ Kai Nielsen, *Marxism and the Moral Point of view: Morality, Ideology and Historical Materialism*, Colorado: Westview Press, 1989, p5.

⑤ Kai Nielsen, *Marxism and the Moral Point of view: Morality, Ideology and Historical Materialism*, Colorado: Westview Press, 1989, p128.

识形态是对阶级利益的辩护，是社会的信念体系。尼尔森没有将意识形态理解为为了维护阶级利益而曲解现实的意思。[①] 他认为，"符合阶级利益的信念是意识形态，但是与科学的信念一样，道德信念也能够符合阶级利益。"[②] 在尼尔森看来，意识形态与科学是相容的，即使马克思主张"道德是意识形态"，也不意味着他对道德和意识形态的否定。尼尔森认为不是所有的道德信念都是意识形态，人们都有赞成幸福、健康、自主以及自尊信念和想避免事情的恶化、贫困、堕落、剥削、对人性的压抑、对人间苦难的评价，这些观念就不是意识形态。尼尔森认为，马克思的"道德是意识形态"这个论断"是一个道德的社会学论断而不是一个道德的认识论的或元伦理学的论断"[③]。尼尔森运用道德社会学意义上的道德—社会功能理解来解释马克思的这一论断，认为道德像法律和宗教一样发挥着意识形态的功能。换言之，"道德是意识形态"等价于"道德具有意识形态的功能"。按照尼尔森的理解，道德作为意识形态在不同的社会有不同的功能，可以有说服、教育，甚至欺骗和蒙蔽的功能，也可以有其他的功能，但道德本身是个非认识论意义上的信念体系。那就是说马克思批判的是道德的功能，而不是道德本身。

### 4. 佩弗对意识形态的再区分及其意义

类似尼尔森的解读，美国的分析马克思主义学者佩弗采取将意识形态区分为总体性概念和非总体性概念的方式，对上述定义性特征做出详细分析，并拒斥那种在负面的、批判意义上的道德是意识形态的观点，达到摆脱马克思"道德悖论"论证目的。他认为总体性概念和非总体性概念，

① Kai Nielsen, *Marxism and the Moral Point of view*: *Morality*, *Ideology and Historical Materialism*, Colorado: Westview Press, 1989, p124.

② Kai Nielsen, *Marxism and the Moral Point of view*: *Morality*, *Ideology and Historical Materialism*, Colorado: Westview Press, 1989, p124.

③ Kai Nielsen, *Marxism and the Moral Point of view*: *Morality*, *Ideology and Historical Materialism*, Colorado: Westview Press, 1989, p122.

在马克思及马克思主义继承者的著作中都能找到，而且这两者的区别是："（1）总体性概念在其应用上比非总体性概念更宽泛，（2）总体性概念被用作纯描述性表达，非总体性概念用作一种否定性的评价性表达。"① 按照佩弗的解释，总体性意识形态概念是作名词使用的，非总体性意识形态概念是作为批判性、否定性形容词使用的，即"意识形态的"。路易·阿尔都塞在《马克思主义和人道主义》中还提出了一种规范性意识形态概念，人道主义就是这样的一种概念，而且不应该包含在历史唯物主义之内。佩弗认为阿尔都塞的这个概念是不正常的用法，可以忽略它。佩弗分析，总体性意识形态概念才是极为普遍的用法，在此用法的意义上可以将所有的人类信仰和价值体系的内容都标示为"意识形态"，马克思是在总体性概念下使用意识形态概念的，尤其是他的历史唯物主义部分。道德作为总体性意识形态概念是无须批驳的。佩弗认为，当马克思和其他马克思主义者批驳道德是"意识形态的"，此时"道德"一词才是批判性的、非总体性意义上的意识形态。道德与非总体性意识形态的关系会是如何？佩弗分析，只有两种立场是值得考虑的，一是道德是非总体性意识形态因此必须被拒斥；二是道德是非总体性意识形态但不必被拒斥，然而这种立场是不可能成立的。"道德必须从马克思主义经验性理论中去除，而不必从作为一个整体的马克思主义世界观中去除"②，这种观点是说道德不是非总体性意识形态因而不必被拒斥。

佩弗的反驳是，"虚假意识"的结果既不是判定某种思想或理论是意识形态的必要条件，也不是充分条件，伍德、伊福尔和米勒的论证是不能成立的。佩弗还认为，前面一些学者所列的十个特征，除了最后一个，其

---

① ［美］R.G.佩弗著，吕梁山、李旸、周洪军译：《马克思主义、道德与社会正义》，高等教育出版社 2010 年版，第 256 页。

② ［美］R.G.佩弗著，吕梁山、李旸、周洪军译：《马克思主义、道德与社会正义》，高等教育出版社 2010 年版，第 260 页。

他的都不是"意识形态的"定义性特征，因为其他九个定义性特征都存在反面例子，所以并不能根据这些特征的任何组合来准确地判定某种思想或理论是不是"意识形态的"。这九个特征里，特征①是最不可行的，特征②—⑦通常代表这描述性—解释性的观点和理论，特征⑧和⑨是评价性的，只能作为一般意识形态概念。根据佩弗的分析，特征①（产生于阶级社会或由统治阶级所创立），其思想要点是某种思想或理论产生于特定的阶级社会或历史时代，并有助于维持现存的社会状况，因而它们似乎是"意识形态的"。但马克思并没有把所有的产生于特定的阶级社会或历史时代的思想或理论都视为有助于维持现存的社会状况的。不能依据这一特征判断某种思想或理论是否"意识形态的"。佩弗认为，特征②—⑦的思想要点是，由于描述性—解释性的观点和理论存在认知缺陷，即虚假的、误导的信息，因而它们是意识形态，但理论和观点是虚假的、误导的这样的事实，并不必然导致它们是"意识形态的"，除非它们能对社会和政治产生直接或间接的重大影响。佩弗又认为，特征⑥和⑦（系统性误导和社会性蒙蔽），虽然不是"意识形态的"定义性特征，但是根据马克思的理论，它们却是表明了"一种描述性—解释性观点和理论能够成为意识形态的主要方式"①。佩弗对特征⑧和⑨（评价性的特征）予以分析，得出只有特征⑨（用以证明社会现状和统治阶级利益的正当性）具有为社会现状和统治阶级的利益辩护的性质，这个特征是作为判断评价性理论或观点作为"意识形态的"主要依据。最后，佩弗的结论是：（1）最接近"意识形态的"定义性特征的只有特征⑩（起到维持社会现状和保护统治阶级利益的作用）；（2）一种理论或观点满足特征⑥和⑦（社会性的蒙蔽、把统治阶级的利益作为社会的共同利益代表）以及特征⑨（用以证明社会现状和统治阶级利益的正当性）这种标准的，也可以被视为是"意识形态的"。

———————

① ［美］R.G. 佩弗著，吕梁山、李旸、周洪军译：《马克思主义、道德与社会正义》，高等教育出版社 2010 年版，第 269 页。

### 5. 马克思的"道德是'意识形态的'"的含义

问题是，在社会主义社会中用于维护社会现状和为统治阶级利益辩护的理论和观点是不是"意识形态的"呢？还有，如何正确解读马克思坚持道德是"意识形态的"这个观点？根据佩弗的观点，马克思以隐含的方式所表达的"意识形态的"定义性特征是，"妨碍人类的福祉，或更为宽泛地说，阻碍人类生存条件的优化或改善"①。佩弗分析，马克思就是没有区分"用于维护社会现状和为统治阶级利益辩护"与"阻碍人类生存条件的优化或改善"这两种表达，也不能认为用于维护社会主义的社会现状和为维护社会主义的"统治阶级"利益的理论和观点是"意识形态的"，这种理论或观点，如共产主义思想，没有阻碍人类生存条件的优化或改善。换言之，针对前社会主义时期的理论和观点而言，如果它们满足最接近"意识形态的"定义性特征⑩（起到维持社会现状和保护统治阶级利益的作用），就是"意识形态的"。佩弗认为，只有"妨碍人类的福祉，或更为宽泛地说，阻碍人类生存条件的优化或改善"这样的特征，才是马克思的"意识形态的"定义性特征。按照马克思的观点，在社会主义社会中，用于维护社会现状和为统治阶级利益辩护的理论和观点不是"意识形态的"，除非它们妨碍人类的福祉，或阻碍人类生存条件的优化或改善。

### （二）马克思批判的是"意识形态的"道德

如何正确解读马克思所坚持的道德是"意识形态的"这个观点。只有"妨碍人类的福祉，或更为宽泛地说，阻碍人类生存条件的优化或改善"这样的特征，才是马克思的"意识形态的"定义性特征，那道德是"意识形态的"这个观点就不包括那些用于维护社会现状和为统治阶级利益辩护的社会主义道德理论和观点。那些用于维护社会现状和为统治阶级利益辩

---

① ［美］R.G.佩弗著，吕梁山、李旸、周洪军译：《马克思主义、道德与社会正义》，高等教育出版社 2010 年版，第 274 页。

护的社会主义道德理论和观点，有利于增加人类的福祉，或不阻碍人类生存条件的优化改善，这样的社会主义道德理论和观点，就不是"意识形态的"，就不会遭到马克思的拒斥。

### 1. 马克思的文本中道德与意识形态的两种关系

事实上在马克思的文本中，存在着道德是意识形态与道德是"意识形态的"这样的区分。道德是意识形态，这个判断中的意识形态指称那些非评价性的、描述性—解释性的观点和理论，是意识形态中性说。马克思在1859年的《〈政治经济学批判〉序言》中说："在考察这些变革时，必须时刻把下面两者区别开来：一种是生产的经济条件方面所发生的物质的、可以用自然科学的精确性指明的变革，一种是人们借以意识到这个冲突并力求把它克服的那些法律的、政治的、宗教的、艺术的或哲学的，简言之，意识形态的形式。"① 这段话显然是描述性—解释性的观点，它的基本思想是意识形态是人（社会）的一种存在状态，通过意识形态批判可以揭示人类的生存状况，并且这种生存状况是可以改变的。在《德意志意识形态（节选）》中，马克思更明确地说："意识在任何时候都只能是被意识到了的存在，而人们的存在就是他们的现实生活过程。"② 因为在马克思的思想中，"不存在社会意识之外的'意识'，'意识'与社会意识乃是一个概念"③。

### 2. 道德是意识形态

道德是意识形态，这个判断不是马克思拒斥道德的理由，相反，这正是马克思批判社会现实（尤其是资本主义社会）的方式之一。这个判断的批判意义在于，既然意识形态是人（社会）的一种存在状态，那么对社会现实的批判就不能不对道德等意识形态形式给予批判和揭露。并没有如阿尔都塞所说的那样，马克思把一切的意识形态看成是纯粹的幻想或虚假，

---

① 《马克思恩格斯选集》（第2卷），人民出版社1995年版，第33页。

② 《马克思恩格斯选集》（第1卷），人民出版社1995年版，第72页。

③ 俞吾金：《意识形态论》，上海人民出版社1993年版，第126页。

马克思在《德意志意识形态（节选）》中对国家、宗教等意识形态予以了客观的、本质的批判。马克思认为黑格尔的国家观是抽象的，但这种抽象正是作为近代产物的"国家本身的抽象"的体现。[①]宗教也是这样。马克思进一步指出："人不是抽象的蛰居于世界之外的存在物。人就是人的世界，就是国家，社会。这个国家、这个社会产生了宗教，一种颠倒的世界意识，因为它们就是颠倒的世界。""宗教里的苦难既是现实的苦难的表现，又是对这种现实的苦难的抗议。"[②]并不是像某些分析马克思主义者所认为的，马克思因为道德是意识形态而完全拒绝从道德方面批判资本主义社会，实际上马克思从道德方面有力地揭露了资本主义社会的真实现实。马克思说："同吉尔巴特一起说什么自然正义，这是荒谬的。……这种经济交易作为当事人的意志行为……表现在法律形式上，这些法律形式作为单纯的形式，是不能决定这个内容本身的。……在资本主义生产方式的基础上，奴隶制是非正义的；在商品质量上弄虚作假也是非正义的。"[③]伍德认为，马克思并没有批判资本主义生产方式是非正义的，这是对马克思的误解。这里的"正义"是描述性—解释性的判断，是客观的揭露，并且包含了对资本主义生产的批判。在马克思看来，既然"在资本主义生产方式的基础上，奴隶制是非正义的"，那在社会主义生产方式的基础上，资本主义必然是非正义的。

### 3. 道德是"意识形态的"

道德是"意识形态的"这个判断才是评价性的，而且是否定性的、批判性的意义，在马克思的话语中这个判断是指在"妨碍人类的福祉，或更为宽泛地说，阻碍人类生存条件的优化或改善"这个意义上被批判的。这一类的道德理论和观点，是指前社会主义时期的道德，尤其是资产阶级的

---

① 俞吾金：《意识形态论》，上海人民出版社1993年版，第284页。

② 《马克思恩格斯选集》（第1卷），人民出版社1995年版，第1、2页。

③ ［德］卡尔·马克思：《资本论》（第3卷），人民出版社1975年版，第379页。

道德观。这类道德不只是虚假的、误导性的，最主要的是它们"妨碍人类的福祉，或更为宽泛地说，阻碍人类生存条件的优化或改善"。马克思使用的分配正义概念就是一个"意识形态的"批判概念。马克思认为，在资本主义生产关系之下，非劳动者掌握着生产资料，而劳动者除了自己的劳动力之外一无所有，这样的状况决定了劳动者在分配领域的弱势地位，倘若生产资料属于集体财产，那情况就会发生极大的改变。① 坚持这种资本主义的分配正义观，就会"妨碍人类的福祉，或更为宽泛地说，阻碍人类生存条件的优化或改善"。这样的正义观是被马克思拒斥的。马克思进一步指出："在每个历史地出现的社会中，产品分配以及和它相伴随的社会之划分为阶级或等级，是由生产什么、怎样生产以及怎样交换产品来决定的。"② 这就是资本主义社会的真实现实，马克思不是要肯定它，而是揭露和批判它。

马克思批判和拒斥资本主义分配正义，并不意味着他摒弃一般分配正义理念，只是马克思没有停留在对抽象的分配正义分析上，而是揭示了正义的现实根源。他说道："如果在考察生产时把包含在其中的这种分配撇开，生产显然是一个空洞的抽象；相反，有了这种本来构成生产的一个要素的分配，产品的分配自然也就确定了。"③ 传统的抽象的正义观反而丧失了批判的功能，它脱离了物质生产的实践谈论分配正义，错误地将某个阶段的正义视为正义的全部。正因为如此，马克思才拒斥它。

## 二、马克思的非"意识形态的"描述性道德判断

按照马克思的观点，道德作为一种意识形态，是由物质生产实践活动

---

① 《马克思恩格斯文集》（第 3 卷），人民出版社 2009 年版，第 436 页。
② 《马克思恩格斯文集》（第 3 卷），人民出版社 2009 年版，第 547 页。
③ 《马克思恩格斯文集》（第 8 卷），人民出版社 2009 年版，第 20 页。

与社会关系决定的，具有不同的历史形式。他不同时期著作中都有从现实的物质生产关系或真实的集体关系中表达对真实道德的赞美与憧憬。如，他的"最能为人类而工作"的职业理想表达，个人的自由解放与真实的共同联合体的道德关系，以及从必然王国到自由王国的预想。在马克思那里，道德作为意识形态，更多地表明了道德是人对客观世界的描述性把握，是非"意识形态的"意义。在马克思的文本中，实际上存在道德是意识形态与道德是"意识形态的"这样的区分意义。那种认为所有的道德是"意识形态的"这个观点，在马克思的理论中是不可能成立的。竟如佩弗所说的，人类的福祉和人类生存条件的优化或改善这样的观念正是道德的观念，这样的观念正是马克思所追求的。

### （一）马克思没有滥用道德概念

#### 1. 马克思著作中存在对道德概念的两个"重大误解"

在区分道德意识形态和道德是"意识形态的"这两种意义的情况下，还是有一些分析马克思主义学者认为即使马克思主张道德是意识形态，基于这样的描述性道德判断马克思也会拒斥道德。佩弗认为，这种观点可能是因为道德概念在马克思的著作中的使用存在某种使人产生"混乱"理解的可能性。"在马克思的时代，道德的观念确实还是令人迷惑且神秘的。不仅在道德分析中被证明富有成效的分析——语义哲学的技巧和方法还没有形成，而且构成元伦理学主题的问题还没有被提出来。"[①] 分析马克思主义的一些学者们运用分析哲学（即语义哲学）和元伦理学的方法来研究和解读马克思的道德理论或道德概念时，他们认为马克思持有"混乱的道德

---

① ［美］R.G.佩弗著，吕梁山、李旸、周洪军译：《马克思主义、道德与社会正义》，高等教育出版社 2010 年版，第 277 页。

观"①。他们断定，由于马克思持有"混乱的道德观"，因此马克思是在对道德概念存在重大的误解的基础上而拒斥道德的。他们认为马克思表现出对道德概念的第一个重大误解是，"运用道德陈述（即作出道德判断等）使人陷入与他们的那种理性的、科学的、唯物主义的世界观不一致的不可接受的本体论或认识论立场"②。他们的意思是马克思拒斥对社会状况和社会制度做出道德判断，是因为任何道德判断都会使人陷入与他的唯物主义的世界观不一致的、不可接受的本体论或认识论立场。他们这样解读马克思的道德理论，首先在于他们没有在马克思的文本语境中区分道德是意识形态与道德是"意识形态的"这两个不同的意义，其次在于他们认为马克思的实践本体论和认识论不需要道德的论证，或者与道德是不相容的。

他们认为在马克思对道德概念的第二个重大误解是，"运用道德陈述使人们陷入这样的观点，认为对道德理论和原则的传播和灌输是使人们的生存条件得以优化或改善的首要的、或起码是最重要的方面之一"③。运用道德判断会让人认为人的生存条件得以优化或改善的首要的方式是道德的传播和灌输，而这样的主张是不符合唯物主义世界观的。他们认为，正因为马克思对道德概念是这样的理解，所以他才拒斥道德。

### 2. 正确解读马克思文本中的道德概念

如何在马克思文本语境下正确地解读他的道德概念，上述两种误解果真是因为马克思持有的"混乱的道德观"吗？

在马克思的文本语境中，关于道德的表述总是与意识形态概念相关。从道德起源的角度谈道德时，马克思说："人们自觉地或不自觉地，归根

---

① ［美］R.G. 佩弗著，吕梁山、李旸、周洪军译：《马克思主义、道德与社会正义》，高等教育出版社 2010 年版，第 278 页。

② ［美］R.G. 佩弗著，吕梁山、李旸、周洪军译：《马克思主义、道德与社会正义》，高等教育出版社 2010 年版，第 278 页。

③ ［美］R.G. 佩弗著，吕梁山、李旸、周洪军译：《马克思主义、道德与社会正义》，高等教育出版社 2010 年版，第 278 页。

到底总是从他们阶级地位所依据的实际关系中——从他们进行生产和交换的经济关系中，获得自己的伦理观念。"① 道德的产生和消亡决定于现实的物质生产活动和物质生产关系的变更，并且在阶级社会里，代表和反映了一定阶级的利益。这个论述中的道德概念泛指一切阶级的道德。马克思反对任何形式的道德说教，他认为以纯粹思想的批判代替反对现存制度的实际斗争是软弱的，不赞同对资本主义的批判仅仅停留于进行道德的谴责，"这种诉诸道德和法的做法，在科学上丝毫不能把我们推向前进；道义上的愤怒，无论多么入情入理，经济科学总不能把它看做证据，而只能看做象征"②。可是，这些方面的道德概念的表达并不能说明马克思持有"混乱的道德观"，正如尼尔森所认为的，除了其他形式的表达，道德可以以意识形态的形式来表达。

尼尔森仍然认为，马克思将道德直接表述为"道德是意识形态"，也不意味着马克思因此而拒斥道德。尼尔森认为有必要将马克思的道德概念放到他的意识形态和上层建筑之间的关系的语境中去解读，他指出："成为上层建筑是成为意识形态的必要非充分条件，所有的意识形态属于上层建筑，但并不是所有的上层建筑都属于意识形态。"③ 换言之，尼尔森认为，在马克思的意识形态和上层建筑之间的关系的语境中，不是所有的处于上层建筑的道德都是意识形态。尼尔森断定，马克思对资本主义的道德批判不属于意识形态的范畴，"没有理由去相信马克思会把自己的和他密切的、值得信赖的伙伴们（包括恩格斯）的道德信念看作是意识形态"④。

在上一节中已经阐述了，在马克思的文本语境中，意识形态与"意识

---

① 《马克思恩格斯文集》（第 9 卷），人民出版社 2009 年版，第 99 页。

② 《马克思恩格斯文集》（第 9 卷），人民出版社 2009 年版，第 156 页。

③ Kai Nielsen, *Marxism and the Moral Point of View*: *Morality*, *Ideology and Historical Materialism*, Colorado: Westview Press, 1989, p125.

④ Kai Nielsen, *Marxism and the Moral Point of View*: *Morality*, *Ideology and Historical Materialism*, Colorado: Westview Press, 1989, p126.

形态的"是有区分的，前者是描述性、解释性概念，是作名词使用的，后者是评价性概念，是作形容词使用的。在马克思的文本语境中，关于道德概念的表述总是与意识形态概念相关，在区分意识形态与"意识形态的"语境中，一方面马克思并不是在道德是意识形态这个意义上，拒斥用道德批判资本主义，也没有在这个意义上拒绝用道德的方式论证社会主义（共产主义）的优越性、合理性。另一方面，在"意识形态的"意义上的道德概念是否定性的、批判性的，马克思也没有完全拒斥这种意义上的道德，马克思正好是用这种否定性、批判性道德来否定、批判以前的统治阶级的道德理论和观点，尤其是资产阶级的。与其说马克思拒斥道德，还不如说马克思是区分了道德的描述性、解释性功能与道德的否定性、批判性功能而分别加以对待的。在道德的描述性、解释性意义上，马克思用道德来解释人（社会）的现实存在方式；在道德的否定性、批判性意义上，马克思用道德来批判现存社会的黑暗和社会制度的不合理。尼尔森也曾认为："马克思主义不是抛弃或拒绝道德本身，而是拒绝在阶级社会普遍存在的意识形态的道德。"①这两种意义上的道德概念，在马克思的许多语境中既是有区分的，又是共同对现存社会状况和社会制度起到批判作用的。马克思对道德说教和意识形态的道德的批判，不是对所有意义上的道德的抛弃。

### 3. 马克思运用的道德概念的基本思想

马克思著作中有关道德概念的表述，其基本思想是想说明在阶级社会里道德观念的产生有怎样的社会根源，道德理论和观点有什么性质的社会功能，以及这种功能通常是怎样实现的。上述两种意义的道德概念，在很大程度上是伦理学与社会学之间的解释性概念。因而，马克思文本中的道德概念不属于元伦理学或规范伦理学的范畴。尼尔森的分析是非常客观

---

① Kai Nielsen, *Marxism and the Moral Point of View*: *Morality*, *Ideology and Historical Materialism*, Colorado: Westview Press, 1989, p255–256.

的，他说马克思的道德概念的表述"不是现在我们称之为的对道德概念的元伦理学的陈述，不是任何一种关于道德是什么的语义学的主张，也不是关于我们如何判断对错的认识论意义上的主张。相反，它应该被看做是一种道德社会学的主张"①。

### （二）马克思的非"意识形态的"道德判断

在马克思的文本中存在许多非"意识形态的"道德判断，如，当他谈到未来社会美景时，坚信"只有在不仅消灭了阶级对立，而且在实际生活中也忘却了这种对立的社会发展阶段上，超越阶级对立和超越对这种对立的回忆的、真正人的道德才成为可能"②。

#### 1. 马克思的道德概念不是规范伦理的意义

马克思对于道德概念的表述，基本上不是在规范伦理学意义上做出道德的应然性判断，因为"规范伦理学主要回答一个行动何以成为道德的行动，以及决定道德上对错的根本原则是什么的问题，它试图寻求所有行动在道德上正确和错误的标准"③。马克思做出描述性的道德判断，如对道德起源和功能的解释学描述，并不意味着马克思通过这些表述来解决某种行为应当与否的问题，也不意味着马克思解释了某种道德观念的成因和功能就是论证它们的合理性、正当性。威廉·肖对此认为，"一个人（阶级，社会）持有一定信念的原因和对这种信念的证明之间是存在基本的区别的。"④马克思的描述性判断只是对道德现象的一种事实陈述，并不包含对道德本身做出价值判断。哪怕是马克思反对道德说教和"意识形态的"道

---

① Kai·Nielsen, *Marxism and the Moral Point of View*：*Morality*，*Ideology and Historical Materialism*，Colorado：Westview Press，1989，p109.

②《马克思恩格斯文集》（第9卷），人民出版社2009年版，第100页。

③ Shelly Kagan，*Normative Ethics*，Colorado：Westview Press，1998，p2.

④ William Shaw，"*Marxism and Moral Objectivity*" *Marx and Morality*，Kai Nielsen and Steven Patten（eds）. Guelph：Canadian Association for Publishing in Philosophy，1981，p26.

德，也不意味着他反对道德本身，这是事实性判断，不意味着他完全就没有自己道德价值立场。

**2. 辨析分析马克思主义学者认为马克思存在道德概念的两个"重大误解"的原因**

最后我们可以得出这样的结论：一是马克思的思想中并不持有的"混乱的道德观"；二是前面提到的关于马克思拒斥道德是因为马克思对道德概念存在两个重大误解，并不是马克思的"重大误解"，而是分析马克思主义中某些学者的语义分析的结果，更不是由于马克思持有的"混乱的道德观"造成的。那些认为马克思对道德概念有误解的分析马克思主义者断定，马克思认为一个像"X 是好的"这样的陈述，如果这样的陈述不涉及描述或解释 X 的某些看得见的属性，客观的、物质性的属性，那么这种陈述是多余的并且应当被清除；而如果这种陈述是描述或解释的，并且词语"好的"是用来描述某种"永恒的、不变的实体"和"超凡的"道德原则，如《圣经》中或自然法中，或描述世界历史中所固有的某种道德原则或世界精神的发展，那实际上就是陷入了唯心主义的本体论立场。按照分析马克思主义学者的这种观点，只有"X 是好的"这样的陈述，涉及的是描述或解释 X 的客观的、物质性的属性，才能被马克思接受。在当代元伦理学理论的意义下，"X 是好的"这样的陈述不可能是描述 X 的客观的、物质性的属性，只能是评价性的判断，所以分析马克思主义的一些学者自然就得出马克思完全拒斥道德的结论了，认为马克思是误解了描述性和评价性道德判断具有同样的结构和作用。这实际上是分析马克思主义学者运用元伦理学方法，所造成的遗失马克思的实践话语和辩证法而做出的错误分析。

**（三）马克思没有在元伦理学意义上使用道德概念**

分析马克思主义学者所持的马克思的道德观中存在的对道德概念的第

二个重大误解的理由也是有问题的。他们的理由是，在马克思的一些言论中存在这类误解道德的观点，如马克思在《神圣家族》中这样阐述："道德就是'行动上的软弱无力'。它一和恶习斗争，就遭到失败。"①他们断定，马克思会认为道德理论和原则的传播和灌输是软弱无力的，不可能是使人们的生存条件得以优化或改善的最重要的方面之一。不如说这是分析马克思主义一些学者对马克思的道德理论的重大误解。

其一，所谓的"第二个重大误解"不能成立。因为，事实上马克思没有像休谟、康德那样去建构一个道德形而上学的理论体系，他主要是说明各种阶级社会中道德的起源及其社会功能。马克思拒斥道德，也只是在旧道德形而上学的意义上拒斥道德，而不是拒绝一切道德观念。在马克思看来，道德的意义不能用抽象的概念、空洞的说教，甚至是形而上学的理论来论证，主要在于物质生产实践和社会革命能够给人的生活、生命意义和精神带来福祉来说明。

其二，马克思不会也不可能运用像摩尔所开创的元伦理学那样，以语言分析的方法去揭示道德是什么。所谓马克思对道德概念的"重大误解"，只不过是分析马克思主义的某些学者用元伦理学的方法分析出道德概念的某种意义，然后又将它作为标准的道德概念来衡量马克思文本中的道德概念所做出的判断。用这样的道德概念标准来衡量马克思文本中的道德概念，这种理解本身是不合理的。

元伦理学（meta-ethics）是相对于传统规范伦理学（normative ethics）而言的一种伦理学理论，是对传统规范伦理学的批评和超越。在马克思的时代，西方还没有兴起元伦理学，这是一个事实。马克思的道德概念不可能是"什么是'善'"这样的元伦理学意义的阐述和论证；马克思的道德概念也不是"什么是善的事物或行为"这种传统规范伦理学意义的。马克

---

① 《马克思恩格斯全集》（第 2 卷），人民出版社 1957 年版，第 255 页。

思持有的应该是实践的道德观。所谓"实践的"是指人的自由自觉的现实活动，不仅仅指称个人的行为，指向的是大写的人，是物质生产为其基本形式。实践，作为人的独有的活动，是人（社会）的存在方式。以历史的、联系的、发展的观点研究某种时期的人实践活动的特性，才能揭示这个时期的社会状况的本质。马克思的道德批判，也正是从实践的视角来揭示当时的社会现状的。我们把握马克思的实践话语方式才是正确解读马克思的道德概念和道德判断的关键。

# 第四节 道德相对主义与道德客观主义

马克思在他的历史哲学理论中激烈地批判资产阶级的道德，认为道德具有阶级性，道德是由一定的社会经济结构所决定的。这是否意味着马克思坚持道德相对主义？如果不是，马克思以什么标准确立道德的有效性，即客观性？这也是分析马克思主义学者们之间激烈争论的问题之一。

## 一、马克思实践的道德客观主义立场

即使马克思的历史哲学理论与道德之间是相容的关系，在分析马克思主义学者中依然还存在一个争议、一个需要论证的问题，马克思（包括马克思主义）是否坚持某种道德或伦理的相对主义。或者说，马克思的道德理论和道德原则的基础是主观的、相对的还是客观的、绝对的。如果马克思坚持道德相对主义立场，那马克思的道德判断，包括他的规范性政治立场的道德判断，就不是理由充分的。

### （一）道德相对主义与道德客观主义

#### 1. 道德相对主义与道德客观主义的区分

自古以来，哲学家们对是否存在客观确定的道德一直争论不休。围绕此问题，在争论中形成了道德相对主义与道德客观主义两种主张，前者肯定道德的特殊性、相对性和主观性而否定道德的一般性、绝对性和客观性，后者却认为道德是二者的对立统一。从社会多元的道德现象和道德理论的多门派来看，道德的特殊性、相对性和主观性容易被人们接受，似乎道德相对主义很有说服力。道德的一般性、绝对性和客观性，是不能直接被认识到的，它是理性认识的结果，不容易被人们一致认可。

### 2. 道德相对主义的不足

道德相对主义认为，没有一致的道德标准，道德的客观基础是不能被认识的，道德的效力是地方性的，道德主张是个人的善恶表达、没有绝对的对错之分，不存在普适的道德真理，所有的道德判断都是对具体道德问题而言的。它甚至认为人们之所以能够融洽相处，不是因为某种道德理论能为人们的道德判断提供可靠的、客观的基础，道德是特定文化的产物，不存在普适的一般道德。

道德相对主义混淆了道德准则与道德法则，对此康德早有精辟的论述："如果这个条件只被主体看作对他的意志有效的，这些原理就是主观的，或者是一些准则；但如果那个条件被认识到是客观的，即作为对每个有理性的存在者的意志都有效的，这些原理就是客观的，或者是一些实践的法则。"[1] 即使从超越康德的形式主义绝对命令来看，道德相对主义也是有错误的。"把道德当作一种主观意识的产物是道德相对主义的根本结论。在它看来……根本不存在作为科学研究对象的自然事物那样的客观的道德事实领域。"[2] 道德相对主义不但混淆道德准则与道德法则，还混淆了道德的形式与内容。道德在形式上是主观任意的，表现为风俗、习惯等，在内容上是由人的现实的社会关系、物质条件决定人们的社会行为应该如何的道德价值判断。道德客观主义则认为，不同地区、民族，不同时代的道德呈现出多样性和特殊性，只能表明具体的道德规则是相对的或被特定文化限定的，但这不意味着最终的道德法则是相对的或被特定文化限定的。

---

① ［德］伊曼努尔·康德著，邓晓芒译：《实践理性批判》，人民出版社 2003 年版，第 21 页。

② Barbara Mackinnon, *Ethics*: *Theory and Contemporary Issues*, London: Wadsworth Publishing Company, 1995, p14.

### 3. 分析马克思主义学者对道德相对主义的接受

在分析马克思主义学者运用语言分析、逻辑分析和元伦理学的方法的情况下，是否存在客观的确定的道德，即道德的客观性基础，这种讨论表现出不同以往的情况。道德相对主义容易获得更多方法论上的支持和逻辑上的论证。大多数分析马克思主义者认为，事实和价值是两个截然分离的概念，道德判断和原则不能寻找到事实的客观依据。尤其是在逻辑实证主义者看来，只有科学特别是物理学是以描述性语言对客观世界的记录为基础的，科学与人的情感、利益以及文化等价值因素毫无关系，具有客观性。道德伦理，作为价值判断的理论系统，使用的是评价性、表达性的语言，与人的情绪、需求密切相关，无所谓真假，不具有客观性。卡尔纳普直截了当地指出："在形而上学领域里，包括全部价值哲学和规范理论，逻辑分析得出下面结论：这个领域里的全部断言陈述都是无意义的。"[①]

### （二）马克思并不坚持规范性道德相对主义

### 1. 马克思不会坚持任何一种道德相对主义

分析马克思主义学者中有一种观点认为马克思坚持道德相对主义的观点。如果他们的观点是对的，那么马克思坚持的会是哪种道德相对主义。道德相对主义可以区分为四种：描述性的、规范性的、元伦理的、元评价性的。[②]

描述性道德相对主义认为，因个人、国家或文化的差异，人们会认为在道德上什么是对的、什么是错的，即是非观。规范性道德相对主义认为，因个人、国家或文化的差异，人们会根据各自的是非观来决定在道德

---

① ［美］保罗·鲁道夫·卡尔纳普：《通过语言的逻辑分析清除形而上学——逻辑经验主义》（上卷），商务印书馆 1982 年版，第 13 页。

② ［美］R.G. 佩弗著，吕梁山、李旸、周洪军译：《马克思主义、道德与社会正义》，高等教育出版社 2010 年版，第 290 页。

上什么是对的、什么是错的。元伦理道德相对主义认为，没有可靠的方法能证明在道德上什么是对的、什么是错的，即理性的人们不会接受某种唯一的特定的道德原则。元评价性道德相对主义认为，没有确定可靠的方法保证人们根据各自的是非观念，从而来决定在道德上什么是对的、什么是错的。[1]按描述性道德相对主义的观点看，即使承认不同的人有着不同的是非观，也不意味着事实上的正确与错误会因是非观的不同而不同。描述性道德相对主义对道德的客观性的破坏无关紧要。元伦理道德相对主义和元评价性道德相对主义也不会影响人们接受某种正确的道德原则或反对某种错误的道德原则和行为。只有规范性道德相对主义的接受是非常有害，甚至可怕，按照它的观点，因个人、国家或文化的差异，人们会根据各自的是非观来决定在道德上什么是对的、什么是错的，那可能导致遵守某种反人类的是非观的行动被判定是道德的，如法西斯主义的残暴行为，根据他们的是非观是可以被规定为道德的行为，但这是很可怕的结论。

### 2. 马克思尤其不会坚持规范性道德相对主义

马克思会不会坚持规范性道德相对主义呢？柯亨认为，在马克思的历史唯物主义当中，普遍地忽视对规范性判断和原则的正当性作出辩护，他坚信他自称的"科学社会主义"是奠立在实际的历史与经济分析的事实性基础上，主体性的规范性对于符合历史的必然性的未来美好社会是多余的，没有必要像空想社会主义学家那样对理想中的完美社会进行详细的规范性描绘。柯亨的分析和判断是与马克思的立场相吻合的。但柯亨的主要目的不在此，他试图在规范性原则和判断方面补充马克思的理论，柯亨认为当今生态危机和无产阶级解体的情况，越来越使得具有历史必然性的未来共产主义的实现变成虚妄，美好的社会不会因它具有历史的必然性

---

[1]　［美］R.G. 佩弗著，吕梁山、李旸、周洪军译：《马克思主义、道德与社会正义》，高等教育出版社 2010 年版，第 290 页。

而"自然地"实现，在这种条件下规范性原则和判断是必要的。柯亨指出，马克思基本认为的社会平等和公正是生产力发展和物质财富达到一定程度的必然结果，他们对之不予以关注，"对平等的原则或其他价值观与原则，马克思主义者并不十分关注，因而亦从未做过深入探究。相反，他们将注意力与精力集中于外围的事实性外壳上……"①之所以不重点探究平等和公正问题，是因为马克思认为物质丰富导致平等的实现具有历史必然性，仔细思考平等为什么在道义上是正确的或者在理论上研究平等为什么受欢迎都是在浪费时间。更因为他诉诸这样的"外围的事实性"分析，一是资本主义社会的基本矛盾的存在与加剧，二是工人的极度贫困和有组织的工人阶级的兴起，终有一天会爆发无产阶级革命，将不平等的社会埋葬，三是生产力的不断发展，将使得社会财富极大丰富，可以充分满足人们的各种生活和发展的需要，最终实现平等。

马克思曾经认为，通过生产力的发展，社会达到非常富裕的状态时，就可以实现平等和公正，"在马克思看来，物质上的富足不仅是平等的充分条件，而且是必要条件；不仅是平等的前提，而且是合理高尚的社会的前提"②。然而，新科技革命以来，西方资本主义社会发展变化使得追求社会主义平等和正义变得更为遥远，当前生态危机的加剧严重地威胁着整个人类的安全，通过物质的富足来获得平等越来越不够现实，还因为随着资本主义生产自动化和专业化程度日益提高，无产阶级队伍不断被分化，特别是无产阶级不再陷入深受剥削和极度贫困状况，尽管他们受剥削但不一定是极度贫穷了。柯亨指出，这样一来，规范性问题不得不提上日程，无产阶级的思想理论家必须开始关注规范性政治哲学和道德哲学，为了

---

① ［英］G.A.柯亨著，施政欣译：《如果你是平等主义者，为何如此富有？》，北京大学出版社 2009 年版，第 131 页。

② ［英］G.A.柯亨著，施政欣译：《如果你是平等主义者，为何如此富有？》，北京大学出版社 2009 年版，第 146 页。

使社会主义信仰得到合理的辩护，有必要对价值观与道德原则进行阐释、规范。

柯亨对马克思的社会理论予以规范性原则和判断的补充，恰好说明了马克思没有持规范性道德相对主义立场。

### 3. 道德相对主义对马克思的道德立场和原则的破坏

道德相对主义会破坏道德的客观性，如果说马克思坚持道德相对主义，那就会导致马克思对资本主义的道德批判没有正当性根据，其批判就不能被广泛接受。分析马克思主义的美国著名学者威廉·肖，在他的《马克思的历史理论》和《马克思主义与道德客观性》，以及《马克思主义者的道德理论》著作中对这方面做了系统研究。威廉·肖认为唯物史观与道德理论之间是相容的关系，说："唯物史观提供了一个道德的社会学理论。"[①] 威廉·肖对那种认为唯物史观与道德、道德客观性不相容的观点做出反驳，论证马克思的唯物史观不存在道德历史相对主义的缺陷。对马克思的道德的客观性予以辩护，要面对的一个严重问题是：唯物史观究竟是否会导致元道德相对主义或规范性相对主义。分析马克思主义学派中持马克思的唯物史观将导致道德相对主义观点的学者提出的理由是：（1）唯物史观证明了道德标准的多样性；（2）唯物史观证明了道德标准的历史适用性；（3）唯物史观证明了道德信念的因果起源。对于这里的第一个理由，威廉·肖的批评是指道德标准的多样性仅仅意味着多样性的事实存在，不意味着所有的观点都是合理的，它不会导致元道德相对主义。对于第二个理由，威廉·肖认为多样的道德标准的历史性意味着它们对各自的社会起着适当的功能，也不会导致任何一种道德相对主义。对于第三个理由，威廉·肖认为唯物史观对道德信念的起源和为道德力量寻求根

---

① William H.Shaw, Marxism and Moral Objectivity, in Kai Nielsen, Steven C. Patten eds., Marx and Morality, *Canadian Journal of philosophy-supplementary*, Volume 7（1981）, p19.

据，这个事实不具有相对主义的含义，道德信念的起源与道德法则的对错评价并不相关。最后威廉·肖得出结论说："唯物史观并不导致规范性相对主义，也不导致元道德相对主义。"① 根据威廉·肖的深刻驳斥，可以表明马克思没有坚持任何的道德相对主义。

### （三）马克思实践的道德客观主义

#### 1. 道德"语境主义"的客观主义

对于马克思的唯物史观中的道德判断和原则的标准是否具有客观性，即有效性，尼尔森提出道德"语境主义"的客观主义观点来做解释。他认为持马克思的道德判断是非道德主义、相对主义、主观主义或者虚无主义的观点都是错误的，"接受道德原则的语境主义至少与唯物史观是相容的，道德语境主义具有与众不同的客观性"②。语境主义者主张道德信念会随情况的改变而改变，但尼尔森认为这种观点不会导致某种相对主义的结论。语境主义与相对主义有某些相似之处，实际上二者有着很大的区别：道德语境主义的观点是说客观情况的改变可以为道德的改变提供依据和辩护，而相对主义的本意是指，主观的态度、社会信念、阶级、个人的信念体系成了不同的道德信念或评价体系的辩护依据。一个是客观的，一个是主观的。尼尔森认为道德语境主义符合"社会存在决定社会意识"这样的唯物史观的原理，它可以有力地论证道德与唯物史观的辩证关系、道德信念的客观性、道德理论的合法性。

#### 2. 道德价值植根于客观性实践之中

马克思创立唯物史观与其追求自由、解放的价值密不可分。马克思仍

---

① William H.Shaw，Marxism and Moral Objectivity，in Kai Nielsen，Steven C. Patten eds.，Marx and Morality，*Canadian Journal of philosophy-supplementary*，Volume 7（1981），p28.

② Kai Nielsen，*Marxism and the Moral Point of View*：Morality，*Ideology and Historical Materialism*，Colorado：Westview Press，1989，p131.

然是通过揭示生产力和生产关系、经济基础和上层建筑的矛盾运动规律来论证人类的解放最终是会实现的。人类由必然王国向自由王国迈进，意味着必然王国规定自由王国，自由蕴涵在必然之中，而不是相反，换言之，不能以自由价值为尺度来规范历史和未来社会，自由的实现只是一种结果。自由、平等、公正等价值理念的具体内容植根于客观性实践，不由规范性的主体性决定的。

最集中表明马克思坚持实践的道德客观主义的是他的精神生产理论。马克思在《德意志意识形态（节选）》中这样指出："思想、观念、意识的生产最初是直接与人们的物质活动，与人们的物质交往，与现实生活的语言交织在一起的。……人们是自己的观念、思想等等的生产者，但这里所说的人们是现实的，从事活动的人们……"①马克思的精神生产理论，是在批判黑格尔、费尔巴哈以及亚当·斯密、施托尔希等的精神生产理论的基础上的继承和发展。在马克思的观点里，精神生产没有规范性的意义，不像黑格尔的精神生产理论那样——绝对精神的形成、异化、复归，从而达到规范整个的人类历史。对于道德观念和道德理论，在马克思看来，一样地不过是人们物质关系的直接产物，而且是历史性的产物，所以马克思从来没有从道德的方面来规范社会生活、人的行为和历史发展。

精神生产在一定的条件下获得某种程度的独立性，精神产物也不会成为促进社会运动和历史发展的第一位的动力。马克思指出："分工只是从物质劳动和精神劳动分离的时候起才开始成为真实的分工。……从这时候起，意识才能摆脱世界而去构造'纯粹的'理论、神学、哲学、道德等等。但是，如果这种理论、神学、哲学、道德等等和现存的关系发生矛盾，那末，这仅仅是因为现存的社会关系和现存的生产力量发生了矛盾。"②由于

①《马克思恩格斯全集》（第3卷），人民出版社1960年版，第29页。
②《马克思恩格斯全集》（第3卷），人民出版社1960年版，第35—36页。

任何方面的思想、精神和理论的地位是如此的"倒霉"，因而没有理由通过思想、精神和理论去规范物质世界和社会历史。

结论自然是，"思想的历史除了证明精神生产随着物质生产的改造而改造，还证明了什么呢？"①道德的历史也不过是证明精神生产随着物质生产的改造而改造而已。所以，规范性道德相对主义在马克思那里是不可能的。

### 3. 马克思实践的道德客观主义是主客体统一世界观

从马克思的文本中看，历史唯物主义是新的哲学世界观，不是纯经验的科学，也不是规范性的命题构成的原理。历史唯物主义强调对世界的改造和对未来世界的客观性预见，都是从主客体的相互作用的实践基础上理解整个历史的，是按照历史本身的尺度、立足现实基础来认识历史的。这种历史观是遵循实践性事实是什么来描述历史的，不是按照我们所认为的历史应该是怎样的去认识历史，甚至去"规定"历史。历史唯物主义找到了历史的实践的现实基础，从直接生活的物质生产出发，把生产力和生产关系理解为整个历史的基础。根据马克思的观点，以前的"一切历史观不是完全忽视了历史的这一现实基础，就是把它仅仅看成与历史进程没有任何联系的附带因素。因此，历史总是遵照在它之外的某种尺度来编写的；现实的生活生产被看成是某种非历史的东西，而历史的东西则被看成是某种脱离日常生活的东西，某种处于世界之外和超乎世界之上的东西。这样，就把人对自然界的关系从历史中排除出去了，因而造成了自然界与历史之间的对立"②。马克思的历史观没有任何的历史规范性判断和价值规范性导向，强调的是历史内在的尺度和现实基础，即人在实践活动中形成的人与自然的关系以及人与人的关系。

---

① 《马克思恩格斯文集》（第 2 卷），人民出版社 2009 年版，第 51 页。
② 《马克思恩格斯文集》（第 1 卷），人民出版社 2009 年版，第 545 页。

## 二、马克思历史哲学中道德原则和道德判断的正当性模式

在分析马克思主义者有关马克思历史哲学与道德理论的关系的争论中，历史和社会制度上的道德判断和原则是否有正当性，或称之为"客观性"，实质上是指道德判断和道德原则的可普遍化特性。他们认为在马克思以前，甚至 20 世纪以前的思想家们将道德判断和道德原则的正当性立足在某种先验的或内在固有的价值和原则之间的一致性上，而近现代哲学家拒斥这种道德正当性模式，主张一种基于主体间达成的一致性的道德正当性模式，但马克思没有采取这种方式。①

### （一）道德原则和道德判断的正当性模式的争论

#### 1. 以主体间的一致性作为道德原则和道德判断正当性模式

在各种模式中，分析马克思主义学者们基本认同主体间的一致性这种模式（或说策略）是最优的，因为它可以"避免对超自然的、先验的'永恒真理'或内在固有的、自我实现的道德原则的设想"②。

首先，不管认为主体间的一致性是道德判断和原则正当性的必要条件还是必要且充分条件，都会遇到这样的难题，即"它使道德变革或一种异质性的道德规范（或至少一个正当的异质性的道德规范）的存在成为不可能"③。佩弗举例说，一个以功利主义为导向的社会里，某些人持有康德主义道德规范就不能被认为是不正当的。为了避免这个难题，弗兰克纳主

①　[美] R.G. 佩弗著，吕梁山、李旸、周洪军译：《马克思主义、道德与社会正义》，高等教育出版社 2010 年版，第 304–305 页。

②　[美] R.G. 佩弗著，吕梁山、李旸、周洪军译：《马克思主义、道德与社会正义》，高等教育出版社 2010 年版，第 305 页。

③　[美] R.G. 佩弗著，吕梁山、李旸、周洪军译：《马克思主义、道德与社会正义》，高等教育出版社 2010 年版，第 306 页。

张，只能将道德判断和原则的正当性所需要的主体间一致性，视为一种纯粹的、假设的共识。

其次，主体间一致性这种道德正当性模式可以避免形而上学的无穷追问。但是，是不是任何的道德原则一定要取得主体间的一致同意才是正当的？具体说，是否说马克思的道德判断和原则的正当性也是奠定在主体间的一致性上？

### 2. 罗尔斯对主体间一致性正当性模式的论证

当今价值理论哲学家为解决道德判断和原则的正当性问题所做的努力中，约翰·罗尔斯是最高水平的，他运用原初状态和反思平衡法这两种方法来解决之。在《正义论》中，罗尔斯运用原初状态和反思平衡法来解决置于假定的选择状态下，对道德原则的哪些限制是合理的问题。为了保证道德原则的正当性（客观性），罗尔斯首先规定了原初状态的特征，在这种条件中当事人是自由的、理性的、相互冷漠的和相互不嫉妒，并且他们生活在"无知之幕"中。在这样的原初状态下，它可以"保证任何人在原则的选择中都不会因自然的机遇或社会环境中的偶然因素得益或受害。由于所有人的处境都是相似的，无人能够设计有利于他的特殊情况的原则，正义的原则是一种公平的协议或契约的结果"[①]。这里的正义原则，实际上是罗尔斯所说的"作为公平的正义"，它的正当性是因为主体间一致同意而获得的。罗尔斯强调的正当性（客观性）主要指公平、公正性。这种理想观察者的理论容易被人批评是空洞无物的东西，罗尔斯为避免这种批判，承认自己将实质性的道德原则加入假设的选择状态中，"原初状态在把相当明显的选择问题，同合理地公认地在选择道德原则时面临的条件统一到一个观念之中了。最初状态把在选择时所必要的明晰性和有关的伦理约束结合起来"[②]。这样，道德原则的正当性（客观性）取决于主体间的一

---

① ［美］约翰·罗尔斯著，何怀宏等译：《正义论》，中国社会科学出版社1988年版，第10页。

② ［美］约翰·罗尔斯著，何怀宏等译：《正义论》，中国社会科学出版社1988年版，第572页。

致。为了解决这种主体间的一致性问题，罗尔斯将反思平衡法和原初状态策略结合在一起，"从道德哲学的立场看，对一个人正义感的最好解释并不是那种跟他在考察各种正义观之前就具有的判断相适应的解释，而是那种跟他在反思的平衡中形成的判断相适应的解释"①。所谓反思平衡法，即在"公平的正义"理论通过处于原初状态的人们的一致选择以后，须与日常正义准则即深思熟虑的判断进行对照，看看是否能够一致，通过这个过程概括出一种包含有普遍原则的正义体系来。

　　罗尔斯的这两种方法是否能够确保道德判断和原则的正当性，或者说满足主体间的一致同意（共识）道德判断和原则的正当性就得以解决了吗？这两种方法其实是相互分离的，人们可以接受其中的一个而不接受另一个。马克思没有采取主体间的一致同意这种模式，因为这种模式不符合历史唯物主义立场。在这种模式下资产阶级哲学家甚至法西斯主义也可以建构某种符合他们的道德理论，只要这种道德理论具有内在的主体间一致性即可。在反思平衡的过程中，一些人会用道德理论使得社会上占统治地位的人的不正当的特权合理化。

### 3. 分析马克思主义者运用解释分析对道德正当性模式的解决

　　为了说明马克思的道德判断更具有正当性，或者说它比资本主义的支持者的道德判断的偏见更少，分析马克思主义者运用精神分析理论来诊断特权阶级、阶层将自身利益合理化的道德直觉和理论。但是，精神分析是不是真正的科学，是受到一些哲学家的质疑的。信任精神分析理论的法兰克福学派的哲学家们，为了发展真正完备的社会批判理论，他们将马克思主义与精神分析融合起来。顺便提及，对这两者融合到最高水平的是哈贝马斯的商谈理论。在哈贝马斯看来，规范（包括道德原则）的正当性，取决于只有所有个体处于自由而平等的对话参与者的地位，并且在"理想的

---

①［美］约翰·罗尔斯著，何怀宏等译：《正义论》，中国社会科学出版社1988年版，第45页。

对话处境"下对其达到理性的一致同意。哈贝马斯还看到了,理性的一致同意可以区分为"真正的"和"虚假的"。为了避免"虚假的"一致同意,他非常强调发展一种"交往能力"理论,以及"系统化歪曲"理论,这是运用精神分析的表现。哈贝马斯坚信自己所提出的一致同意是可以实现的,只要提供"理想的对话处境"所需要的社会制度,这区别于罗尔斯的纯粹假设性的原初状态下的主体间的一致同意。他们两个人的区别主要在于,一个是如何在理论上保证主体间的一致同意,一个是如何在实践上保证主体间的一致同意。这种区分对于马克思来说,即使他承认在理论层面有可能存在某种主体间的一致同意,也不会认为在实践上的阶级对立中可能存在主体间的一致同意。

### 4. 罗尔斯以"重叠一致同意"进一步回应主体间一致性模式

罗尔斯的原初状态下的主体间的一致同意,因为是纯粹假设性的而容易受到社群主义者(麦金泰尔、泰勒、桑德尔等)的批评。后来罗尔斯作出一种回应,从原初状态下的主体间的一致同意解决原则的正当性,转向一种民主、自由社会下的"重叠一致同意",以达到实践层面上为规范和社会制度的正当性提供可能性解决。罗尔斯承认这一方法只能适用于有民主宪政制度的自由社会,而不是所有的社会。可以说罗尔斯最终没有全面解决对社会正义原则的正当性问题。他的"重叠一致同意"方法同样受到社群主义的批评,"(1)它仍然基于权利的观念;(2)它仍然接受正义为社会制度的首要善;(3)它预设了一个多元的社会并且将国家的职能视为仅仅调整利益的冲突"①。

总之,罗尔斯较多地继承了康德的义务论的传统,按照康德的观点,道德判断和原则的正当与否的标准不在于质料(幸福或功利),而在于形式。然而,麦金太尔则较多地恢复了亚里士多德和密尔的目的论传统,亚

---

① [美] R.G. 佩弗著,吕梁山、李旸、周洪军译:《马克思主义、道德与社会正义》,高等教育出版社 2010 年版,第 321-322 页。

里士多德和密尔的观点是，道德判断和原则的正当与否的标准在于其是否有助于实现幸福或功利。哈贝马斯则在反对罗尔斯和麦金太尔的基础上，提出了道德商谈的方法来解决规范的正当性问题。这是西方哲学界对道德判断和原则的正当与否问题争论的基本线索，但这种争论仍未结束并将继续下去。

### （二）马克思的道德原则和道德判断的实践正当性模式

#### 1. 马克思对主体间一致性的道德正当性模式的拒绝

站在马克思的阶级分析立场看，罗尔斯的新古典主义倾向过于信赖社会契约论，他的"重叠一致同意"在任何一个现存资本主义社会或者后资本主义社会里，都是不可能的。这种反对意见不仅限于马克思主义者。

在罗尔斯的原初状态下或者在哈贝马斯的理想对话状态下能达成主体间的一致同意，是否就意味着道德原则的正当性基础就奠定了？不管是在哪种时代、哪种社会，尤其是在阶级利益分离和对抗的情况下，主体间的一致同意的选择策略和方法在理论上的解决不能有效地在实践上使道德原则和道德判断的正当性获得解决。有些人，如法西斯主义者偏执于"优等民族"或"元首"非理性的狂热中，他们根本就不接受理性的、人道主义的选择。

马克思的历史哲学理论中的道德判断和原则的正当性不是也不可能建立在主体间的一致同意上——理论上和实践上都是这样。马克思的思想理论公开宣称是为无产阶级的革命武器，它没有必要采取主体间的一致同意的模式为其原则的正当性作辩护。更重要的理由是：

第一，本质上，主体间的一致同意解决的只能是规则的存在和达成，不能有效解决道德原则和道德判断的正当性。用康德的话说是，"无规则即是无理性"①。这里的理性无非是指主体间的一致同意，因为在康德那里，

---

① ［德］伊曼努尔·康德著，许景行译：《逻辑学讲义》，商务印书馆 2010 年版，第 129 页。

最能体现理性的是最高规则的法则，即普遍化的客观性。哈贝马斯也如此强调，没有主体间性就没有规则。主体间的一致同意使得"意义"从特殊性转化为普遍性，获得普遍性的"意义"即意味着普遍性的法则对行为或社会制度可以产生影响力。但是，规则的成立条件不等于规则的正当性条件。罗尔斯和哈贝马斯所设计的理想条件下的主体间的一致同意也不是完全可靠的，因为还有"他者"问题似乎没有在他们的设计中得到解决。

第二，逻辑上，主体间的一致同意不是道德原则和道德判断的正当性基础，而是道德原则和道德判断的正当性结果而已，即恰恰是道德原则和道德判断的正当性导致主体间的一致同意这样的结果。不管是在多么理想的条件下实现主体间的一致同意，这种实现始终是主观的。道德原则和道德判断的正当性是一种客观性基础，作为主观一致性的主体间的一致同意不可能会直接转化为客观性。他们的论证在逻辑上是难以成立的，这是问题的一个方面。另一方面，我们可以质疑是不是所有的道德命题都是逻辑命题，能不能用逻辑法则来解决、论证所有的道德命题，比如"'是'推不出'应该'"这个休谟难题，它之所以是个难题，关键在于它本来就不是一个逻辑问题，而很多人偏偏想用逻辑思维的思路来论证它，结果导致无法解开它。它本来就不是逻辑问题，为什么我们还坚持用逻辑思维来分析解决它呢？从逻辑学的角度看，休谟难题是个假问题。分析马克思主义的学者运用语义分析和逻辑分析的哲学方法，从主体间的一致同意这样的基础去推导道德原则和道德判断的正当性，他们是不是也犯了一个用逻辑思维来解决非逻辑命题的错误呢？综合以上两个方面来看，不管是从逻辑上判断，还是从非逻辑的方面看，主体间的一致同意这样的正当性模式都是存在问题的。所以，马克思的道德原则和道德判断是不会建立在主体间的一致同意这样的基础上的。

第三，主体间的一致同意是新古典主义契约论的观点，马克思的历史唯物主义不是以契约论为基础而创立的。分析马克思主义学者用这样的契约论来分析马克思的道德原则和道德判断的正当性，是不符合马克思的批判理论特性和实践话语方式的。

### 2. 马克思的道德原则和道德判断的实践正当性模式

我们认为，马克思的理论的科学性，为他的理论中的道德原则和道德判断提供最基本的事实性根据，正好是解决道德原则和道德判断的正当性的新模式。不幸的是，分析马克思主义的一些学者偏偏将马克思的理论的科学性与道德割裂开来，好像是科学的就一定不需要道德论证、道德的就一定不是科学的。在逻辑上可以将它们分离，但逻辑上的分离不意味着客观上、实践上它们就是分离的。从马克思的主客体统一的哲学理论视角看，科学与道德、事实与价值在实践上是统一的。就是在康德那里，实践理性与纯粹理性也是没有分离的，康德把实践理性作为纯粹理性的特例、最高形式。马克思正是继承了康德的实践理性与纯粹理性的统一思想，有批判地发展出自己的历史唯物主义的道德观。至于科学性、实践性是如何成为马克思道德判断和原则的正当性基础，在分析马克思主义学派中几乎没有学者做出深入的探讨。

# 第三章

# 马克思经济哲学中"道德悖论"问题的解决

除了关于历史唯物主义与道德理论之间的相容关系的讨论,分析马克思主义学者在解读马克思的经济哲学著作时,对其中既具有政治学意义又具有伦理学意义的一些主题给予激烈的争论。这些主题主要是马克思的(分配)正义观、权利观、平等观等。尤其是争论马克思是不是一个正义论者。

## 第一节　马克思经济哲学与正义理论的相容关系

分析马克思主义者对马克思经济哲学中的"规范理论或称道德理论"[①]的研究中，包括异化、剥削、正义、平等、自由等道德主题的争论。起初，最激烈讨论的问题是马克思经济哲学中的"正义问题"。之后，争论主题不断扩展。归纳起来，他们争论的焦点问题集中于以下三点：（1）马克思是赞成还是反对正义；（2）马克思缘何批判资本主义；（3）平等是社会主义的价值目标吗。[②]

### 一、马克思拒斥正义也诉求正义

正如罗尔斯所认为的，正义是社会制度的美德和首要价值。对正义的讨论自古就有，如古希腊的柏拉图、亚里士多德。当代的正义论以罗尔斯、诺齐克等人为代表，都对正义有过深刻的、系统的论述。马克思确实没有写过以正义为主题的文章，但是在马克思的著作中是否包含社会正义思想，对正义问题是否进行过思考和批判是不能简单下结论的。分析马克思主义学者们在解读马克思的著作时，认为马克思对社会正义持自相矛盾的态度：一方面他批判自由、平等、权利等观念，似乎他是反对正义的；另一方面他又严厉谴责资本主义对工人的残酷剥削，似乎表达了一种强烈

---

① ［美］乔恩·埃尔斯特：《分析的马克思主义》，《经济社会体制比较》1988 年第 5 期，第 60–64 页。

② 曹玉涛：《"分析马克思主义"的正义论述评》，《哲学动态》2008 年第 4 期，第 40–45 页。

的正义态度。似乎"马克思赞成正义"与"马克思反对正义"的这两种态度都可以在马克思的著作中找到其文本的依据。

### （一）分析马克思主义者对马克思批判正义的理由理解不足

最初挑起这场争论的是分析马克思主义者艾伦·伍德的《马克思对正义的批判》一文。伍德在此文中持"马克思反对正义"的观点。伍德认为："当我们阅读马克思在《资本论》和其他著作中关于资本主义生产方式的描述时……不仅是马克思所描述的那个资本主义社会给我们留下了不正义的感觉……在他们的著作里，不仅根本没有打算论证资本主义的不正义，甚至没有明确声称资本主义是不正义或不平等的……对马克思而言，无论资本主义可能是什么，它似乎都不是不正义的。"① 此观点得到其他分析马克思主义者，如米勒、布伦克特等人的积极响应，我们称他们为"马克思反对正义派"。

马克思批判正义的问题，在分析马克思主义当中被持"马克思反对正义"者理解为马克思拒斥正义因而反对正义。根据分析马克思主义学者们的观点，一个完备的道德理论应该包含一种详细的权利理论，更具体地说，应包含一种社会正义理论。这也是整个西方道德理论的传统观点。分析马克思主义的一些学者坚信，马克思的态度是明确地拒斥"权利""正义"，并将这些概念和相关理论视为是资产阶级的意识形态的组成部分，而且认为这两个概念在共产主义社会中将变得多余。按照他们的理解，马克思是反对正义的。分析马克思主义的一些学者认为，要么放弃重建马克思社会道德理论的努力，要么在某种程度上将马克思对"权利""正义"这些观念和相关理论的批判解释为错误的。然而，佩弗做出了一种综合选择。他"试图揭示马克思对这些概念和基于这些概念的道德理论的批判是

---

① ［美］艾伦·伍德著，林进平译：《马克思对正义的批判》，李义天校，《马克思主义与现实》2010 年第 6 期，第 39 页。

不成立的，以及……根据权利和正义阐释马克思主义道德观，或者基于这些概念建立一种可被合法地称为马克思主义的道德和社会理论"①。

分析马克思主义学者认为，马克思对正义和权利的批判有两个不同的类型："第一种批判，把他对普遍意义上的道德概念和理论的拒斥推及更为具体的权利和正义的概念和理论之上。……第二种批判是基于正义和权利的具体特征……"②这里的第一种批判是对正义和权利的一般性批判，第二种批判是对正义和权利的具体批判。马克思的第二种具体批判又可以分为两种情况："这些具体的批判之一是，正义完全是一个内在的、法权概念，只适用于它作为其组成部分的具体的社会形态内部。……另一个批判似乎在于，随着共产主义的实现，它们将注定成为多余的，因为这些概念的条件——适度匮乏和适度的利己主义——将不再存在。"③佩弗就马克思对正义和权利的这两种批判做了具体考察。首先，佩弗考察了马克思对正义和权利的一般性批判。他认为，马克思认定正义和权利作为道德术语来使用时，存在四个方面的缺陷：其一，马克思认为这种道德术语的使用预设了唯心主义形而上学假设，即"永恒的真理"，所以马克思对普鲁东的"永恒正义"予以批判。其二，马克思认为正义和权利不能作为道德的判断、原则和理论的正当性依据，即没有理由说明任何一个正义原则比另一个更正当，如马克思对拉萨尔的正义观的批判。其三，马克思认为所有的道德理论总有维护现状的一面，因而是"意识形态的"。其四，马克思认为将本来是法权意义的正义和权利概念运用到为实现重大社会变革的方式

---

① ［美］R.G.佩弗著，吕梁山、李旸、周洪军译：《马克思主义、道德与社会正义》，高等教育出版社 2010 年版，第 339 页。

② ［美］R.G.佩弗著，吕梁山、李旸、周洪军译：《马克思主义、道德与社会正义》，高等教育出版社 2010 年版，第 340 页。

③ ［美］R.G.佩弗著，吕梁山、李旸、周洪军译：《马克思主义、道德与社会正义》，高等教育出版社 2010 年版，第 340 页。

上是有害的，就像是运用其他道德概念和原则一样是有害的。[①]

其次，佩弗考察了马克思对权利的一种具体批判，对作为人的利己性权利的批判。他认为："在马克思看来，既然权利与作为利己个体的人的概念具有内在的联系，那么，即使它们（政治解放）完全实现，也不会实现人类的真正的人的解放。"[②] 佩弗认为马克思对权利的这种批判存在两个问题：一是马克思对权利概念没有留下余地，因为在共产主义的第一阶段社会主义社会存在对权利的一种需要；二是马克思将权利与利己个体的概念紧密联系在一起是一个误解，没有为更吸引人的权利概念留出可能性。如，在自由主义看来，消极的权利没不被干涉的权利更为吸引人。

再次，佩弗考察了马克思论法权概念随着共产主义的到来而消亡的批判。他认为马克思的这一批判是基于物质财富的极大丰富、社会生产资料公有制，以及无国家、无强制的社会合作形式为个人的全面发展提供条件的。可是，"马克思对这些法权概念的态度是对世界社会主义革命将发生的速度和程度，很有可能也是对匮乏的状态消失的速度和程度过于乐观估计的结果"[③]。布坎南甚至指出，在一个成熟的共产主义社会中，竞争和冲突不一定完全被消除，正义的观念和理论仍然是需要的。佩弗和布坎南几乎一致认为，马克思低估了匮乏问题，在共产主义社会也是需要正义观念和理论的。分析马克思主义的一些学者坚持认为，重构马克思的道德观时，要融入正义和权利观念是困难的，因为马克思的观点与正义极为不相容。

从上述分析可以看出，分析马克思主义者对马克思 "正义问题" 的争议

① ［美］R.G. 佩弗著，吕梁山、李旸、周洪军译：《马克思主义、道德与社会正义》，高等教育出版社 2010 年版，第 341 页。

② ［美］R.G. 佩弗著，吕梁山、李旸、周洪军译：《马克思主义、道德与社会正义》，高等教育出版社 2010 年版，第 345 页。

③ ［美］R.G. 佩弗著，吕梁山、李旸、周洪军译：《马克思主义、道德与社会正义》，高等教育出版社 2010 年版，第 350 页。

中，实际上存在诸多疑问和不足：（1）马克思对正义的批判是在什么意义上的批判，是仅仅批判某种正义概念和理论，还是批判正义理论的价值内容本身？（2）马克思拒斥正义就是反对正义？（3）马克思在批判中是否促进正义和权利的观念和理论的发展？所以，接下来有必要重新考察马克思对正义和权利的批判，澄清马克思对正义和权利的批判是在什么语境下而言的。

### （二）马克思拒斥运用正义作为批判的手段

接下来，我们必须考察马克思是在什么意义上批判正义的，从而澄清马克思拒斥正义并不是一般性地反对正义。

资本主义正义观是西方传统正义理论的蜕变。古希腊时期的正义观是一种自然正义观，以追求维护社会等级秩序为价值内容，要求遵守各守其位、得其所得的自然法。中世纪的正义观继承并发展了古希腊的正义理念，注入了神学的内容，它是一种以宗教秩序为价值内容的神学正义观。中世纪之后，人们开始冲破神性而以理性代之，重新解释人与世界的关系，以确立人在世界中的主体地位。然后，经过文艺复兴、宗教改革和启蒙运动的洗礼，近代资产阶级启蒙政治家们展开了一系列反对封建特权、宗教神权的思想斗争，重新诠释古代自然法，把人的生命、健康、自由、平等、安全、私有财产等自然权利注入正义内容中，不再是古代自然法的以自然秩序为价值内容，由古代正义强调人的责任义务转变为近代强调人的权利的自然法学正义理论。这种以自然权利为价值内容的正义传统被德国古典政治哲学家们继承与发展，表现为对自由、平等、民主、保护私有财产和维护社会秩序的追求。19世纪的自由主义虽然也以自然权利为价值内容，但更侧重于对财产私有权的保护，正义的内容与宪政和法律结合紧密，从而使自然法学正义理论转变为实证法学正义理论，以社会秩序和政治权威的构建为目标。19世纪空想社会主义者们则批判资本主义私有制，主张以财产公有制为基础，实现社会与经济的实质平等。

　　总体上看西方传统正义理论，它本身不过是为了对一定时期所提出和追求的某种价值内容予以正当性方面的系统论证而已。问题是某种价值内容是否具有正当性不取决于这种论证如何，而应该是正义理论的合理性取决于所追求的价值内容的正当性。也就是说不在于建立一种什么样的正义理论来维护某种社会制度，也不在于通过对某种正义理论的批判来达到推进社会生活和社会制度的变革，关键在于该正义理论所支持、所论证的价值内容本身是不是正当的。与其批判正义理论的观念形式，不如批判正义理论所指向的价值内容本身。价值内容本身，如平等、自由、博爱、私有制等内容，是由社会生产方式、生活方式这样的社会物质关系决定的，并反映作为社会物质关系的社会生产方式、生活方式的变化。按照马克思的一贯立场，他坚持的是批判资本主义社会的现实运动才能达到彻底批判资本主义社会的正义观念。马克思批判的是正义理论所指涉的价值内容，诉求的也是更正当的价值内容，而拒斥的是正义理论的概念形式。换言之，拒斥正义理论的概念形式，不意味着马克思不要社会正义。分析马克思主义的某些学者正是因为对如下两个问题没有正确地解读：马克思是在什么意义上批判正义观念和正义理论的，以及马克思是在什么方面拒斥正义的，所以他们错误地得出马克思一般地反对正义的结论。

　　马克思恰恰是批判正义（包括权利）作为社会批判的手段存在上述那四种缺陷才加以拒绝的。第一个缺陷是指，将正义等道德术语预设为唯心主义形而上学的永恒化本体，如，对普鲁东"永恒正义"的批判。马克思指出："普鲁东先生更不了解，适应自己的物质生产水平而生产出社会关系的人，也生产出各种观念、范畴……范畴也和它们所表现的关系一样不是永恒的。"[1]按照马克思观点，任何正义的观念和理论同它所表现的社会关系一样都不是永恒的，所谓的"永恒正义"不过是永恒化的历史的

---

① 《马克思恩格斯全集》（第27卷），人民出版社1972年版，第484页。

暂时的某个阶级的正义观而已，这只是臆想，即把社会发展臆想成某种正义、平等观念不断实现。马克思进一步指出："普鲁东先生在历史中看到了一系列的社会发展。他发现了实现于历史中的进步。……他无法解释这些事实，于是就做出假设，说是一种普遍理性在自我表现。"①然而，马克思对这种虚假的永恒化道德术语的批判却被分析马克思主义的一些学者误解了。第二个缺陷是指，没有理由说明任何一个正义原则比另一个更正当。正义原则的正当性不是靠理论论证的，任何正义原则的正当性都是有条件的，在一定的历史条件下具有正当性的正义原则在其他的历史条件下可能会丧失其正当性。不同的正义原则之间的比较，如果离开它的历史条件是无法说明哪个更正当。社会在运动、发展，正义观念就会改变，哪怕某些不同历史时期的正义观念在概念形式上是共同的，其内容其实是不同的。正义观念取决于社会物质关系，其正当性不在于它提出什么样的价值观念，而在于什么样的社会关系决定什么样的正义观念。第三个缺陷是指，正义（权利）观念作为道德术语运用时总有维护现状的一面，因而是"意识形态的"。这个方面在上一章节已经论述过了，这里不再赘述。第四个缺陷是指，将本来是法权意义的正义和权利概念加以运用，以作为实现重大社会变革的方式是有害的。在西方法哲学传统中，像"天赋人权""自然权利"这样的自然法学的概念和理论一直是制定法的本体论依据。自然法学的抽象概念必须通过制定法才能现实化，但是这样的现实只是形式的，权利只是以法律制度的形式确认。不会因为法权这种形式的普遍化规定而使得每个人实际上获得了普遍的真实权利。在生产方式中占统治地位的阶级决定法权性质和内容，在一定的生产关系中处于什么样的地位决定个人享有什么样的真实权利。真实的权利不因为法律的确认而当然拥有，法律意义上的权利对没有社会地位和物质条件保障的人来说只是一种抽象

---

① ［美］R.G. 佩弗著，吕梁山、李旸、周洪军译：《马克思主义、道德与社会正义》，高等教育出版社 2010 年版，第 477 页。

的可能。对于阶级和个人而言，取得统治地位才能实现法权，而不是相反。重大社会变革推进法权的改进，这是不能颠倒的。马克思不运用法权概念作为实现重大社会变革的方式，是根据事情的本末做出的选择，不是马克思反对任何人去争取任何的正义和权利。

### （三）马克思对正义的批判促进正义观的新发展

马克思在批判、拒斥正义的观念和理论形式的同时，尽管他没有选择以正义作为批判现存社会的革命武器，但是他对正义的观念、形式的批判促进了社会正义和权利的观念及其理论发生否定性的运动。

具体说，马克思的正义观始于他的博士论文，受黑格尔的影响，他将正义建立于在自我意识的主观唯心主义之上的人的自由权利的基础上。博士毕业后，马克思在实际的政治斗争中，认识到物质利益与自由的自我意识之间存在冲突，开始反思黑格尔的思辨哲学，并转向费尔巴哈主义。离开《莱茵报》编辑部后，在克罗茨纳赫时期，马克思以费尔巴哈的唯物主义方法论，在自己撰写的《黑格尔法哲学批判》中探讨政治自由问题。此时，马克思主要对黑格尔国家理论进行了尖锐的批判，将黑格尔颠倒的家庭和市民社会与国家的关系再颠倒过来，发现个人的真实生活只存在于市民社会中，政治自由决定于个人的经济生活，而不是相反。马克思的正义观进一步从政治自由转向经济自由。在《德法年鉴》马克思发表的两篇重要文章《论犹太人问题》和《〈黑格尔法哲学批判〉导言》，深刻地剖析市民社会中市民经济自由权利的不平等是导致他们政治自由权利不平等的根源，没有经济自由权利的平等，政治自由只能是形式的自由。马克思的新正义观形成，即平等自由的正义观。在资本主义社会里，经济自由权利的不平等是由以私有制为基础的社会制度造成的，只有变革社会制度才能实质性地解决经济自由权利的不平等问题。

综上所述，马克思的拒斥正义与诉求正义是一致的。得出马克思拒斥正义就是反对正义这样的结论是表面的，不符合马克思的批判语境。

## 二、基于"马克思对正义的批判"的批判

在分析马克思主义学派中，最早开启马克思与正义问题争论的，一是罗伯特·塔克尔于1969年出版的《马克思的革命观念》一书，二是伍德于1972年发表的一篇论文《马克思对正义的批判》。

### （一）关于"马克思对正义的批判"的观点

塔克尔主张马克思是不关注正义问题的，认为马克思对资本主义的谴责并不是出于对非正义的抗议，而且他没有设想未来的共产主义社会是正义的王国；他反对把社会主义或共产主义的优越性奠定在分配正义上，那些把分配正义看作马克思关注的主要道德问题的观点是错误的。[①] 塔克尔认为，根据马克思的观点，马克思尤其反对分配正义；工人从资本家那里从工作条件或生活条件方面争取一些分配的利益仅仅是一种减缓剂，绝不是问题的真正解决；分配方面的改进并不能使一种坏的生产方式变得让人普遍接受；利益分配方面的斗争会给工人的社会革命带来危害，会让工人丧失革命意志，以为无须对生产方式进行根本的革命，他们的问题就可以解决，他们的痛苦就可以减轻。"从马克思的观点来看，分配导向最终通向放弃革命目标的道路，当然，他的这一担忧是完全有根据的，而后来欧洲社会民主党的演变也正印证了马克思的这一担忧。"[②]

伍德积极响应塔克尔的观点，说："根据马克思和恩格斯的观点，从根本上讲，'正义'乃是一个法权概念或法定概念，是一个与法律和依法享有的权利相联系的概念。对他们来说，权利概念和正义概念是从法权的

---

① Robert Tucker，*The Marxian Revolutionary Idea*，NewYork：Norton，1969，p36-37.

② Robert Tucker，*The Marxian Revolutionary Idea*，NewYork：Norton，1969，p51.

角度判断法律、社会制度和人类行为的最高理性标准。"[1] 此文的主要观点是：第一，马克思并没有按照某种正义观来对资本主义进行批判，而是从生产方式的角度来看待资本主义；第二，资本主义占有剩余价值是一种平等的和公正的交易，资本主义剥削是正义的；第三，共产主义社会已经超越了正义，"权利""正义"这些观念已经在共产主义社会终结。[2]

比较塔克尔而言，伍德的观点要激进得多。虽然他俩的观点得到了一些支持者，同时也招致不少非议。在针锋相对的反驳声音中，胡萨米和霍尔斯特姆两人对伍德的批评最为强烈。他们认为，马克思没有表达资本主义剥削是正义的观点，而是以无产阶级的正义观批判资本主义为不正义。诺曼·杰拉斯、凯·尼尔森和艾伦·布坎南响应胡萨米和霍尔斯特姆两人的观点，并努力从马克思的文本中寻找令人信服的依据。布坎南在这方面的努力是最为成功的，他的极富见解的论证既能解释马克思为什么反对法权，又能成功解释马克思为什么赞成正义。他的观点得到学术界多数人的肯定评价，之后就连伍德也不得不称赞布坎南的《马克思与正义——对自由主义的激进批判》一书，认为这是一本将马克思的社会理论与马克思的道德观结合得最合理、最能令人信服的著作。

马克思的经济哲学中没有自己的正义观，这种观点的理由集中在两个方面。第一个理由是塔克尔提出的马克思反对分配正义，其依据是马克思在《哥达纲领批判》一文中的一些观点，即马克思认为"不折不扣的劳动所得""平等的权利""公平的分配"都是一些改良主义的陈词滥调。[3] 塔克尔认为马克思的经济哲学观点的焦点在于，"人在非人道力量的支配下

---

① ［美］艾伦·伍德著，林进平译，李义天校：《马克思对正义的批判》，《马克思主义与现实》2010 年第 6 期，第 39–47 页。

② Robert Tucker, *The Marxian Revolutionary Idea*, NewYork：Norton，1969，p39–47.

③ ［德］卡尔·马克思：《哥达纲领批判》，人民出版社 1997 年版，第 16 页。

丧失了自我，人要通过克服这种力量的总体来找回自我"[①]。他坚信，在马克思的经济哲学中分配正义是没有分量的，因为马克思将正义视为一种狭隘的、形式的法权概念，正义内容的根据是物质的经济的社会关系，并随着后者的变化而不同，所以正义的观念是一个不确定的尺度，不能成为评判社会制度的标准。第二个理由是伍德的逻辑和观点。伍德认为正义内在于特定的生产方式，只要与特定生产方式相一致、相适应的交换和制度就是正义的，反之，则是不正义的。马克思没有用正义并反对用正义批判资本主义。伍德认为资本主义剥削制度是内在于资本主义生产方式的，所以"逻辑地"得出"资本主义剥削并非就是不正义"的结论。伍德认为，虽然马克思使用"抢夺""抢劫"这样的术语来谴责资本家对工人的剥削，但这些谴责术语不是道德判断，资产阶级和无产阶级的关系类似于征服者与被征服者的关系，征服者得到的是贡物而不是抢劫物，与道德无关。

### （二）针对"马克思对正义的批判"的批判

上述两个理由是相关联的，将两者合并予以考察。这两个所谓的理由涉及两个疑问：一是马克思到底是批判分配正义观念和理论，还是批判资本主义生产方式？二是所谓正义的内在标准——生产方式，是马克思提出并坚持的观点吗？

首先，关于塔克尔提出的理由是否能成立。他认为马克思在《哥达纲领批判》中批判了分配正义。这是需要重新考证和分析的。1875年德国社会民主工党（爱森纳赫派）与全德工人联合会（拉萨尔派）合并的时候，制定了一个党的纲领草案，即《哥达纲领》。此纲领充满了错误的拉萨尔主义。马克思于1875年4月底至5月初写了《哥达纲领批判》一文，特别批驳了拉萨尔的错误思想。拉萨尔认为无产阶级贫困的原因是由资本主义的"铁的工资规律"决定的，无产阶级获得解放的途径是废除这条"规

---

① Robert Tucker, *Philosophy and Myth in Karl Marx*, Transaction Publishers, 2000, p223.

律"，使工人群众取得"不折不扣的全部劳动所得"，从而实行"公平分配"。难道可以从马克思针对拉萨尔的错误公平观所做出的批判中，得出马克思就是对正义反对的？这就要具体看马克思是如何批判拉萨尔的错误公平观的。马克思指出："'公平分配'不是抽象的法则和观念，而是一定历史时期生产方式的体现。……难道经济关系是由法的概念来调节，而不是相反，从经济关系中产生出法的关系吗？"①很显然，马克思的批判一针见血地指出了拉萨尔的错误在于，他没有认识到资本主义私有制和雇佣劳动制度下的经济关系的本质，本末倒置地、抽象地提出的公平、正义口号，这对无产阶级革命毫无益处。表面上，马克思是直接地批判拉萨尔的公平观，实际上马克思是对资本主义生产方式所决定的分配关系这一事实做出批判和价值判断的。换言之，马克思在此文中批判的不是某种分配正义观念或理论，而是批判资本主义生产方式下不合理的分配关系和分配制度。由于这种生产方式本身是不合理的，它所决定的分配关系就是不公正的。

其次，关于伍德提出的理由能否成立。即伍德根据马克思的某段言论推出正义的内在标准是生产方式。这一理由也是经不起考证和分析的。伍德的这一观点看起来好像有文本的依据，实际上是故意歪曲马克思的文本含义。为了支撑这一观点，伍德引用了马克思在《资本论》中的一段长话作为证据②。伍德认为，马克思的这段文字中虽然仅提到交易的正义性，却指明了正义的内在标准——生产方式，而且认为这个标准也是衡量社会

---

① 《马克思恩格斯文集》（第3卷），人民出版社2009年版，第432页。

② "在这里，同吉尔巴特一起（见注）说什么自然正义，这是荒谬的。生产当事人之间进行的交易的正义性在于：这种交易是从生产关系中作为自然结果产生出来的。这种经济交易作为当事人的意志行为，作为他们的共同意志的表示，作为可以由国家强加给立约双方的契约，表现在法律形式上，这些法律形式作为单纯的形式，是不能决定这个内容本身的。这些形式只是表示这个内容。这个内容，只要与生产方式相适应，相一致，就是正义的；只要与生产方式相矛盾，就是非正义的。在资本主义生产方式的基础上，奴隶制是非正义的；在商品质量上弄虚作假也是非正义的。"（《马克思恩格斯全集》（第25卷），人民出版社1974年版，第379页。）

制度是否正义的尺度。实际上，马克思不是为正义确定这样一个内在的标准，而是相对地站在资产阶级立场和资本主义历史阶段来看，资本主义经济交易是相对的正义。资产阶级立场和资本主义生产方式没有普遍性，这正好是马克思要批判的，它怎么能成为正义的内在标准呢？如果马克思在这里不是相对意义的判断，马克思怎么会继续这样说："在资本主义生产方式的基础上，奴隶制是非正义的；在商品质量上，弄虚作假也是非正义的"①？从一般意义来看，相对的情况是不能作为标准的。有人可能会以此认为马克思坚持的是道德相对主义，这种理解也是错误的。道德相对主义认为不存在道德评价的普遍标准，并且主张道德价值只适用于特定文化边界内或不同个体的选择和偏好。马克思却不是这样的主张，他不但批判这种相对主义的正义观，而且对这种相对主义的正义观的根据也是一并予以批判的。

既然生产方式不是正义的内在的标准，那资本主义剥削制度是内在于资本主义生产方式因而是正义的观点就是不能成立的。段忠桥教授曾经这样指出，伍德从《资本论》中引用的一段引文在翻译上存在错误（段教授对之做了重译）②。

这段重译比原译在逻辑上清晰得多。按照这段重译，马克思的批判有两层意思：一是吉尔巴特说的"天然正义"是不存在的，如果说借贷资本

① 《马克思恩格斯全集》（第25卷），人民出版社1974年版，第379页。
② "在这里，像吉尔巴特那样（见注）说什么天然正义是荒谬的。这种生产当事人之间进行的交易的正义性基于这一事实：这些交易是从生产关系中作为自然结果产生出来的。这些经济交易作为当事人的意志行为，作为他们的共同意志的表示，作为可以由国家强加给立约双方的契约，表现在法律形式上，这些法律形式作为单纯的形式，是不能决定这个内容本身的。这些形式只是表示这个内容。这个内容是正义的，只是在它与生产方式相符合，相适宜时；这个内容是非正义的，只是在它与生产方式相矛盾时。基于资本主义生产方式的奴隶般的劳动是非正义的，在商品质量上弄虚作假也是非正义的。（注释：一个用借款来牟取利润的人，应该把一部分利润付给贷放人，这是不证自明的天然正义的原则）。"（段忠桥：《当前中国的贫富差距为什么是不正义的？——基于马克思〈哥达纲领批判〉的相关论述》，《中国人民大学学报》2013年第1期，第2–14页。）

获得利息是正义的，那也只是基于这种借贷交易是从资本主义生产关系中作为自然结果而言的"正义"；二是马克思在批判吉尔巴特的"天然正义"时并没有提出只要与生产方式相适应、相一致就是正义的，只要与生产方式相矛盾就是非正义的。"这个内容是正义的，只是在……"马克思的这种表述只是指明某种相对主义的正义的条件，而不是指明正义的标准。通过上述考证可以发现，伍德的观点实际上是没有充足的文本依据。可以看出，伍德是在偷换概念，将某种观念在一定程度上被接受的条件看成是普遍的标准，这是极为错误的。某种观念在此条件下是正义的，不能推导出这种观念在其他条件下也是正义的。所谓的"资本主义剥削内在于资本主义生产方式，所以是正义的"，这不等于说资本主义剥削永远都是正义的，不能受到任何的批判。

事实上，马克思的著作中多次谈到正义问题，除了他的晚期著作《资本论》《哥达纲领批判》之外，他早在 1864 年为国际工人协会起草的《协会临时章程》中也曾写道："这个国际协会以及加入协会的一切团体和个人，承认真理、正义和道德是他们彼此间和对一切人的关系的基础，而不分肤色、信仰或民族。"[①]1871 年马克思在《国际工人协会的共同章程和组织条例》中又重申："加入协会的一切团体和个人，承认真理、正义和道德是他们彼此间和对一切人的关系的基础，而不分肤色、信仰或民族。"[②]从这里可以看到，马克思虽然严厉地批判资产阶级的正义观念和工人运动中出现的错误的正义要求，但他也提倡工人阶级正确的正义要求。马克思指出，工人阶级"应当摒弃'做一天公平的工作，得一天公平的工资！'这种保守的格言，要在自己的旗帜上写上革命的口号：'消灭雇佣劳动制度！'"[③]马克思的正义诉求不是将工人阶级的斗争局限在分配领域的公平

---

① 《马克思恩格斯全集》（第 16 卷），人民出版社 1964 年版，第 16 页。
② 《马克思恩格斯全集》（第 17 卷），人民出版社 1963 年版，第 476 页。
③ 《马克思恩格斯选集》（第 2 卷），人民出版社 1995 年版，第 97 页。

而无视所有制关系的改变。马克思的正义诉求直指社会所有制关系的彻底变革。只有彻底改变了劳动力与资本的关系，多数人的、无产阶级的正义要求才能得以实现，因而马克思指出："认识到产品是劳动能力自己的产品，并断定劳动同自己的实现条件的分离是不公平的、强制的，这是了不起的觉悟……觉悟到他是一个人的时候，奴隶制度就只能人为地苟延残喘，而不能继续作为生产的基础一样。"①

通过文本的考证和分析，可以说塔克尔和伍德的"马克思对正义持批判、拒斥的态度，因而马克思的理论体系中缺失正义的观念和理论"这样的结论是没有可靠依据的。不仅如此，还可以清晰地看到马克思在批判资本主义分配领域的不公平的同时，也系统地提出了所有制关系下的生产资料占用正义。在马克思的成熟的共产主义理论中，实行"各尽所能，按需分配"就是一种公有制关系下的正义原则。他也预见到，共产主义第一阶段即社会主义阶段，由于经济上的不完善，社会每个成员在消费品的分配上必然要经过一个在个人和社会之间、社会的不同组织之间实行等量劳动相交换的阶段，即按劳分配。

### （三）马克思构想的共产主义与正义的关系

"共产主义是否属于一个正义社会"，在分析马克思主义中也是一个受争议的问题。塔克尔、伍德、布坎南等人认为，在马克思的构想中，共产主义社会并不是一个正义社会，而是一个超越正义的社会。"马克思相信阶级社会的终结也意味着那种需要'权利'和'正义'观念在国家机构和法律制度中占有一定位置的社会的终结。因此，如果有人坚持声称马克思的'真正的'正义观念是一个适合于马克思的全面发展的共产主义社会，那么，其结论也许就是马克思的'真正的'正义观念就是一个空洞的概

---

① 《马克思恩格斯全集》（第30卷），人民出版社1995年版，第455页。

念。"① 似乎马克思的观点是那样的。如，在《共产党宣言》中他说道："此外，还存在着一切社会状态所共有的永恒真理，如自由、正义等等。但是共产主义要废除永恒真理，它要废除宗教、道德，而不是加以革新，所以共产主义是同至今的全部历史发展相矛盾的。"② 不少人将这段话视为马克思反对正义的典型观点。可是，他们错了！

这段话在马克思的原文中是被打上引号的，是马克思引用"有些人会说"的一段话，不是马克思自己的话。说马克思认为共产主义社会是一个超越正义的社会，那还得弄明白马克思要超越的是何种意义的正义？马克思认为共产主义要废除"正义"这样的永恒真理，那么何谓马克思语境下的"永恒真理"？这是下一节要重点讨论的问题。

---

① 林进平、徐俊忠：《伍德对胡萨米：马克思和正义问题之争》，《现代哲学》2005 年第 2 期，第 6 页。

② 《马克思恩格斯选集》（第 1 卷），人民出版社 1995 年版，第 292 页。

## 第二节　马克思批判的正义观和权利观

前面已经阐述了马克思没有从正义的角度去批判资本主义制度的理由。马克思批判的正义观和权利观主要体现在他的未来共产主义的构想中。马克思所构想的共产主义社会是一个生产力高度发达、物质财富充分涌流的社会，在那时正义赖以存在的社会条件是否消失了？如果说消失了，能不能说马克思以此为理由完全拒斥正义？或者，如果说马克思构想的共产主义社会是超越正义的，那么它超越的是何种正义呢？

### 一、马克思批判的正义观

马克思所描述的共产主义社会是否隐含着对某种社会正义的诉求？对此，在分析马克思主义学者中主要有四种观点：第一，认为马克思对共产主义社会的描述中不具有任何正义的思想，属于价值中立的社会学描述；第二，认为共产主义社会的消费产品极度丰富，不存在阶级，人人都具有利他动机，正义作为意识形态在共产主义社会中已经是无效和过时的；第三，认为共产主义社会是超越正义的社会，并不是不需要道德规范；第四，认为马克思所论述的共产主义社会第一阶段和高级阶段，都会有正义的诉求，尤其是在劳动产品的分配方面，那时的社会主要追求平等。[①] 这四种

---

① 郑元叶：《论共产主义社会与正义之间关系的争论——以英美学者的观点为主》，《长春大学学报》2012 年第 7 期，第 852–856 页。

观点可以归结为两个对立的立场：一个是共产主义社会不是一个正义社会，而是一个超越正义的社会；另一个是共产主义社会是一个正义社会。塔克尔、伍德、布坎南、米勒和斯克雷潘蒂等人持第一种立场，认为在马克思的视野中，共产主义社会并不是一个正义社会，是一个超越正义的社会。最早是塔克尔在其著作《马克思的革命理念》中提出这种观点。后来，伍德也强调共产主义社会是一个超越了正义的社会。当代著名政治哲学家罗尔斯也这样认为："完全的共产主义社会看起来在这种意义上是一种超越了正义的社会，即能够提出分配正义问题的形势已经被超过了，公民在其日常生活中不需要、也不会关心分配正义问题。"①

### （一）共产主义对正义的内在超越

如果说在马克思那里，共产主义社会是一个超越正义的社会，那必须得问一问：马克思的共产主义构想是要超越何种正义，是超越所有的正义观念还是某种正义观念？还有，马克思的超越是否定正义本身，还是否定以往社会对实现正义的条件限制，即共产主义社会是与正义的外在分离，还是对正义的内在超越？

在马克思看来，"共产主义是对私有财产即人的自我异化的积极的扬弃……因此，它是人向自身、也就是向社会的即合乎人性的人的复归，这种复归是完全的复归，是自觉实现并在以往发展的全部财富的范围内实现的复归"②。也就是说，共产主义对资本主义的超越，首先不在于它是从正义观念上的超越，根本上在于它是对资本主义私有制和生产方式的超越。没有所有制和生产关系中地位上的平等，正义观念只能是一种美好的口号。马克思还指出："真正的自由和真正的平等只有在公社制度下才可能

---

① ［美］约翰·罗尔斯著，姚大志译：《作为公平的正义——正义新论》，上海三联书店2002年版，第290页。

② 《马克思恩格斯文集》（第1卷），人民出版社2009年版，第185页。

实现；要向他们表明，这样的制度是正义所要求的。"① 真正的正义只有到共产主义社会才能实现，不在于那时持有什么样的正义观念，尤其是分配正义观念。在共产主义社会，正义不是一个需要坚守的观念，而是共产主义内在的实现结果。

在分析马克思主义学派中，伍德、塔克尔、罗尔斯、布坎南、布伦克特、卢克斯和施特劳斯等都认为，如果共产主义社会真能达到生产力足够发达、物质财富极大丰富、资源相对匮乏得到解决，那在共产主义条件下，财产权和正义作为意识形态就成为无效和过时的观念，所以在马克思看来共产主义社会是不需要正义和权利。他们的观点主要依据就是马克思在《哥达纲领批判》中对共产主义的描述："在共产主义社会高级阶段……在随着个人的全面发展，他们的生产力也增长起来，而集体财富的一切源泉都充分涌流之后，——只有在那个时候，才能完全超出资产阶级权利的狭隘眼界，社会才能在自己的旗帜上写上：各尽所能，按需分配！"②他们所谓的"在马克思的视野中，共产主义社会并不是一个正义社会，而是一个超越正义的社会"，这样的理解不是马克思的原意。根据马克思的语境来理解，超越并不是抛弃、分离。在前共产主义社会里，正义是需要努力去追求的外在的目标，而在共产主义社会里，正义是真正内在于社会物质条件之中的客观结果。马克思不用正义来描述共产主义社会，不是它不需要正义，而是它已经真正地实现了正义，它本来就不缺少正义，也就用不着去主观追求了。如果说马克思构想共产主义是超越正义的，这种超越不是简单的抛弃正义，而是批判地超越。在马克思的构想中，共产主义本身就是一个内含正义观念的概念，即马克思的正义观内在于共产主义之中了。

---

① 《马克思恩格斯全集》（第 3 卷），人民出版社 2002 年版，第 482 页。
② 《马克思恩格斯文集》（第 3 卷），人民出版社 2009 年版，第 435—436 页。

当我们回答共产主义社会是与正义真正内在的统一起来的社会时，这里还需要回答一个前提性问题，即生产力高度发达、物质财富极大丰富能不能在共产主义社会里真正地被实现；还有，法权和休谟的正义条件即资源的适度匮乏和人的适度自私能不能被克服。罗尔斯对共产主义社会的超越自私的假设表示怀疑，认为对人性的这种假设过于苛刻，这样的社会并不令人向往。① 布坎南也认为马克思低估了资源匮乏问题，共产主义社会仍然需要法权观念和理论，说："简言之，选择的需要就意味着匮乏。问题不在于共产主义社会是否消灭了匮乏，而在于在共产主义社会中匮乏问题是否将根本不同。"② 今天的能源危机和价值观念多元化似乎可以证明他们的说法是有根据的。问题是，今天的资源匮乏、能源危机和价值多元化等问题是如何出现的，能否由此推出共产主义社会也是这样的？在自然经济条件下，虽然生产力水平不高，也可以达到丰衣足食，但是不会出现资源匮乏、能源危机；即使那时存在贫穷，那也主要是社会制度造成的。资源匮乏、能源危机和价值多元化是在所谓的工业文明，尤其是社会化大规模商品生产的出现，在资本主义无限追求剩余价值和高额利润竞争的条件下成了问题。试想，资本主义生产方式要是被克服了，是否还会存在这个问题呢？今天所谓的市场需要有多少是真正的需要，市场需要是对什么而言的需要，是对资本的增值而言还是对社会消费者而言呢？是对今天时代的实际消费而言还是对当前的超前消费行为而言呢？还有，今天的工业生产在多大的程度上是文明，又在多大的程度上是野蛮的呢？如果说工业生产的野蛮性、人口问题以及战争问题等，是可以得到理性的解决的，因此资源匮乏、能源危机是可以被克服的，那么马克思预想的共产主义社会就没有低估这些问题。

---

① John Rawls，*A Theory of Justice*，Harvard：Harvard University Press，1971，p249.

② Allen E.Buchanan，*Marx and Justice：The Radical Critique of Liberalism*，Totowa New Jersey and London：Rowman & Littlefield，1982，p169–170.

通过上述分析，我们没有多少理由怀疑共产主义所追求的价值是不能实现的，如自我实现、安全、身体健康舒适、共同体和自由等价值。

## （二）马克思共产主义理论对正义的广义表达

在分析马克思主义学者中还存在这样一种观点，认为马克思对共产主义的描述没有表达或没有隐含某种社会正义思想。伍德、米勒和斯克雷潘蒂等人坚持这种观点。他们的手段是将马克思的共产主义所追求的价值解读为无道德意义的价值，即所谓的非道德的善。伍德认为，善可以在狭义上和更准确的意义上被区分为道德的善和非道德的善。并且伍德这样指出，马克思推崇共产主义是因为它能够促进自我实现、安全、身体健康舒适、共同体和自由等非道德的善的实现；然而，只有权利和正义才是道德的善。米勒的观点与伍德基本一致，他认为："马克思支持某种社会安排的部分论据是诉诸各种各样的善，如自由、互惠、自我表达、免于疼痛和过早死亡以及一些明显是他用于支持社会主义的常见的相关善。"① 对于共产主义社会是否需要作为道德的正义，斯克雷潘蒂也认为，"马克思和恩格斯的共产主义理论不能被阐释为是建立在平等的正义哲学基础上的良好社会教条。"② 他明确指出，马克思描述的共产主义社会所诉求的自由是非道德意义的自由，它只包括这些内容："一是生产者的自我管理；二是自我实现的能力；三是选择的能力；四是共同体的自我管理。"③

伍德把自由、共同体和自我实现作为非道德的善，而把美德、权利、正义、履行义务作为道德的善。这些善能这样严格加以区分吗？两者之间

---

① Richard W.Miller, *Analyzing Marx*: *Morality*, *Power and History*, New Jersey: Princeton University Press, 1984, p52.

② Ernesto Screpanti, *Libertarian Communism*: *Marx*, *Engels and the Political Economy of Freedom*, New York: Palgrave Macmillan, 2007, p59.

③ Ernesto Screpanti, *Libertarian Communism*: *Marx*, *Engels and the Political Economy of Freedom*, New York: Palgrave Macmillan, 2007, p92.

是绝对可分而毫无联系吗？对于这些问题，伍德自己也没有给出一个合理的回答。伍德在这方面的论证顶多只能证明马克思不愿意用道德的善来表达之外，不能证明别的。即使说马克思推崇共产主义是因为它能够促进自我实现、安全、身体健康舒适、共同体和自由这些非道德的善的实现，那也得承认这些非道德的善是一种广义的正义观的内容表达。一如佩弗所认为的，用"道德的"话语来谴责一种社会制度或不用"道德的"话语来谴责之，这两种谴责方式之间没有任何区别。

在分析马克思主义学者中也有相反的观点。胡萨米和阿兰·桑德洛认为，在马克思视野中的共产主义社会仍然是一个正义社会。他们基本上都认为马克思持有的是共产主义社会的分配正义，不过各尽所能，按需分配的正义原则，他们的分析理由就不太一样。胡萨米认为共产主义社会的"各尽所能，按需分配"原则的正义性体现在它尊重个性的全面发展；阿兰·桑德洛认为，即使到了共产主义社会的高级阶段，资源分配的分歧和争执也是存在的，正义原则是必需的，只不过那时的生产力高度发达、物质财富极大丰富，将使得分配问题的严重性大大降低了。

尽管胡萨米和阿兰·桑德洛赞成共产主义社会是正义的社会，问题还是没有完全解决，即"各尽所能，按需分配"原则是不是涉及正义问题，也就是说，每个人的所能和所需是不同的、所得也会不同，这种原则下的"分配"还是不是涉及传统意义的分配正义？如果不涉及，那马克思持有的就不是分配正义原则。布坎南曾经就反对过多地停留在分配正义上讨论"马克思和正义"的关系问题，"从正义讨论的要点来看，共产主义社会的优越性并不在于它最终侥幸而又有效地实施了正确的分配正义原则，从而解决了分配正义的问题，而在于它使分配正义的整个争论成为多余"[1]。布

---

[1] Allen E.Buchanan, *Marx and Justice*: *The Radical Critique of Liberalism*, Totowa New Jersey and London: Rowman & Littlefield, 1982, p58-59.

坎南相信在马克思那里，正义不是一切社会制度下的首要价值或最高美德，它是对异化的社会状态下的渴望、补救和缓和。在人的全面发展的社会中，正义问题无从存在，也就不需要坚持某种正义观念。类似于休谟所言："正义只是起源于人的自私和有限的慷慨，以及自然为人类需要所准备的稀少的供应。"① 传统正义观是未实现的或未能完全实现的、只是被渴望实现的正义，而共产主义社会本身就是实现了的正义。在布坎南看来，"正义的追求是无用的，因为正义的环境恰是正义的需求难以实现的因素"②。在他的理解中，马克思没有必要用正义的观念批判资本主义社会，也没有必要对共产主义做出正义的描述。共产主义社会必将消除正义赖以产生的社会条件，即社会制度和社会存在方面的缺陷。布坎南的这种分析对于塔克尔和伍德等人所谓的"在马克思视野中，共产主义社会不是一个正义社会"，是一个非常有力的驳斥。共产主义社会作为一个不存在正义问题的社会，一个已经实现了正义的社会，是不能用"它不是一个正义社会"来断定它与正义的关系的。共产主义所表达的是一种广义的正义观。

### （三）马克思批判的正义观

如果硬要用正义、权利这样的范畴来讨论马克思的经济哲学理论体系，那么马克思持有的就是一种非传统的正义（包括权利）观念。与其说马克思持有的是正义观，还不如说他持有的是"内在无碍的"实质正义观、批判旧正义的正义观，他所构想的共产主义是克服了实现正义的所有社会局限的社会。共产主义社会是一个"把人当人看"的社会，这里的人不是法律赋予了他们足够的权利而被尊重的人，对人的尊重不是对权利持有者地位的承认。马克思的共产主义观就是实质的正义观。这种正义观不需要

---

① ［英］大卫·休谟著，关文运译：《人性论》，商务印书馆 1980 年版，第 536 页。

② Allen E.Buchanan, *Marx and Justice: The Radical Critique of Liberalism*, Totowa New Jersey and London: Rowman & Littlefield, 1982, p69.

靠理论论证而成立，它基于足以实现正义的社会条件的满足而成立和实现。共产主义社会就是满足实现正义的各种社会条件的社会，它不诉求正义却实现了正义，它不赋予人权利却人人得到尊重。从马克思在《共产党宣言》中对共产主义社会的论述中，我们可以明白实现正义的社会条件的满足，即"代替那存在着阶级和阶级对立的资产阶级旧社会的，将是一个以各个人的自由发展为一切人自由发展的条件的联合体"①。在共产主义社会里，那些妨碍正义实现的社会关系早已被消灭了，"在现今资产阶级生产关系的范围内，所谓自由只不过意味着贸易的自由，买卖的自由。……而对于共产主义要消灭买卖、要消灭资产阶级生产关系和消灭资产阶级本身……"②此后，马克思在 1875 年的《哥达纲领批判》中进一步详细论述了这一问题。

在分析马克思主义者中，有人往往拿如下一段话以证明马克思反对正义是有根据的。可是，他们错了。这段话在马克思的原文中是被打上引号的，是马克思引用"有些人会说"的一段话，不是马克思自己的话。"'然而'，——有人会说……此外，还存在着一些永恒的真理，如自由、正义等，这些真理是社会发展的一切阶段所共有的。但是，共产主义却要废除永恒的真理，它废除宗教、道德，而不是把它们革新；可见，共产主义是同过去的全部历史发展进程背道而驰的。"③而在马克思看来，共产主义不会简单地，或者人为地废除正义，而是真正地实现实质的正义。

我们的结论是，在分析马克思主义学者中，那种欲论证马克思对正义和权利观念的超越就是抛弃、反对正义和权利的观点是没有文本依据的，或者说他们误读了马克思的文本。

---

① 《马克思恩格斯全集》（第 4 卷），人民出版社 1956 年版，第 491 页。

② 《马克思恩格斯全集》（第 4 卷），人民出版社 1956 年版，第 482 页。

③ 《马克思恩格斯全集》（第 4 卷），人民出版社 1956 年版，第 488-489 页。

## 二、马克思批判的权利观

在分析马克思主义学派中，与马克思对正义的批判问题紧密联系的另一个方面就是马克思对权利的批判。他们首先认为，马克思对权利的批判"体现或预设了作为市民社会中的利己个人的人的模式"[①]。在《马克思与正义——对自由主义的激进批判》一书中，艾伦·布坎南认为，马克思批判权利是因为权利仅仅是作为对个人自由的保障，只有是存在严重干预自由的社会背景条件下才有必要诉求权利，而对人自由的严重干预就存在于阶级利益冲突和阶级冲突导致的利己主义中；由于在共产主义社会里不存在阶级和没有阶级利益冲突以及因为阶级冲突导致的利己主义，所以在共产主义社会里不需要运用法律意义上的权利。[②] 马克思早在 1843 年的《论犹太人问题》中，与布鲁诺·鲍威尔论战时就这样批判作为人的"缺陷"存在状态的和"文字垃圾"的权利，说："任何一个所谓的人权都没有超出利己主义的人，都没有超出作为市民社会成员的人……在这些权利中，人绝对不是类存在物，相反，类生活本身，即社会，显现为诸个体的外部框架，显现为他们原有的独立性的限制。"[③]

佩弗也认为，马克思对权利的这种一般性指责可能存在两个问题：（1）关于它的实用性。完全成熟的共产主义和马克思所想象的那种共产主义的人会不会出现？而且，由于在共产主义的第一阶段（即社会主义社会）将在很长时期内带有旧社会的残留，这是马克思所承认的，那么在这个时期内是需要权利原则的。（2）马克思如此紧密地把权利的观念与利己个体

---

① ［美］R.G. 佩弗著，吕梁山、李旸、周洪军译：《马克思主义、道德与社会正义》，高等教育出版社 2010 年版，第 344 页。

② Allen E.Buchanan, *Marx and Justice: The Radical Critique of Liberalism*, Totowa New Jersey and London: Rowman & Littlefield, 1982, p66—67.

③《马克思恩格斯全集》（第 1 卷），人民出版社 1956 年版，第 439 页。

的观念联系在一起，导致他没有给更有吸引人的权利观念留有可能性。[①]其一，佩弗并没有说明马克思所想象的那种共产主义的人将会出现，为什么是值得怀疑的；难道因为共产主义的第一阶段社会主义社会存在对权利原则的需要，就足以怀疑那种共产主义的人将会出现？其二，佩弗也没有阐述清楚那种更吸引人的权利观念是什么权利。

如何阐明马克思对权利的批判，马克思为什么批判作为利己主义的人的权利？马克思为什么把权利的观念与利己个体的观念如此紧密地联系在一起？那种共产主义的人是什么样的人？马克思到底有没有给更高的权利留下余地？这些都是我们下面要综合考察的问题。

### （一）马克思对法权的道德批判

按照马克思的观点，在资产阶级社会中，"自由这项人权并不是建立在人与人结合起来的基础上，而是建立在人与人分离的基础上。这项权利就是这种分离的权利，是狭隘的、封闭在自身的个人的权利"[②]。马克思认为，这些权利不能实现以"团结、协作、和谐"或"真正的共同体"为基础的"类生活"，即社会生活。

艾伦·布坎南的观点很具有代表性。他认为马克思对权利批判的基本思路是，所有需要用权利来调节人与人之间冲突的社会都是有缺陷的社会，而在那些存在冲突的社会里无论设计什么样的权利，其实都根本无法解决那些冲突；问题的关键在于如何消除导致产生社会冲突的根源，而不是制定更"完善"的权利；马克思不只是批判资产阶级权利观，而是批判权利本身，即所有的权利，而且预见了共产主义社会是一个从根本上消除冲突的社会，从而实现对权利正义的超越；权利观在共产主义社会里毫无

---

① ［美］R.G. 佩弗著，吕梁山、李旸、周洪军译：《马克思主义、道德与社会正义》，高等教育出版社 2010 年版，第 345 页。

② 《马克思恩格斯全集》（第 1 卷），人民出版社 1956 年版，第 438 页。

用武之地。① 布坎南还认为，因为在马克思看来，私有财产权，作为随自己的心愿处理财产的权利，它仅仅对利己主义者、孤立的人是有价值的，不过按照自己的意愿处理财产不只是对利己主义者有价值，对其他别的什么人也是有价值的。布坎南的分析是，问题的关键在于马克思所说的人是以单子形式存在的个人，依据是马克思在《论犹太人问题》中的一段话："自由就是从事一切对别人没有害处的活动的权利。每个人所能进行的对别人没有害处的活动的界限是由法律规定的，正像地界是由界标确定的一样。这里所说的人的自由，是作为孤立的、封闭在自身的单子里的那种人的自由。"② 布坎南的理解是，马克思所言的单子状态的人，是相互之间将对方看作是实现自己利益的手段或者是威胁者；如果是这样，那私有财产权对每个人的安全来说就是必要的，私有财产权对所有人都是有价值的权利。布坎南还认为，马克思对权利的批判"既包括分配的权利，也包括非分配的权利"③。

其实，布坎南误解了马克思的权利概念。当马克思从利己主义的人的角度批判权利时，他是在批判资产阶级法权，而不是批判所有的权利。法权只对利己主义的人是有价值的，那就是维护其私利。布坎南拿财产权为例子，证明权利对非利己主义者也是有价值的，这在逻辑上是错误的。财产权不能代表所有的权利，财产权本来就是私有制条件下的法权。财产权的处理无非是为了实现财产的市场价值，非利己主义者在公有制条件下对财产有使用价值的需要，但是没有必要通过契约、市场来实现财产的市场价值。非利己主义者对财产的权利已经不是法权的范畴，它是道德的权

---

① 王增收：《艾伦·布坎南对马克思批判权利的解读与评论》，《湖北社会科学》2014 年第 11 期，第 16–22 页。

② 《马克思恩格斯全集》（第 1 卷），人民出版社 1956 年版，第 438 页。

③ Allen E.Buchanan，*Marx and Justice：The Radical Critique of Liberalism*，Totowa New Jersey and London：Rowman & Littlefield，1982，p50.

利，即每个人在作为人的意义上享有受到真实尊重等权利。

### （二）共产主义对法权的超越

在分析马克思主义学者中还有一种质疑，马克思的构想是通过共产主义社会解决社会经济结构的缺陷，从而根除社会冲突和权利存在的条件，因此他的共产主义社会是一个超越权利的社会，然而，马克思却没有提供完整的"后权利社会"组织理论以说明废弃一切权利规范的社会如何运行，因此一些分析马克思主义者认为马克思否定权利或者超越权利是有问题的。在《马克思与正义——对自由主义的激进批判》一书中，布坎南企图论证共产主义社会不能超越权利。他的理由是：第一，即使共产主义社会消除了阶级冲突和利己的个人主义，未必就消除了所有的利益冲突，从而那时的非利己主义者也是需要社会权利作调节剂的。第二，权利在现代社会以至于在未来的社会，所起到的社会功能超过了马克思的认识。布坎南认为，即使是在共产主义社会，在社会公共利益与政府的强制力之间，也需要权利概念来界定后者的界限。第三，马克思所构想的那种协作的、民主的共产主义生产方式很难实现，即使被实现也需要权利原则来解决难以完全消除的社会资源稀缺问题。

然而，布坎南的理由却暴露了他自己的错误。他的错误在于将法权概念与一般权利概念混为一谈。具体说，布坎南没有解决好以下几个问题：

其一，马克思对法权的批判是否等同于否定所有的权利？实际上，法权不是权利的全部。在马克思那里，权利实际上被分成两种：第一种是在现实的社会生活关系中，作为人、因为人而应有的权利。这是一种道德意义上的权利。第二种是以法律的形式加以规定的权利，是法律意义上的权利即法权。法学主要研究第二种权利关系，第一种权利关系可以从政治学、经济学、社会学等不同的社会学科予以研究，最深刻、最高的研究是伦理学的、哲学的。在《论犹太人问题》中，马克思区分了人权、人的权利、公民权这三个概念。① 这里的人权就是第一种权利，是一个最一般的范畴，它是人的权利和公民权的正当性基础。人的权利就是指民事权利，公民权利是指各种政治参与权，特别是选举权，这两个属于法权。马克思的解释是，"首先我们肯定这样一个事实，就是不同于 droitsducitoyen［公民权］的所谓人权（droitsdel'homme）无非是市民社会的成员的权利，即脱离了人的本质和共同体的利己主义的人的权利"②。在这里，马克思所说的"不同于 droitsducitoyen［公民权］的所谓人权（droitsdel'homme）"就是指不同于公民权的另一种人权，即民事权利。布坎南认为，马克思在这里是在批判市民社会权利，指出人的权利即民事权利和公民权仅仅对利己主义者、孤立的个体的人是有意义的。在市民社会中，人是作为利己主义的存在受到马克思的批判，马克思说，"政治解放一方面把人归结为市民社会的成员……另一方面把人归结为公民，归结为法人"，"只有当现实的个人把抽象的公民复归于自身……只有当人认识到自身'固有的力量'是社会力量，并把这种力量组织起来因而不再把社会力量以政治力量的形式同自身分离的时候，只有到了那个时候，人的解放才能完成"。③ 马克思同时指出，只有在理想的共产主义社会中，人的政治权利复归于道德权利，人作为共同利益相联系的共同体成员而存在，人的解放才能实现。

很显然，权利概念在马克思的著作中是一个被区分的观念。基于以上分析，马克思是对人的权利和公民权利即法权给予批判的，并不意味着他反对一切权利观念，也不是没有给更高的权利观念留下余地。

其二，是否所有的利益冲突包括未来非利己主义者的利益冲突，都得通过法权来调节？既然法权与一般权利是有区分的，而这种区分就在于利己主义的利益冲突与非利己主义者的利益冲突在本质上的不同。在马克思

---

① 《马克思恩格斯全集》（第 1 卷），人民出版社 1956 年版，第 436 页。
② 《马克思恩格斯全集》（第 1 卷），人民出版社 1956 年版，第 437 页。
③ 《马克思恩格斯文集》（第 1 卷），人民出版社 2009 年版，第 46 页。

看来，非利己主义者的利益冲突是不需要通过法权来调节的。

其三，能否将现代社会条件下的权利的社会功能以及现存社会用法权限制政府的强制性权力的方式，推广到未来共产主义社会？所谓的现代社会，不过就是资本主宰的社会、一种拜物教的社会。未来的共产主义社会是真正人的社会，是人主宰物的社会。现代权利主要是对物而言的，对于真正的人而言的权利不是法权，是道德意义上的权利。将现代社会条件下的权利的社会功能推广到未来共产主义社会，是错误的。

其四，权利能不能从根本上解决社会资源稀缺问题？在本质上，社会资源稀缺问题是针对资本、市场而言的，就人的真实的、客观的需要而言不存在资源稀缺问题。资本运动的内在动力，就是无止境地追求剩余价值或价值增值。对剩余价值的追求会无限地膨胀，而人对使用价值的需要其实是有限的。人的生存和发展最终是通过使用价值实现的，价值仅仅是交换条件下的存在物。使用价值本应是价值的基础，今天的资本社会却颠倒了两者的关系，表现为从商品拜物教到货币拜物教。现代社会资源稀缺是在无限追求价值增值、满足资本的需要的一种浪费性稀缺。终结了资本和商品价值至上的追求，从满足人的使用价值方面去安排社会生产，社会资源就不会出现稀缺问题了。

综上所述，分析马克思主义者对马克思构想的共产主义与权利的关系所提出的质疑，都是停留在现代资本社会条件的局限性上所做的思考，不足以论证马克思对权利的批判是错误的。

### （三）马克思的超越法权之上的道德权利观

从马克思的权利观的形成和发展看，他的权利观历经了一个从新理性批判主义权利观向历史唯物主义权利观转化的思想过程。[①] 马克思最早受

---

① 刘日明：《从马克思早年的法哲学观重新解读"苦恼的疑问"》，《湖南师范大学学报》（社会科学版），2006年第6期，第21-25页。

康德与黑格尔的理性主义思想的影响，形成了以自由价值为取向的理性主义权利观。最后，马克思形成了自己的关于"真正的人""人的解放"的道德权利观。

马克思在他的博士论文中和《莱茵报》时期的写作中，主张自由理性是世界的统治者，认为国家是最高的理性，每个人服从国家的法律也就是服从人类理性的自然规律。马克思强调理性是自由、权利的根据，也是法律确认与保障主体自由权利的基础。这明显是受到康德和黑格尔理性主义的影响，但又与康德、黑格尔思想有着很大的不同：其一，马克思的权利观具有激进的革命民主主义倾向。按照马克思的看法，自由乃是人的普遍权利，它要否定特权，他说："没有一个人反对自由，如果有的话，最多也只是反对别人的自由。可见各种自由向来就是存在的，不过有时表现为特权，有时表现为普遍权利而已。"①其二，马克思的权利观中已经有了唯物主义的因素，尽管此时马克思还没有从社会经济关系的角度来分析权利。

在《德法年鉴》时期，随着对社会政治经济生活实际研究的加深，马克思开始批判黑格尔的唯心主义哲学，以唯物史观为基础分析了权利现象的历史起源，以人民主权否定了君主主权。在《论犹太人问题》和《黑格尔法哲学批判》中，马克思对青年黑格尔派的权利观进行了揭露与批判，提出了实践的唯物史观的权利观。马克思通过对黑格尔法哲学的批判，指出："法的关系正像国家的形式一样，既不能从它们本身来理解……相反，它们根源于物质的生活关系，这种物质的生活关系的总和，黑格尔按照 18 世纪的英国人和法国人的先例，概括为'市民社会'，而对市民社会的解剖应该到政治经济学中去寻求。"②马克思所指的"市民社会""物质的生

---

① 《马克思恩格斯全集》（第 1 卷），人民出版社 1956 年版，第 167 页。
② 《马克思恩格斯选集》（第 2 卷），人民出版社 1995 年版，第 32 页。

活关系的总和",实际上是指出权利的现实的根基。马克思认为权利是一种社会现象,表现为社会主体在一定社会经济结构条件下所形成的社会要求。权利的最根本要求是对一定财产的占有,但占有本身只是一种社会事实,然后通过立法才使得占有关系获得了法律的形式。在这种意义上说,权利即法权。

在《德意志意识形态(节选)》的写作时期,马克思主要是从所有制等经济基础方面,以唯物史观的方法来考察权利观念,尤其是引入生产力和交往关系的范畴。他指出:"这种在一定条件下不受阻碍地利用偶然性的权利,迄今一直称为个人自由。——这些生存条件当然只是现存的生产力和交往形式。"①权利观念受社会经济基础、经济制度的制约,具有时代的局限性。在此著作中,马克思还强调共产主义对政治权利、私人权利等的辩证否定。"至于谈到权利,我们和其他许多人都曾强调指出了共产主义对政治权利、私人权利及权利的最一般形式即人权所采取的反对立场。"②

在《德意志意识形态(节选)》之后,马克思对古典政治经济学的批判中,创立剩余价值学说。他的权利观逐渐完善起来。马克思曾在《资本论》中指出:"资本主义的生产不仅是商品的生产,它实质上是剩余价值的生产。"③在资产阶级革命中提出的自由口号,之后在他们的宪法中所规定的自由权利,本质上是资本剥削劳动力的自由,对于劳动力来说不是自由而是被限制。

综上所述,马克思的权利观经历了从理性主义的唯心主义到唯物主义的转变。马克思转变之后的唯物史观的权利观,注重从社会经济关系中揭示法律意义上的权利,以及在对现存社会经济关系的克服下提出一种所有

① 《马克思恩格斯选集》(第1卷),人民出版社1995年版,第122页。
② 《马克思恩格斯全集》(第3卷),人民出版社1960年版,第229页。
③ [德]卡尔·马克思:《资本论》(第1卷),人民出版社2004年版,第582页。

制意义上平等的权利观。

分析马克思主义的一些学者对马克思的权利批判之所以表示质疑，关键在于他们没有正确理解马克思的"人"的观念。在马克思看来，法律意义上的权利即法权与利己个体的人这种观念具有内在的联系，是因为这方面的权利的实现是政治的解放，而不是实现真正的人的解放。政治的解放是在现有的利己主义社会经济结构条件内的解放，人的解放是要突破这种社会经济结构的一种解放。人的解放关键是要改变社会和人，将利己主义状态下的人改变为自由的人。马克思对权利观念的批判是基于对人的批判而展开的。

从整体上说，马克思的经济哲学以及他的所有理论精神是有关人的社会理论，他的权利观的话语逻辑也是为了揭示人的本质以及如何实现人的本质的复归。马克思话语中的人，不是抽象的、无社会内容的纯粹的人，而是感性的、受到具体历史条件限制的现实的人。这种感性的、现实的人，也不是孤立的个体，而是处在一定的社会关系中的一类人，是既具有个性又有共性的"类"的存在。在其现实性上，人是"一切社会关系的总和"，是历史的创造者。马克思从作为历史的、现实的人出发，探讨权利的各种现象之间的物质的经济根源，使权利的存在问题和实现问题转换为真实的人的问题。马克思的关于人的理论是马克思权利观的理论基础。

法律不过是权利的"栅栏"，将不同的人的权利予以确认和划分。法权的确认和划分的标准是以某种人的观念为标准的，而不是相反；以有缺陷的人的观念为基础，人只能得到有缺陷的法权。法权的实现，不能达到对人的解放。全面发展的人需要的不是法权，只有道德意义上的权利才能满足真正的人的需要。这样一来，马克思要超越什么权利，又诉求什么权利，就不是一个难以争论清楚的问题了。

像他的正义观那样，马克思的权利观念也是批判的权利观。布坎南指出："假如，像马克思所认为的，权利概念仅在一个对竞争、稀缺、人际冲突、人与人的分离无法控制和减少到最低限度，且如果有尊重的观念就要有人是权利主体的观念的社会中才有重要作用……那么，对马克思来说，资本主义社会的问题就不在于它没能实现权利和尊重的观念所追求的标准，而是社会的无序需要这些观念。"① 权利概念的提倡和权利主体确认，正好确证着人的尊严得不到尊重的社会状况的存在。权利观念并不是什么永恒的、美好的追求目标。"任何需要法权概念的社会都是有缺陷的社会……我们所为之着迷的权利和正义意味着我们彼此之间的关系存有深深的猜疑和普遍的冲突。"② 法制、法权只是不太好的社会条件下的"美好"手段或安慰剂。不是因为有了法制、法权，社会就变得美好而和谐，恰恰是因为社会不和谐而无奈地需要法权。

---

① Allen E.Buchanan，*Marx and Justice：The Radical Critique of Liberalism*，Totowa New Jersey and London：Rowman & Littlefield，1982，p77.

② ［德］卡尔·马克思：《资本论》（第 1 卷），人民出版社 2004 年版，第 178 页。

**马克思批判的平等观和分配正义观**

在分析马克思主义者关于马克思的正义理论的论战中，断言马克思反对正义的论者与断言马克思赞成某种正义观的论者各执一端。持马克思反对正义观念的论者认为，马克思所追求的平等只是一种为了达到废除阶级和消灭压迫的手段，平等、公平这样的正义观念不是马克思所追求的目标；而持马克思赞成某种正义观的论者则认为马克思通过剩余价值理论的创立，表达出无产阶级的分配正义观。接下来，我们有必要考察马克思的正义观到底是如何看待平等的，以及平等与分配的关系是什么。

## 一、马克思批判的平等观

在马克思的社会批判理论和经济哲学中，马克思强烈谴责资本主义社会的阶级压迫和剥削所导致的巨大社会不平等——财富与机会、权力与地位、自由与自我实现、满足与快乐等方面的不平等，而他所构想的共产主义社会却被看作是一个平等的社会，在那里一切人都平等地承担社会责任，平等地分享社会福利。一些分析马克思主义者认为实现社会平等是马克思思想中的一大目标，也有一些学者持反对意见。

### （一）在马克思的共产主义理论中平等是手段也是目标

伍德在他的著作《马克思与平等》（1986）中提出，首先应该把马克思对于作为权利的平等和作为目标的平等的态度区分开，对于作为目标的平等，马克思的态度是冷淡的，而对于作为权利的平等观念则是持批判态度的。[①]伍德认为，在马克思那里平等只是废除阶级和消灭压迫的手段。伍德对马克思在《哥达纲领批判》中关于共产主义社会高级阶段的设想做出分析，认为马克思的思想里根本没有出现过平等的概念，马克思在这部著作里选择了法国社会主义者勃朗的非平等主义的"各尽所能，按需分配"的口号，这口号没有把人看作是平等的，只是关注到人在需要和能力方面各不相同。[②]

　　伍德指出，马克思在《哥达纲领批判》中曾批判那种把"劳动所得应该根据社会一切成员的平等权利进行分配"的观点写进德国工人党纲领的做法。由于劳动者的体力与智力的差别，即使要求权利的平等，随后又会出现结果的不平等；如果要做到结果的平等，又必须以权利的不平等为前提；虽然马克思揭示出资本主义生产关系的本质是剥削和压迫工人，但他并不以权利的平等为由批判资本主义社会，"马克思……并不认为阶级社会的消亡就是对平等权利的确认"[③]。伍德认定马克思对作为权利的平等是持批判态度的。

　　在 1875 年的《哥达纲领批判》中，马克思第一次提出共产主义社会分为初级阶段和高级阶段，初级阶段只能实行按劳分配，高级阶段才能实行按需分配。马克思将共产主义社会的平等也划分为两个阶段。初级阶段即社会主义社会，此阶段的平等原则是"各尽所能，按劳分配"。此阶段的平等还是形式上的平等、理论上的平等，实质上每个人得到的却是不平等的物质待遇。马克思深刻地分析了"按劳分配"的原则，认为这种权利

① Allen W.Wood，*Marx and Equality*，John E.Roemer，ed. Analytical Marxism. Cambridge：Cambridge University Press，1986，p284.

② 余文烈：《分析学派的马克思主义》，重庆出版社 1993 年版，第 178 页。

③ Allen W.Wood，*Marx and Equality*，John E.Roemer，ed. Analytical Marxism. Cambridge：Cambridge University Press，1986，p285.

的平等对不同等的劳动来说是不平等的权利。原因如下：其一，这个原则默认了劳动者的天然特权——不同等的个人天赋，从而承认了不同等的工作能力成为这个原则的依据。其二，如果一个劳动者已经结婚，另一个则没有；一个劳动者的子女较多，另一个的子女较少；等等。在这样的类似情况下，即使在相同劳动相同所得的条件下，也会出现某一个人事实上所得到的比另一个人多些，就比另一个人富些。<sup>①</sup>这对刚脱胎于资本主义社会的社会主义社会来说又是不可避免的。

从马克思对共产主义社会的划分而做出的平等原则的选择来看，平等既是手段也是目标，是手段与目标的统一。在共产主义的初级阶段所选择的"各尽所能，按劳分配"原则，还是形式上的平等、理论上的平等，而且可能导致实质上的不平等。这种平等当然不能成为马克思思想中的目标。因为初级阶段的共产主义社会刚刚从旧社会脱胎出来，在经济、道德、精神各个方面还带着旧社会的痕迹。此时的平等是手段，从历史的辩证运动过程上来理解是这样的。

如果说在马克思那里，平等仅仅是手段而不是目标，这是一种误解。历史的辩证运动上升到共产主义高级阶段，其平等原则是"各尽所能、按需分配"。这是手段与目标的高度统一。共产主义实现的平等是真正的、完全的平等。马克思说："在共产主义社会高级阶段上……只有在那个时候，才能完全超出资产阶级法权的狭隘眼界，社会才能在自己的旗帜上写上：'各尽所能、按需分配'。"<sup>②</sup>在马克思看来，源自经济领域中的平等基础——生产方式——变革了，才能从社会主义形式上的平等上升到共产主义的实质上的人人平等。相反，资产阶级的法权才是手段与目标、形式与实质的分离。

---

① 《马克思恩格斯选集》（第3卷），人民出版社1995年版，第305页。
② 《马克思恩格斯全集》（第3卷），人民出版社1960年版，第12页。

### （二）真正的人的平等是政治制度的道德前提

米勒从政治哲学方面研究马克思的理论。他认为马克思直接地批判了平等观念，"马克思在其著作中所提出的多数反对道德的观点都指向第一个前提，即平等的前提"①。米勒把平等的基本要求分为四种类型："分配的平等，要求所有的人拥有平等的财产、资源或机会；权利的平等，要求与所有的人平等享有的某些权利；态度的平等，要求对所有人平等关心或尊重；以及公正的标准，要求提高普遍的福利，毫无偏见地对待人们的利益。"②米勒认为，按照马克思的观点，在阶级社会里，由于不可避免的阶级矛盾和阶级斗争，这四种平等都不可能作为选择政治制度的根本基础。在米勒看来，平等作为一种政治上的道德观念是遭到马克思反对的。

米勒从道德作为解决政治决策的基础意义上考虑，认为道德一般有三个特征：平等、一般规范、普遍性。这三个原则的特点是中立性的，不同于自我利益、阶级利益、民族利益或纯粹的美学有偏于公正的考虑。米勒断言马克思是反对从这种普遍的、抽象的、超历史的道德标准来评价过去和构想未来的。米勒还认为，马克思是从以上三个方面否定道德的这种政治意义的。

我们认为，米勒停留在政治领域中讨论马克思的平等概念，是片面的。共产主义追求人的解放为目标，这种目标下的真正的人的平等才是评判政治制度和变革政治制度的道德依据。马克思正是在这种高度上批判各种旧平等观的。

早在1843年《论犹太人问题》中，马克思对市民社会的平等给予批判时，就认为政治上的平等并非市民的最终要求，它只是实现私有财产占

---

① ［美］R.W.米勒著，张伟译：《分析马克思：道德、权力和历史》，高等教育出版社2009年版，第17页。

② ［美］R.W.米勒著，张伟译：《分析马克思：道德、权力和历史》，高等教育出版社2009年版，第18页。

有和使用的自由的条件和方式，因此，"从非政治的意义上看来，平等无非是上述自由的平等，即每个人都同样被看作孤独的单子"①。马克思所说的"上述自由"是指"自由这一人权的实际应用就是私有财产这一人权"②，也就是法权。马克思指出，市民社会的平等只是资产阶级的民主权利，是政治解放下的要求而已；只有人类解放才是无产阶级的社会解放。政治解放虽然粉碎了加在市民社会头上的政治桎梏，但它只是宣布宗教信仰、财产资格等不再具有政治意义，但宗教、财产方面的不平等仍然存在。只有通过无产阶级的社会革命，消灭私有财产、消灭宗教本身，才能实现人类解放。

在 1843 年《黑格尔法哲学批判》中马克思再一次批判市民社会平等的虚假性，他写道："历史的发展使政治等级变成社会等级，所以，正如基督教徒在天国一律平等，而在人世不平等一样，人民的单个成员在他们的政治世界的天国是平等的，而在人世的存在中，在他们的社会生活中却不平等。"③宗教的"天国"中的"平等"不过是不平等社会的幻想而已，而且近代民主制的"平等"也只能体现在"政治世界的天国"中。在这个阶段，马克思认为，是因为人类的认识还停留在理念世界里，还没有真正理性地找到一条通往现实解放的道路。

### （三）马克思的历史唯物主义平等观

分析马克思主义者罗默则认为，平等不仅是社会主义的核心价值，更是社会主义所追求的正义目标④。这一观点体现在他的有关市场社会主义的政治哲学理论研究中。罗默的平等观与伍德的观点相反。他认为，市场

---

① 《马克思恩格斯全集》（第 1 卷），人民出版社 1956 年版，第 439 页。
② 《马克思恩格斯全集》（第 1 卷），人民出版社 1956 年版，第 438 页。
③ 《马克思恩格斯全集》（第 1 卷），人民出版社 1956 年版，第 344 页。
④ 曹玉涛：《分析马克思主义者论马克思与平等》，《求索》2008 年第 4 期，第 77–79 页。

鼓励效率，可以是实现社会主义的一个手段，平等才是社会主义的价值目标。在他看来，是强调平等还是强调效率，正好是社会主义与资本主义的区别界限。因为强调效率是当代资本主义的特征；由于资本主义私有制和剥削的存在，容易造成不公正和不平等。罗默认为，"社会主义者寻求报酬、地位以及平等，以便最大限度地减少社会的不满，保证人与人之间的公正，使机会均等。它也致力于减少现存的社会分化。对社会平等的信仰是迄今为止社会主义最重要的特征。"① 罗默明确指出，"社会主义植根于平等主义"②，"社会主义惟一正确的伦理学论据是一种平等主义的论据"③。据此，罗默认为，把建立生产资料的公有制作为社会主义最终目标的传统的社会主义做法是错误的，他说："社会主义的目标最好被考虑成一种平等主义，而不是被考虑成一种具体财产关系的实施。"④ 他认为，马克思对资本主义的批判是以对剥削的谴责为基础的，这又是基于自我所有制的命题，即劳动者有正当权利得到自己所生产的成果，占用生产者所生产的劳动产品的资本主义社会就是一个把盗窃法律化的社会。罗默指出，那些生产财富的人有正当权利得到财富，并不意味着每个人都应该得到自我实现和福利。⑤ 罗默从他最初的基于"一般剥削理论"的一种福利的平等，后来转向主张机会平等，即自我实现和福利、政治影响、社会地位三个方面的平等。

---

① Pranab K.Bardhan and John E.Roemer，eds.，*Market Socialism：The Current Debate*，New York：Oxford University Press，1993，p300.

② Pranab K.Bardhan and John E.Roemer，eds.，*Market Socialism：The Current Debate*，New York：Oxford University Press，1993，p90.

③ ［美］约翰·罗默著，余文烈等译：《社会主义的未来》，重庆出版社 1997 年版，第 15 页。

④ Pranab K.Bardhan and John E.Roemer，eds.，*Market Socialism：The Current Debate*，New York：Oxford University Press，1993，p113.

⑤ Pranab K.Bardhan and John E.Roemer，eds.，*Market Socialism：The Current Debate*，New York：Oxford University Press，1993，p14.

　　虽然罗默认为平等是市场社会主义的价值目标，但他只是从政治哲学的角度，不是从历史唯物主义的经济关系、生产方式的角度阐述的。这已经误解了马克思的历史唯物主义平等观。在1844年的《神圣家族》一书中，马克思已经从实践领域和社会关系的角度来阐释平等。他指出："平等是人在实践领域中对自身的意识，也就是人意识到别人是和自己平等的人，人把别人当作和自己平等的人来对待。"①马克思已经开始从实践的角度，从人的社会本质来探讨平等了。关于人的本质，马克思最早的表述是人的本质在于"自由自觉的活动"，然后在1845年《关于费尔巴哈的提纲》中，马克思给出了关于人的本质的经典阐述，即"人的本质不是单个人所固有的抽象物，在其现实性上，它是一切社会关系的总和"②。马克思的关于人的本质的界定，为他的平等观的创立奠定了历史唯物主义的理论基础。然后到1845—1846年的《德意志意识形态》中，马克思第一次系统地阐述了历史唯物主义的基本原理。

　　此后一段时期内，从1848年到1876年，马克思的主要研究转向政治经济学。马克思首先对资产阶级的平等观予以深刻地揭露和批判。他指出，资本主义的自由和平等，不过是商品交换领域中的契约形式下的平等、法律形式下的平等，而在其他领域里平等是根本不存在的。在资本主义社会，"平等原则又由于被限制为仅仅在'法律上的平等'而一笔勾销了，法律上的平等就是在富人和穷人不平等的前提下的平等，即限制在目前主要的不平等的范围内的平等，简括地说，就是简直把不平等叫作平等"③。

　　在1867年的《资本论》第一卷中，马克思是通过对资本主义生产关系的研究，揭示其剥削的本质，从而深刻地揭露了资产阶级平等观的虚伪

---

　　① 《马克思恩格斯全集》（第2卷），人民出版社1957年版，第48页。
　　② 《马克思恩格斯选集》（第1卷），人民出版社1995年版，第60页。
　　③ 《马克思恩格斯全集》（第2卷），人民出版社1957年版，第648页。

本性，最终创立了自己科学的平等观的，平等是由经济条件决定的，抽象的、观念的平等要通过现实的经济关系的变革才能历史地实现。马克思主要将平等与生产方式及其运动联系起来，历史唯物主义地看待、论述和阐释平等，克服旧平等观的唯心主义缺陷和资产阶级平等观的虚假性。

马克思认识到，真正平等的实现是一个长期的过程，是历史的辩证运动的产物。人们可以展望它，但是由于受历史规律的制约在很长的历史时期内实质的平等是无法实现的；所以，马克思并不从规范性角度去阐述平等。在马克思看来，真正的平等不是一个规范性问题，它是一个具体的、历史的问题。

## 二、马克思批判的分配正义观

按照马克思的观点，资本家占有工人创造的剩余价值就是剥削。分析马克思主义学者中却有一种观点认为，如果马克思把资本主义剥削指责为不正义（当然马克思没有直接使用公正、正义这样的字眼），那马克思的批判是以什么正义原则为依据呢？

### （一）依据分配正义原则批判资本主义是没有意义的

持马克思赞成某种正义观的论者则认为马克思通过剩余价值理论的创立，表达出无产阶级的分配正义观。胡萨米认为，"分配正义原则是马克思在《哥达纲领批判》中提出来的，有两种内容——按劳动贡献的分配和按需要的分配。这是无产阶级的正义原则，马克思认为它们在后资本主义社会将会实现。"① 这两种分配原则是否体现了共产主义社会不同阶段的公正呢？即是否可以看作是马克思的分配正义原则呢？这便引起了争论。

① 余文烈：《分析学派的马克思主义》，重庆出版社 1993 年版，第 188 页。

马克思的《哥达纲领批判》中的主要批判对象是拉萨尔主义。拉萨尔主义的分配正义观的主要理论支撑是劳动所有权理论。拉萨尔的哥达纲领一开始就提出，"劳动是一切财富和一切文化的源泉"，"劳动所得应当不折不扣和按照平等的权利属于社会一切成员"。①马克思针对拉萨尔的观点，指出："劳动不是一切财富的源泉。"②学术界有人批评马克思对拉萨尔的这一批判是反常的或者是错误的。顾准认为，马克思的这一批判是在重申他《1844年经济学哲学手稿》中所提出的异化及其异化的异化理论。有人认为马克思对拉萨尔的劳动所有权理论的批判，实际上削弱了社会主义运动的理论根据。

马克思之所以如此批判拉萨尔的劳动所有权理论，是因为劳动产品的创造是劳动者运用生产资料对生产对象的物质变换过程，它涉及两方面：劳动者与生产资料。马克思指出，各种商品都是自然物质和劳动这两者要素的结合，人在生产中只能改变物质的形态，"这种改变形态的劳动中还要经常依靠自然力的帮助。因此，劳动并不是它所生产的使用价值即物质财富的唯一源泉。正像威廉·配第所说，劳动是财富之父，土地是财富之母"③。马克思一针见血地指明了，拉萨尔的劳动所有权理论的错误在于只强调劳动者在社会财富创造过程中的作用，却忽视了生产资料的地位。自阶级社会产生以来，生产资料总是被某一个阶级占住其所有权。有生产资料所有权的阶级在生产中处于绝对优势的支配社会财富的地位，劳动产品和社会财富的分配总是以它的意志和要求为根据。正如马克思所说的："一个除自己的劳动力以外没有任何其他财产的人，在任何社会的和文化的状态中，都不得不为另一些已经成了劳动的物质条件的所有者的人做奴隶。他只有得到他们的允许才能劳动，因而只有得到他们的允许才能生

---

① 《马克思恩格斯选集》（第3卷），人民出版社1995年版，第298页。
② 《马克思恩格斯选集》（第3卷），人民出版社1995年版，第298页。
③ ［德］卡尔·马克思：《资本论》（第1卷），人民出版社1975年版，第56–57页。

存。"① 分配方式不是由正义观念决定的，这两者都是生产资料所有制的产物。要想解决公平分配问题，改变生产资料所有制才是根本出路。马克思的批判理论是拒绝用正义和权利观念这样的空洞的口号作为武器的。

马克思把生产资料私有制视为问题的根本，不是要抹杀劳动在所有生产阶段的地位，也不意味着对资本主义私有制及其分配的批判不能寄予任何的道德批判。与一般的道德理论不同，马克思的道德观念是建立在历史唯物主义基础上的批判性观念。马克思的公平观与他的上述批判观点是一致的。在马克思看来，公平观念不是抽象的、超历史的，一样是受制于生产方式。马克思批判拉萨尔所宣称的"社会一切成员"和"平等的权利"的正义只是些空话。

马克思的"按劳分配"和"按需分配"原则不是一般的分配正义原则，而是包含了对分配正义本身的批判。马克思在《哥达纲领批判》中把公正原则以及与其相关的权利观念，都被看作是有历史缺陷的，并最终会被历史地超越的东西。"马克思以'剩余价值学说'对资本主义进行科学分析，目标对准其生产方式，而不是为了争取什么分配的公正。"② 马克思不是以某种分配正义观批判资本主义社会，而是将分配正义连同资本主义社会一起予以深刻批判的。

### （二）马克思对资本主义"平等权利"下的"公平分配"的批判

马克思立足于历史唯物主义的基础上指出："生产当事人之间进行的交易的正义性在于：这种交易是从生产关系中作为自然结果产生出来的。……这个内容，只要与生产方式相适应，相一致，就是正义的；只要与生产方式相矛盾，就是非正义的。"③ 似乎马克思提出的是一个判断分配

---

① 《马克思恩格斯选集》（第3卷），人民出版社1995年版，第298页。
② 余文烈：《分析学派的马克思主义》，重庆出版社1993年版，第166页。
③ 《马克思恩格斯文集》（第7卷），人民出版社2009年版，第379页。

正义性的标准，即"生产方式标准"。实际上，马克思在这里所言的"正义"不是伦理意义上的正义概念，而是指经济的、法律权利意义上的"自然"结果。马克思进一步指出："在雇佣劳动制度的基础上要求平等的或仅仅是公平的报酬，就犹如在奴隶制的基础上要求自由一样。你们认为公道和公平的东西，与问题毫无关系。问题就在于：一定的生产制度所必需的和不可避免的东西是什么？"①在马克思看来，一方面仅仅是平等、公平的要求，甚至以法律的形式规定平等权利，实际上都是"与问题毫无关系"的；另一方面，马克思在这里所说的"正义"是在经济博弈规则的平等和过程中而言的。

经济的、法律的权利意义上的"自然"结果的正义是有缺陷的。马克思分析资本主义社会经济制度和政治制度，认为它废除了封建等级制、世袭制及一切封建宗法特权，极大地解放了生产力，推动了人类文明的巨大进步；但是，马克思又认为以私有制为基础的资本主义生产造成人的异化、劳动的异化是非正义的，工人丧失了人的自由本质。"资产者把无产者不是看作人，而是看作创造财富的力量。资产者还可以把这种力量同其他的生产力——牲畜、机器——进行比较。"②在法律形式上工人是自由的，与有产者拥有平等的权利，实际上这种平等除了让工人有出卖劳动力的自由权利以外没有更多自由。工人的劳动完全在物的"平等"交换下被物所支配，工人的劳动时间"不仅突破了工作日的道德极限，而且突破了工作日的纯粹身体的极限。它侵占了人体的成长、发育和维持健康所需要的时间"③。最根本的是，资本主义社会的生产方式在劳动过程上的权利分配是不公平的。不难理解马克思为什么一方面拒斥以抽象的道德概念来批判资本主义社会，另一方面却用"剥削、盗窃、抢劫、抢夺、榨取"等这样的

①《马克思恩格斯选集》（第 2 卷），人民出版社 1995 年版，第 76 页。
②《马克思恩格斯全集》（第 42 卷），人民出版社 1979 年版，第 262 页。
③《马克思恩格斯文集》（第 5 卷），人民出版社 2004 年版，第 306 页。

极富道德意蕴的词汇来斥责资本家对工人的剥削。"工人生产的对象越多，他能够占有的对象就越少，而且越受自己的产品即资本的统治。"① "劳动为富人生产了奇迹般的东西，但是为工人生产了赤贫。劳动生产了宫殿，但是给工人生产了棚舍。劳动生产了美，但是使工人变成畸形。"② 马克思对资本主义社会中人们由于占有生产资料的不平等而导致的经济收入的巨大差别表示不满与愤慨。

尽管"平等权利"披上了神圣的法律的外衣，在生产资料的资本主义私有制的前提下，资本主义法律制度下的平等、正义不可能摆脱片面性、虚伪性。实质上，自由是资本的自由，是资本可以自由地购买到劳动力的自由、榨取剩余价值的自由；平等是商品等价交换的形式平等，对于工人来说只有劳动力是他的商品——一种没有优势的商品，是被迫廉价出卖的商品。资产阶级制定的法律"公开目的无非是使那种只考虑私人利益，只考虑榨取金钱的立法者靠牺牲他的臣民来最大限度地'发财致富'"③。马克思从劳资经济关系中地位悬殊的实际情况出发，指出无产阶级缺乏属于自己的法律的保护，只能受制于资本家。他说："权利同权利相对抗，而这两种权利都同样是商品交换规律所承认的。在平等的权利之间，力量就起决定作用。"④ 马克思还指出资产阶级的法律条文在实践中并不是它所标榜的"法律面前人人平等"。在《资本论》第一卷第二十四章中，马克思非常详细地列举了资产阶级如何运用国家机器维护自己的财产关系和不正当利益。资本家利用国家权力"掠夺教会地产，欺骗性地出让国有土地，盗窃公有地，用剥夺方法、用残暴的恐怖手段把封建财产和克兰财产转化为

---

① 《马克思恩格斯选集》（第 1 卷），人民出版社 1995 年版，第 41 页。
② 《马克思恩格斯选集》（第 2 卷），人民出版社 1995 年版，第 43 页。
③ 《马克思恩格斯全集》（第 47 卷），人民出版社 1979 年版，第 528 页。
④ 《马克思恩格斯文集》（第 5 卷），人民出版社 2004 年版，第 272 页。

现代私有财产——这就是原始积累的各种田园诗式的方法"①。在《资本论》中，马克思列举了老牌资本主义国家的大量法律条文内容以证实资产阶级法权的虚伪性、片面性。在马克思看来，资本主义"平等权利"下的"公平分配"是以维护私有制为目的的，以"物的方式"处理人与人、人与社会关系的分配形式，不可能实现正义的分配。在资本主义社会中，物化的、资本化的经济关系决定资本主义法权的不公平性。

**（三）超越法权的分配正义与人的自由而全面的发展**

马克思认为，超越法权的"平等权利"就必须摒弃以"劳动决定权"作为"公平计算"的比例相等。人"除了自己的劳动，谁都不能提供其他任何东西，另一方面，除了个人的消费资料，没有任何东西可以转为个人的财产"②。在资本主义生产关系中，其分配正义的实质在于维护财产的私有制，法律意义的平等权利使得"生产者的权利是同他们提供的劳动成比例的；平等就在于以同一尺度——劳动——来计量"③。现实的人的差异性、丰富性与个性是不应该被某种标准强制地抹平的。超越"平等权利"的分配正义的理想的社会就是要造就、满足个性的人的需要。

"各尽所能、按需分配"的理想是对"平等权利"的分配正义的超越。虽然共产主义的初级阶段也采取"各尽所能，按劳分配"的方式，但是，这是因为前共产主义社会的残留而带来的弊端。马克思认为，"这里通行的是商品等价物的交换中通行的同一原则，即一种形式的一定量劳动同另一种形式的同量劳动相交换。所以，在这里平等的权利按照原则仍然是资产阶级权利，……虽然有这种进步，但这个平等的权利总还是被限制在一

---

① 《马克思恩格斯文集》（第5卷），人民出版社2004年版，第842页。
② 《马克思恩格斯文集》（第5卷），人民出版社2004年版，第18页。
③ 《马克思恩格斯文集》（第5卷），人民出版社2004年版，第19页。

个资产阶级的框框里。"① 这种以商品等价交换为原则的将劳动的数量和质量作为分配的标准，依然不足以实现对"平等权利"的真正超越。

根据马克思的观点，"各尽所能、按需分配"的理想对"平等权利"的分配正义才能真正超越，实现真正意义上的分配正义。这里的"需要"和"所能"都是每个人的个性需要和发展，其前提是生产力高度发展，社会财富极大涌流，这个时候物质需要不再是个问题，"经济人"没有存在的根据了。个人获得自由全面发展，人表现出完全不同的精神面貌。劳动成为"人之为人"的第一需要，没有交换各自劳动的必要了，人与人、人与社会在物质分配方面的冲突没了。马克思不再而且是没有必要以某种规范的分配正义去构想未来的理想社会。

马克思的"各尽所能、按需分配"与人的自由而全面的发展，扬弃了政治经济学意义上的等价交换和经济社会的分配结构，是完成了的自然主义的真正人的实现。这种构想既具有批判性和理想性，又具有价值的引导性，是对人的差异性与人类共同发展的可能性的统一。

---

① 《马克思恩格斯文集》（第5卷），人民出版社2004年版，第18—19页。

# 第四章

# 分析马克思主义道德理论的意义和局限

      分析马克思主义的兴起处于西方政治哲学、道德哲学复兴时期，面临美苏"冷战"的国际时局的变化和"和平与发展"主题下的时代性问题。分析马克思主义学者们出于对社会主义事业与命运的关注，纷纷研究马克思（包括马克思主义）的道德理论、历史哲学和政治哲学。其中一部分学者从道德上为社会主义作辩护，以论证社会主义之所以可以实现是因为它在道德上比资本主义更优越。为此，他们在解读和挖掘马克思和马克思主义理论资源的基础上，对马克思的道德理论予以一定程度上的合理重构，期望实现他们自己的"政治承诺"。一方面，他们对马克思著作的解读、对马克思的社会革命的理论和道德理论到达了极高的系统理解和把握，他们重构的马克思主义道德理论拓宽了马克思的道德理论研究新领域，为现实的马克思主义历史哲学和政治哲学的合法性提供新的理论支持。他们对马克思"道德悖论"问题的争论也启发我们不要对马克思道德理论做出片面的解读，应该全面地从整体上把握马克思的道德理论，应该从多领域和角度拓展我们对马克思主义研究的理论视野。另一方面，由于他们所运用的研究方法和理论思路与马克思的著作存在一定的分离性，分析马克思主义学者们对于马克思的道德理论方面的研究也存在很大的局限，这是我们需要加以克服的。

## 第一节 重构马克思主义道德理论的意义

分析马克思主义者之间没有形成统一观点和系统理论，重构分析马克思主义道德理论是多数分析马克思主义者主要目的，他们比较系统全面地从正义、平等、自由等主题方面予以重构，客观上拓宽了马克思主义道德理论研究的视野、领域。

### 一、明晰马克思的道德原则和观点

马克思的著作中有哪些道德观点，有没有他自己一贯的道德价值原则。分析马克思主义者以马克思的著作为依据，解读和挖掘马克思不同时期的著作中的道德因素，在此基础上他们分时期阐明马克思著作中的道德观点或隐含着的道德原则，并重构马克思主义的道德价值原则。他们的解读和重构也获得了不少积极成果，明晰了马克思不同时期著作中固有的道德观点和道德原则。

佩弗在 1990 年发表的《马克思主义，道德和社会正义》一书，被视为分析马克思主义道德理论研究成果的集体结晶。他总结了分析马克思主义者重构马克思主义道德理论方面的成果，认为马克思的著作中有一种连贯性的道德观点和道德原则。

第一，马克思以自由理性为基础的道德观点。这是分析马克思主义者阐明和重构马克思于 1841 年 4 月获得哲学博士学位至 1843 年辞去《莱茵报》编辑时期的道德观点①。他们认为，马克思在此阶段从人的内在理性观点出发将道德描述为不从属于宗教领域的人类叙事。马克思的《评普鲁士最近的书报检查令》一文，将基于人的理性自律的道德和基于他律的宗教道德区分开来了。分析马克思主义者指出，其一，马克思在这一时期作出道德判断明显地继承了卢梭和康德的理性主义传统，认为道德起源于理性的自律性，而不是他律性。在《论离婚法草案》中马克思认为宗教、单个人以及任何立法者都不能判定婚姻的正确与错误。其二，马克思说："立法者应该把自己看作一个自然科学家。他不是在创造法律，不是在发明法律，而仅仅是在表述法律，他用有意识的实在法把精神关系的内在规律表现出来。"②

　　第二，马克思革命的人本主义道德观点。这是分析马克思主义者阐明和重构马克思 1843 年下半年的道德观点，包括马克思在 1843 年夏天的《黑格尔法哲学批判》和三篇文章（《论犹太人问题》《〈黑格尔法哲学批判〉导言》《致阿尔诺德·卢格》）中的道德观点③。分析马克思主义认为，在资产阶级社会无法真正让启蒙主义的价值得到实现的情况下，受费尔巴哈的影响马克思向新观点的迈进，开始用尊严、人的退化或非人化等术语来表达他的道德观点。在分析马克思主义看来，其一，在《黑格尔法哲学批判》中，马克思开始怀疑资产阶级社会是国家与市民社会相分裂的社会，并怀疑这种社会是否具有成为一个真正民主的、"人的"社会的资格。其二，在《论犹太人问题》中，马克思将抽象的、道德的公民归结为市民社会中利己的个人，并将国家和市民社会、公民和利己的个人、政治解放和

---

　　①［美］R.G. 佩弗著，吕梁山、李旸、周洪军译：《马克思主义、道德与社会正义》，高等教育出版社 2010 年版，第 38 页。

　　②《马克思恩格斯全集》（第 1 卷），人民出版社 1957 年版，第 183 页。

　　③［美］R.G. 佩弗著，吕梁山、李旸、周洪军译：《马克思主义、道德与社会正义》，高等教育出版社 2010 年版，第 43 页。

人类解放区分开来，并指出人类解放也就是市民社会的解放。其三，在费尔巴哈人本主义的影响下，马克思提出必须唤醒人的自尊心，让有自由要求的人团结在一起成为一个民主的国家，脱离专制制度和君主政体的"非人化"境地过渡到"民主人类世界"以及"自由人们的制度"。①

第三，马克思的三个主要道德原则，包括自由、人类共同体和自我实现。这是分析马克思主义者阐明和重构马克思 1844 年时期的道德观点而得出的结论②。分析马克思主义认为，此时期哲学性因素仍然是马克思的思想中的主要成分，但是他的思想越来越具有经验性、科学性，因为他"逐渐地抛弃他早期观点所带有的黑格尔唯心主义"③，开始转入政治经济学的研究并对"异化"概念进行建构。他们认为，马克思在《1844 年经济学哲学手稿》中阐释他的异化理论，并第一次明确提出了他的共产主义思想，其中包含的道德内容以及此理论谴责各种异化形式所用的道德依据，可以被还原为三个主要的道德原则，即自由、人类共同体和自我实现。

第四，马克思阐述三大道德价值原则在真实集体中的实现。这是分析马克思主义者阐明和重构马克思在 1844—1847 年期间的道德观点④。他们认为，马克思早期著作的哲学性逐渐向后期著作的经验性过渡，马克思通过《神圣家族》《德意志意识形态》《关于费尔巴哈的提纲》等著作与青年黑格尔派、费尔巴哈及德国思辨哲学进行哲学论辩，清算了他的哲学信仰并使自己弄清了问题，完成了他的第一部真正科学著作《哲学的贫困》。因为在这部著作中，马克思自己认为，"我们见解中有决定意义的论点……

---

① 《马克思恩格斯选集》（第 1 卷），人民出版社 1995 年版，第 412–413 页。

② ［美］R.G. 佩弗著，吕梁山、李旸、周洪军译：《马克思主义、道德与社会正义》，高等教育出版社 2010 年版，第 50 页。

③ ［美］R.G. 佩弗著，吕梁山、李旸、周洪军译：《马克思主义、道德与社会正义》，高等教育出版社 2010 年版，第 50 页。

④ ［美］R.G. 佩弗著，吕梁山、李旸、周洪军译：《马克思主义、道德与社会正义》，高等教育出版社 2010 年版，第 59 页。

第一次作了科学的，虽然只是论战性的概述。"①

在分析马克思主义看来，此阶段马克思第一次发展出了他所有的经验性的社会科学基本原理，包括解释社会历史现象的总方法、历史唯物主义、阶级分析原理以及对资本主义的分析和对后资本主义的规划等。他们认为，《德意志意识形态》是马克思的道德观点表述得最清晰的著作，马克思在此著作中最清晰地论述了自由、人类共同体和自我实现之间的相互关系，即"在真实的集体的条件下，各个个人在自己的联合中并通过这种联合获得自由"②。分析马克思主义认为，在马克思看来，能保证实现这些价值目标的社会形式是共产主义。

第五，马克思阐发了三大道德价值原则的经验性内涵。这是分析马克思主义学者阐明和重构马克思后期 1847—1883 年时期的道德观点③。分析马克思主义认为，在《1857—1858 年经济学手稿》著作之后，马克思更少使用"异化"这一术语，在此著作的《序言》中对"劳动"和"劳动力"做出了重要的理论区分。他们还认为，马克思在其完全成熟的著作中更少提出明确的道德主张，但总是包含一些隐含的道德判断。他们看到了《1857—1858 年经济学手稿》这一著作不像《资本论》那样专注经济学，"它更广泛地关注着个人与社会、消灭劳动分工和增加闲暇、资本主义社会高级阶段是异化性质、资本主义的革命性及其固有的普遍性等问题"④。在分析马克思主义看来，马克思的道德观点越来越从思辨性和哲学性到经验性和科学性过渡，他把自己的经济学理论，如"物化劳动"，整合到他的异化理论中，以丰富他的三个道德价值原则。

---

① 《马克思恩格斯选集》（第 1 卷），人民出版社 1995 年版，第 34 页。

② 《马克思恩格斯全集》（第 3 卷），人民出版社 1960 年版，第 84 页。

③ ［美］R.G. 佩弗著，吕梁山、李旸、周洪军译：《马克思主义、道德与社会正义》，高等教育出版社 2010 年版，第 67 页。

④ ［美］R.G. 佩弗著，吕梁山、李旸、周洪军译：《马克思主义、道德与社会正义》，高等教育出版社 2010 年版，第 69 页。

## 二、丰富马克思的一些重要道德理论

分析马克思主义在运用分析方法解读马克思著作的基础上，为了使马克思的理论体系得到道德的论证，他们结合现代道德哲学、政治学和社会学等方面的新成果重构出分析马克思主义道德理论，包括正义理论、平等观、自由理论、剥削理论，至少在客观上使得马克思的道德理论在这些方面获得了新的解释和内涵。

### （一）分析马克思主义重构的道德理论对马克思正义理论的意义

第一，从批评的视角重构出分析马克思主义的正义概念，客观上丰富了马克思的正义理论。艾伦·伍德对马克思的正义概念做了仔细研究，在提出马克思是非正义论者的观点之后，重构出分析马克思主义的正义概念。首先，马克思的法权正义概念。正义是判断法律和权利的最高的普遍抽象标准。马克思指出，不能从法的本身来理解法，也"不能从人类精神的一般发展来理解"，要从"这种物质生活关系的总和"[①]来理解。在马克思的批判话语中，正义概念是一个对世界和现实的颠倒的、虚假的表达。"对马克思而言，法权观点，本质上是片面的，将它作为基本的视角来判断所有的社会现实就是对现实的歪曲。"[②]其次，马克思的内在于特定生产方式的正义观念。伍德认为，马克思是将正义理解为置于特定的生产方式之下的特殊产物，并不是衡量人类行为、社会制度的抽象标准、最高标准。

第二，用"自然权利"概念重构出分析马克思主义的正义概念，使得马克思的正义理论获得普遍主义的意义。英国分析马克思主义学者柯亨在1981 年发表于《新左派评论》的《自由、正义与资本主义》一文中，运用

---

① 《马克思恩格斯选集》（第 1 卷），人民出版社 1995 年版，第 32 页。

② Allen W.Wood, The Marxian Critique of Justice, *in Philosophy and Public Affairs*, Vol.1, No. 3.（Spring, 1972）, p265.

17 世纪以来的自然普遍主义"自然权利"概念重构出分析马克思主义的正义理论。他认为，"自然（或道德）权利的语言是正义的语言，任何一个认真对待正义的人一定会接受这个观点：自然权利是存在的。"① 柯亨认为马克思有"自然权利"概念意义上的正义信念，马克思从生产环节考察了私有财产初始意义的不正义，批评那种"羊吃人"的财产私有化就是盗窃，资本原始积累就是肮脏的。

英国分析马克思主义研究者诺曼·杰拉斯的重构也从历史普遍主义的角度来重构出分析马克思主义的正义概念，诉诸超越历史的正义原则，认为"马克思的著作——无论它可能是什么，甚或他的否认——是依据超历史的（作为其他众多道德价值之一的）正义原则对资本主义社会的一种控诉；就是说，依据非相对的规范标准，对于有利和不利、资源和责任的社会分配的控诉"②。杰拉斯反对伍德，认为马克思没有囿于法权的或传统的道德体系，而是借助自然权利这种道德权利体系建立他的正义观念。

第三，整合罗尔斯的正义原则重构出分析马克思主义的正义原则，赋予马克思的正义理论的当代意义。罗尔斯的具体正义概念或理论由两个按词典式次序排列的原则构成："第一原则：每个人对所有人所拥有的最广泛判断的基本自由体系相容的类似自由体系都应有一种平等的权利。第二原则：社会和经济的不平等应该这样安排，使它们在与正义的储存原则一致的情况下，适合与最少受惠者的最大利益；并且依系于在机会公平平等的条件下职位和地位向所有人开放。"③ 美国分析马克思主义者佩弗对罗尔斯的正义原则作了四点修正来重构马克思的正义理论，包括：（1）基本权利原则：不允许人们生活在最低福祉限度以下；（2）平等的自由原则：至

---

① G. A.Cohen，Freedom，Justice and Capitalism，*New Left Review*，126，March–April 1981，p12.

② ［英］诺曼·杰拉斯著，曹春丽译：《将马克思带向正义：补充与反驳》，载《马克思与正义理论》，李惠斌、李义天编，中国人民大学出版社 2010 年版，第 246 页。

③ ［美］约翰·罗尔斯著，何怀宏等译：《正义论》，中国社会科学出版社 1988 年版，第 56 页。

少有近似平等的自由价值和自由本身的严格平等；（3）差别原则：必须包含将最少受惠者在物质财富方面的利益最大化；（4）广泛民主原则：民主除了在政治领域，还必须在社会和经济领域中得到实现。①

## （二）分析马克思主义重构的道德理论对马克思平等观方面的意义

重构出分析马克思主义的平等道德观为社会主义的实现作辩护。英国分析马克思主义者柯亨认为，社会主义优越性在于它比资本主义社会更平等，平等观是马克思的社会政治理论中的重要内容之一，但是马克思没有对它做道德的论证。柯亨分析，马克思是从生产力的极大发展，导致社会物质财富的极大丰富这样的必然趋势来判断社会主义的实现，这判断依据不符合现代工业社会了，现代工业的发展已经或正在使传统的"工人阶级"走向瓦解。社会主义的实现依据只能从必然性论证转向规范性辩护。只有从道德上论证社会主义比资本主义更加优越和平等，才可以激励人们投身于社会主义事业。柯亨还在《自我所有、自由和平等》一书中，反对诺齐克的程序正义上的平等而忽视后果，因为这样的平等反而造成了人们在利益与社会责任的分配中的不平等，因此，诺齐克的平等观不能成为社会主义的道德辩护。

另一位以平等原则为社会主义作道德论证的是分析马克思主义的代表人物、美国著名经济学家约翰·罗默。他重构一种机会平等为市场社会主义做道德论证。机会平等包括：自我实现和福利的机会平等、政治影响的机会平等以及社会地位的机会平等。②罗默提出，机会平等要求对那些无法获得特权的人和由于自身无法控制的因素引起不利条件的人给予特殊的

---

① ［美］R.G.佩弗著，吕梁山、李旸、周洪军译：《马克思主义、道德与社会正义》，高等教育出版社 2010 年版，第 443 页。

② ［美］约翰·罗默著，余文烈等译：《社会主义的未来》，重庆出版社 1997 年版，第 9 页。

补偿或津贴。[①] 罗默又提出效率与平等并重，效率是建构市场的，平等原则是建构社会结构的。他认为这是社会主义实现短期目标的最好方案，这个方案既可以达到反对资本主义的私有制又可以反对高度集中的计划经济。

### （三）分析马克思主义重构的道德理论对马克思的自由理论方面的意义

第一，重构出分析马克思主义的自我决定的自由，使得马克思的自由理论获得真实的经验的意义。这是美国分析马克思主义者佩弗对马克思的自由理论予以充分的重构：（1）自由本质上是自我决定的机会，以自主性这一道德价值为基础；（2）自我决定包含消极自由（指不受他人干预的自由）与积极自由（决定自己生活的自由，自由的程度可以达到同其他人所拥有的类似的机会相当）；（3）决定自己生活的机会：一是有权权利平等地参与所有会影响自己生活的社会决策；二是有权权利平等地获得自我实现的手段。[②]

佩弗认为，一方面自我决定是由人的自由本性决定的；另一方面自我决定还与人们所选择的法律（命令和计划）相关联，这是根据真实的、经验性的自我来解释的自由。佩弗认为这两方面的自我决定的自由在马克思的早期著作都存在，而晚期著作中只有第二种了。佩弗主要重构马克思自由理论第二个方面的自由，是真实的、经验性自我决定的自由。

第二，重构出分析马克思主义自由理论的伦理学基础，使得马克思对资本主义私有制的批判具有道德依据。美国分析马克思主义学者乔治·布伦克特对马克思的自由观进行了重构，阐明马克思自由理论的伦理学基础。他在这方面的研究成果有论文《马克思思想中的自由与私有财产》（1979），著作《马克思的自由伦理学》（1983）。布伦克特认为，马克思对

---

① ［美］约翰·罗默著，余文烈等译：《社会主义的未来》，重庆出版社 1997 年版，第 10 页。

② ［美］R.G. 佩弗著，吕梁山、李旸、周洪军译：《马克思主义、道德与社会正义》，高等教育出版社 2010 年版，第 24 页。

资本主义私有制给予了道德的批判，而且马克思的批判是基于自由原则以及私有财产对个人与个性的影响。按照马克思的观点，在私有制的社会里，人与人之间处在利益相分离、相对立的存在状态中。他认为这种对立的本质可以通过重构马克思的自由观而得到解释。布伦克特从三个道德维度重构马克思的自由观：（1）"每个人不受偶然与运气的影响，有自己自由地控制和决定自己的事务"①，促进个人通过理性控制或管理自己的存在条件就可以发展了他的才能以及天赋，这样他就是自由的。私有制却阻碍了人的理性活动，这是马克思批判资本主义私有制的理由。（2）"通过各自的活动、产品以及交往对象化来满足每个人的自由要求。"② 资本主义私有制使得自由的实现条件，即对象化物质条件，被抽象的价值、货币掩盖了。"私有财产促进了事物的抽象，遮蔽了主体在目标与社会关系方面的对象化，私有财产阻碍自由的实现。"③（3）只有通过共同体与他人的合作与联合才可以实现自由。

### （四）分析马克思主义重构的道德理论对马克思剥削理论方面的意义

第一，重构出分析马克思主义的非技术性剥削定义，使得马克思的剥削理论获得道德规范性意义。罗默在他后期的研究中，对剥削理论的研究发生了转变，不再是经验性的研究，转向剥削理论的规范性的分析，以论证剥削是不公正的观点。他在 1988 年出版了《在自由中丧失——马克思主义经济哲学导论》一书，转向论证剥削的不正义性质，批判资本主义制度的不正当性。罗默认为马克思的剥削理论缺乏规范性导向，必须对其进

---

① George G.Brenkert，Freedom and Private Property in Marx，*Philosophy & Public Affairs*，Vol.8.No. 2（Winter，1979），p124.

② George G.Brenkert，Freedom and Private Property in Marx，*Philosophy & Public Affairs*，Vol.8.No. 2（Winter，1979），p125.

③ George G.Brenkert，Freedom and Private Property in Marx，*Philosophy & Public Affairs*，Vol.8.No. 2（Winter，1979），p126.

行补充与重构。

　　关键在于说明生产资料初始分配不平等是不是公正的、符合道德的。罗默提出一种剥削的非技术性定义。如果财产的初始分配是通过抢劫与掠夺而来的，如殖民掠夺和英国圈地运动，那么这种情况造成的剥削就是不道德的。除此之外，历史上财产的初始分配不平等的其他原因是不是合理的呢，比如，因为不同的时间偏好率、能力、冒险倾向、运气等。罗默认为个人不同的时间偏好率不仅仅是个人选择的结果，而是社会形成的，因此这个方面不能成为剥削和不平等的合理性基础。冒险倾向是因为缺少大量的资本，不能成为剥削和不平等的合理性基础。企业家的才能是在某一阶级背景下成长的东西，不能以此获得资本积累的巨额补偿。特殊的运气所带来的物质财产，也不能成为剥削和不平等的合理性基础。获得运气带来的财产是在此之前没有做出任何付出、之后也没有做出任何回报的。上述生产资料初始分配不平等的原因都不能成为资本主义的原始积累的"干净出身"依据。罗默最后得出，资本主义剥削是不正义的。

　　第二，用现代"理性选择理论"重构出分析马克思主义的剥削概念，使得马克思剥削概念更有当代意义的批判力度。这是分析马克思主义代表人物之一，也是美国著名政治哲学家乔恩·埃尔斯特重构的分析马克思主义剥削理论。与其他分析马克思主义学者的逻辑分析、语义分析方法不同，他采用现代政治学的方法——理性选择理论，来研究马克思的剥削理论。

　　理性选择理论是基于对个体的行为动机来分析的，"行为的理性选择解释表明了这个行动是理性的，并且之所以实施是因为它是理性的，行动是理性的，意味着考虑到主体的信念，这个行动对他来说是实现他计划和理想的最好方式"[1]。埃尔斯特认为马克思的剥削理论既是解释性概念也是

---

[1] Jon Elster, *Making sense of Marx*, Cambridge University Press, 1985, p286.

规范性概念。他将剥削分为两种：市场剥削与非市场剥削。市场剥削就是工人在经济地位上被强制或者被迫出卖自己的劳动力而受到剥削。非市场剥削是超经济手段的形式。资本主义剥削就是市场剥削。用理性选择理论分析市场剥削行为，埃尔斯特认为有两个理由说明资本主义剥削是不正义的。埃尔斯特认为在有雇佣经理管理工人的情况下，资本家不劳而获，"利润违反了'按劳付酬'的原则"。这显然是不道德的。埃尔斯特又认为在没有资本投资的纯资本主义企业情况下，企业家作为管理者、经纪人或者中间人本应该只得到自己劳动的报酬，而他得到了工人劳动报酬在内的全部利润。这也是不道德的。因此，马克思常常谴责他们是"盗窃""偷盗""抢劫"。

## 三、分析马克思主义道德理论的当代意义

分析马克思主义通过对马克思著作的解读，重构了马克思著作中隐含的道德观点和道德原则的重构，还重构出分析马克思主义的正义理论、平等观、自由理论和剥削理论。他们的这些成果也对当今道德哲学的发展和我国马克思主义伦理学的研究有着一定的理论意义和现实意义。

第一，文本研究的积极借鉴意义。分析马克思主义道德理论的重构虽然并不是完全符合马克思本意和理论精神，但是他们往往是在对马克思的文本作详尽考察的前提下阐释、重构出分析马克思主义道德理论的。像佩弗，他运用分析哲学的方法和元伦理学的方法将马克思的道德理论的发展分时期加以阐述，论述了每一时期马克思的道德思想的来源、基本观点及其发展。他们将马克思复杂的道德思想变化进程梳理得很清楚，有助于把握马克思道德思想发展的内在逻辑。他对马克思的文本做详尽考察是最能接近马克思的直接方式，对马克思道德理论的丰富性及其发展的曲折性的把握十分可靠。因此，在研究马克思的道德理论方面，他的这种做法是值

得我们国内马克思主义研究者借鉴的。

第二，重构的分析马克思主义道德理论有利于推动马克思主义道德理论与新时代结合，促进它获得新发展。在 20 世纪 60—70 年代美国民权运动和反越战运动中一些青年学者对现实进行批判和反思，他们当中的一部分人以马克思以及马克思主义的理论作为批判武器，又将它与分析道德哲学结合在一起，这样促进了分析马克思主义道德理论的一些新成果。像佩弗构建的一套充分的马克思主义道德和社会理论正是这一时代运动的产物。

分析马克思主义运用语言逻辑分析和语义分析的方法对马克思以及马克思主义道德理论进行新的论证和阐述，客观上将马克思的道德理论与一些时代性经验性问题结合了起来。像佩弗、罗默和柯亨等人，一方面根据资本主义社会的发展变化，重新阐释了马克思的道德理论并使其富有新时代意义，为马克思主义道德理论的发展拓宽了新空间。另一方面他们在重构分析马克思主义道德理论的过程中，系统探讨、评判、论证和发展了马克思著作中的道德观点，这包括异化、剥削、阶级压迫、社会公正等道德主题。因此他们重构的分析马克思主义道德理论不是简单地引入西方某种社会正义理论，冠之以"马克思主义"。他们重构分析马克思主义道德理论是在解读马克思主义经典著作的道德观点基础上的重建。如，佩弗所重构的三个马克思的道德价值原则：自由、人类共同体和自我实现，以及要求对这些善进行平等分配的一种充分的社会正义理论，与马克思的文本思想是吻合的，是在马克思的逻辑体系中重构的。他强调的平等理论导向体现了马克思的激进的人道主义和平等主义。

尤其是他们从规范性角度，立足于当代资本主义社会的现实与西方现代哲学的理论新成果基础上，关于民主的、自我管理的社会主义在道德上优于任何形式的资本主义或其他社会形式的论证，关于社会主义革命具有道德的正当性的论证，以及关于在历史可能的社会选择中最好是选择社会主义社会和共产主义是人类获得自由和正义的最好保障的论证，对马克思主义具有非常重要的积极论证意义。

第三，重构分析马克思主义道德理论中，分析马克思主义把马克思的道德价值判断和社会科学的经验性论点统一起来了。虽然分析马克思主义者主观上拒绝辩证法，但是客观上他们的研究成果使得马克思主义道德理论的辩证法获得了新的形态。分析马克思主义认为，马克思的经济哲学中的经验性论点可以对他的道德理论中价值性判断内容作出有效的辩护。经验性论点可以随历史条件的变化而获得发展，这样的经验性论点才足以起到对价值性判断内容的有力辩护。像佩弗所重构的充分的马克思主义道德社会理论，正是在探讨一套最起码的、科学的经验性论点基础上，寻求对马克思主义的道德价值性内容作辩护的。

第四，重构的马克思主义道德理论让马克思以及马克思主义道德理论获得比较优势。在重构的分析马克思主义道德理论中，他们往往整合现代西方哲学中其他哲学理论来补充马克思的理论，这种外部性的输入补充虽不能有效地为马克思以及马克思主义道德理论作辩护，但是实际上起到了比较西方现代哲学理论与马克思主义的作用，比较中表现出西方现代哲学理论的不足，客观上却反衬了马克思主义的巨大魅力。

第二节 分析马克思主义道德理论中的局限

分析马克思主义研究马克思的道德理论和重构分析马克思主义道德理论中，主要表现出两个方面的局限：一是他们主要运用元伦理学方法和分析哲学方法作元分析，然而这些方法的运用却失去了马克思文本中原有的批判性；二是分析马克思主义在对待科学与伦理、事实与价值等之间的关系方面，存在二元对立的思维，导致他们在研究和重构中有理论思路上的失误。因为科学与伦理、事实与价值等概念在逻辑认识上的分离，不意味着它们客观上是分离的。

## 一、分析方法导致分析马克思主义道德理论的缺陷

分析马克思主义崇尚分析方法的精确性和论证的严密性，以此方法去反对辩证法和整体主义，认为传统西方马克思主义在解读马克思的文本时粗糙、混乱和教条。约翰·罗默论文集《分析马克思主义》（1986）一书中将分析马克思主义所使用的方法总结为三点：一是致力于坚持抽象原则，区别于传统马克思主义和真实的历史揽在一起。二是对理论的微观基础进行研究，比如研究这样的问题：为什么阶级会作为重要的集体行动者出现？剥削为什么是错误的？平等是不是马克思主义的伦理目标？三是非教条地研究马克思主义。[1] 分析马克思主义的这种方法论有它自身的缺陷，

---

[1] John Rocmer ed., *Analytical Marxism*, Cambridge University Press, 1986, p1–2.

就是容易陷入严格的"二分法"和方法论个人主义的限制。它可以使得马克思的道德理论中概念和观点在形式上获得清晰性和严密性，而带来的问题也是严重的，"不但没有达到清晰、严密，反而导致了系统的误解和歪曲"①。分析马克思主义的分析方法又有它自身的特点，"分析的马克思主义所说的'分析'指的不是分析哲学，而是包括分析哲学的方法在内的当代西方哲学和社会科学中那些他们所谓的使表述更为精确、论证更为严谨的方法"②。分析马克思主义的分析方法既是他们理论论证中的特色，也局限了他们对马克思道德理论的研究。它的局限性和错误主要有：

第一，对马克思的文本作过度的主观性分析和解读，造成新的混乱。如，对马克思的正义概念的争论和分析。分析马克思主义中持马克思反对正义观点的代表人物伍德，为了证明他的观点，从马克思的著作中寻找到文本依据，其中就是《资本论》里面的一段经典的话③。伍德的观点是从马克思的这段话里分析出来的，即伍德根据马克思的这段话理解出资本主义剥削不是不正义的，然后进一步推导出马克思是反对正义的结论。赞成马克思是正义论者的分析马克思主义学者，如胡萨米等人，他们也引证马克思论述资本主义剥削是不正义的大量文本依据。伍德的回应是，对胡萨米等人所引用的文本避而不谈，仍然强词夺理地认为在马克思那里剥削的正

---

① Sean Sayers, Analytical Marxism and Morality, *Canadian Journal of Philosophy*, Supplementary Volume, 15（1989），p82.

② 段忠桥：《关于分析的马克思主义的两个问题——与余文烈同志商榷》，《马克思主义研究》1997 年第 4 期，第 58–65 页。

③ "在这里，同吉尔巴特一起说什么自然正义，这是荒谬的。生产当事人之间进行的交易的正义性在于，这种交易是从生产关系中作为自然结果产生出来的。这种经济交易作为当事人的意志行为，作为他们的共同意志的表示，作为可以由国家强加给立约双方的契约，表现在法律形式上，这些法律形式作为单纯的形式，是不能决定这个内容本身的。这些形式只是表示这个内容。这个内容，只要与生产方式相适应，相一致，就是正义的；只要与生产方式相矛盾，就是非正义的。在资本主义生产方式的基础上，奴隶制是非正义的；在商品质量上弄虚作假也是非正义的。"（《马克思恩格斯全集》（第 25 卷），人民出版社 1974 年版，第 379 页。）

义性是一个不值得辩护的事实，认为马克思说资本家占有剩余价值"决不是一种非正义"时，即使运用了反讽手法，马克思也是以自己的身份说出自己真实的意思。

第二，分析马克思主义反对传统西方马克思主义对马克思文本解读太教条，然而他们一样地陷入教条，不顾文本语境断章取义。在分析马克思主义者的分析研究中，引用马克思的文本来论证自己的观点是普遍的做法，在他们看来好像马克思的某一段话就是真理。正如张一兵教授所批评指出的，在分析马克思主义那里"凡是马克思恩格斯说的东西一定是真理。所以，一个马克思主义哲学的研究者，在他的论文和著述中面对一个讨论主题，可以不加任何历史性的特设说明就从《马克思恩格斯全集》的第 1 卷同质性地引述到第 50 卷"[①]。不同的文本都有它原来的历史语境，对文本的解读不能离开特定的文本语境。分析马克思主义者常常把马克思的文本仅仅当作一个孤立的"证据"，根本不管马克思文本的原始语境，这是他们研究中存在的极为严重的错误。

第三，分析马克思主义者为了论证自己的观点和结论，以实用主义的态度"强迫"马克思的文本符合自己的观点。他们往往是根据有用性原则对待马克思的文本，对自己有利的文本则大段引用，不利于自己的文本则弃之不顾、避而不谈。所以说他们的分析方法是他们手中的一把双刃剑，既可以砍向对方，对方也用它朝自己砍过来。有人形容分析马克思主义者把马克思的文本当作自家的"超市"，他们只不过是一些忠实的顾客而已。分析马克思主义者的这种对待马克思文本的态度造成"撕裂马克思"的严重后果。

第四，分析马克思主义的分析方法特点是，重分析而轻综合。如，他

---

[①] 张一兵：《回到马克思——经济学语境中的哲学话语》，江苏人民出版社 1999 年版，第 1 页。

们对待马克思的正义、平等、自由、道德、权利等概念和范畴就是这样，把它们从马克思整个理论系统的总体中剥离出来，然后加以语言形式的或理论抽象的分析、阐释和重构。

第五，分析马克思主义者的分析方法还忽略马克思文本中的语气和修辞手法。马克思讨论资本主义的"正义、自由、平等、权利"等道德范畴时，常常采用反讽、设问、借代、比喻等修辞手法，或者虚构"真正的社会主义者"与资本家之间的对话情景，等等。拘泥于马克思文本的字面含义，不注重分析马克思所使用的语气和修辞手法，就会误解马克思的真实意思。如伍德等持"马克思是反道德论者"观点的人，经常引用的几段句子："什么是'公平的'分配呢？难道资产者不是断言今天的分配是'公平的'吗？难道它事实上不是在现今的生产方式基础上唯一'公平的'分配吗？难道经济关系是由法的概念来调节，而不是相反，从经济关系中产生出法的关系吗？"[①] 在这里，马克思明显是采用反讽、反问的修辞手法的，绝对不是把自由贸易论者或资产阶级辩护士们的思想当作马克思自己的思想了。

综合来看，问题的关键是分析哲学和元伦理学这两种方法兴起于20世纪初，都不是马克思文本中内在的方法，这只能算是对马克思文本的外在性解读而已。不可能因为他们的方法具有精确性、明晰性、"科学性"和现代逻辑性，就自然获得了解读马克思文本的充分合理性。

## 二、二元对立思维导致分析马克思主义道德理论的不足

他们的研究方法上的局限性导致他们陷入一系列二元对立：事实与价值、唯物史观与道德理论、分析思维方法与辩证思维方法、方法论个人主义与方法论整体主义、道德相对主义与道德普遍主义等，导致分析马克思

---

① 《马克思恩格斯选集》（第3卷），人民出版社1995年版，第302页。

主义在分析与重建马克思的道德理论时，丧失了马克思的本意和话语特性，割裂了历史唯物主义的事实性与价值性的辩证统一。他们对马克思的道德理论的分析和重构中，价值性单向度的分析与重构掩盖历史的分析，最终没有合理阐释和理解历史唯物主义与道德理论的内在关系。同样，分析马克思主义者对"正义、权利、自由、价值、责任、人性、平等、功利主义"等伦理概念做出的元分析，由于他们的方法缺少马克思原有的批判性，给马克思的道德理论的解读和重构造成了许多片面性内容。

事实与价值的二分法起源于休谟难题：永远不能从"是"推出"应当"。这种二分法在道德哲学中的彻底运用始于情感主义元伦理学代表人物史蒂·文森。"史蒂·文森如同摩尔一样认为，事实在逻辑上是与评价相分离的"，情感主义所造成的"哲学分析在道德上的中立性，事实与价值之间在逻辑上的鸿沟，分歧的无休止性，都保留了下来"。①

分析马克思主义学派中多数学者都试图重构一种包含道德的社会理论来"补充"马克思的历史唯物主义，但仍然是在科学与道德、事实与价值分离基础上的"补充"。这方面的最早研究是柯亨做出的。他试图对马克思的历史唯物主义的基本概念以元伦理学的分析，建构一种社会主义的平等正义来"补充"其"缺失的道德"。但是，他的这种政治哲学理论过于倚重分析哲学和元伦理学的语言力量以及强调个人道德的完善，最终导致它不过是一种理论的乌托邦。另一些分析马克思主义学者们则强调马克思的历史唯物主义的科学性。美国学者威廉·肖，在他的著作《马克思的历史理论》中的态度，一是主张对马克思的历史理论作"技术决定论"②的解释，二是肯定历史唯物主义是"以经验为依据的理论"③。米勒则主张一种"生产方式的解释"，即把基本的经济变革的发生解释为生产方式作为整体

---

① ［美］阿拉斯代尔·麦金太尔著，龚群译：《伦理学简史》，商务印书馆2010年版，第334页。

② Willian H.Shaw，*Marx's Theory of history*，Stanford University Press，1918，p149.

③ Willian H.Shaw，*Marx's Theory of history*，Stanford University Press，1918，p520.

的一种自我转变趋势。

　　伍德对马克思主义理论的重构也有这种方法论的局限。马克思揭露和批判资本主义剥削工人的秘密，是以剩余价值论的科学发现为依据的。伍德却认为，马克思只是以剩余价值理论批判资本主义的剥削行为，但没有诉诸正义标准。伍德的分析理由是：资本家占有剩余价值没有包含不正义的交换。换言之，这里是占有，不是交换。公平的交换在占有之前就完成了，即工人将自己的劳动力卖给资本家，资本家付了等价的工资。很显然，伍德在这里偷换了概念，而且误读了马克思的剩余价值理论的劳动力与工资概念。马克思深刻揭示了资本家与工人的不平等交换，然而伍德却这样来歪曲事实：资本家从工人那里购买的是工人的劳动能力，工资就是工人劳动力的全部价值，这是一种等价交换，是一种正义的交换。伍德好像还证据十足一样地指出："这种情况对买者是一种特别的幸运，对卖者也绝不是不公平。"①可是，伍德没有注意到马克思所说的"这种情况"是什么意思。伍德对资本家的占有作这样的辩护：劳动力为资本创造剩余价值是劳动力成为商品的必要条件，如果资本家不能占有剩余价值，他就没有发展生产力的动力，这样就不会有资本主义的生产方式的存在和发展。这里，伍德又偷换了一个标准，即资本主义生产方式的存在和发展本身是正义的标准了。因此，伍德说出这样的荒唐结论："在资本主义生产方式之内对剩余价值的占有不仅是正义的，而且任何企图阻止资本占有剩余价值的行为都是极其不正义的。"②

　　既然马克思认为正义不是抽象的人类理性标准，它内在于特定的生产方式，那么剥削是内在于资本主义生产方式之中的，所以在"这种情况"下剥削是"正义"的。在此，伍德在偷换标准的同时，又采取一种纯粹相

---

　　① 《马克思恩格斯全集》（第 23 卷），人民出版社 1972 年版，第 219 页。

　　② Allen W.Wood，The Marxian Critique of Justice，*in Philosophy and Public Affairs*，Vol.1，No. 3.（Spring，1972），p265.

对主义的方法。按照伍德的相对主义，历史上从来没有不正义的剥削，也就从来没有不正义了。伍德的相对主义正义就用自身来衡量自身是不是正义，即每一种生产方式成为衡量自身的准则了。这种逻辑其实很荒谬。甚至按照伍德的逻辑，可以推出资本主义生产方式之下所存在的一切都是公正合理的，因为它们都内在于资本主义生产方式之中。

另外，罗默仅以平等原则为社会主义作道德辩护，却忽视了马克思揭示的人类社会历史发展的规律性、必然性。他的平等原则是缺乏科学基础的。而布伦克特对自由理论的重构，体现了他对马克思批判私有财产以及私有制的深刻理解。但是，他与众不同地将道德价值直接作为生产力来看待，这就不符合马克思历史唯物主义的科学性原理了。

由于上述一系列二元对立的约束，导致分析马克思主义学者们在分析和重构马克思的道德理论中，出现了理论思路上的问题。即事实与价值、科学与伦理在逻辑上可分离的概念，替代它们客观上"实际的不可分"。正如邓晓芒教授所言："好像我们只有把科学主义抛弃才能获得人本主义，这又是另外一个极端，但是在马克思和黑格尔那里这两者共同才构成了自然界，或者才构成了人。你把人看作是离开自然界的一种纯精神，那也不是完整的人。人是感性的，人和自然界是不可分的，你必须把人和自然界看作是一体的，这样理解的人才是完整的人。所以马克思认为：'完成了的自然主义就是人本主义，完成了的人本主义就是自然主义。'"[1] 可以说，马克思的思想理论的科学性是完成了的人本主义的科学性，而他的道德观是完成了的自然主义的道德观。

我们知道，马克思的历史唯物主义不是书斋里的学问，它以物质生产、社会生活这种人的感性活动为前提，超越全部旧哲学的"把理论引向神秘主义"的缺陷，在主客体统一的原则下既强调物质、经济条件的决

---

[1] 邓晓芒：《邓晓芒讲黑格尔》，北京大学出版社 2006 年版，第 49 页。

定作用，也重视意识形态的独立性作用。马克思的历史唯物主义不可能是单纯的物质论，更不可能是单纯的精神论，它是物质与精神之间的关系论。马克思的历史唯物主义是对自然和社会的科学性事实性认知考察，以此为基础的马克思的道德理论研究的主题，如自由、正义、平等、资本主义剥削等现实性的政治经济问题与理想性评价性的价值有关，因此它属于社会理论的价值性考察。因此，科学性的理论与道德判断和原则是可以统一的。

**突破分析马克思主义道德理论局限的必要方式**

从马克思的文本上看，马克思似乎不是一位道德哲学家，他没有撰写过专门的伦理学著作，也没有独立地探讨道德领域的某个问题，但这些都不意味着他没有自己道德理论。相反，马克思的著作中有着一种独特形态的、超越传统西方伦理学的道德理论，它的独特性在于以反独断论的批判特性和实践的话语方式证成它自身的成立。

## 一、把握马克思道德理论的批判特性

马克思的道德理论是批判性的道德理论。批判性是他全部理论的特点，综观马克思不同时期的论著，可以发现它的许多的标题或副标题都带有"批判"二字，即使有些论著的标题没有直接冠以"批判"的字眼，其内容大都贯穿着批判的思想[①]。所谓批判性，即表现为马克思从来不是一味肯定性地阐释前人的理论，或者像空想社会主义家那样按照某种美好理想去规范社会制度和人的行为。他始终坚持"否定之否定"的原则批判地对待现存的一切。马克思说："如果我们的任务不是推断未来和宣布一些适合将来任何时候的一劳永逸的决定，那么我们便会更明确地知道，我们现

---

[①] 丰子义：《社会批判视域中的马克思社会发展理论》，《江苏大学学报》（社会科学版），2012 年第 3 期，第 23–29 页。

在应该做些什么，我指的就是要对现存的一切进行无情地批判……这种批判不怕自己所作的结论。"① 马克思的批判指向现存的一切，包括观念世界和现实世界。这种批判精神最集中地体现在他的辩证法思想中，他说："辩证法……按其本质来说，它是批判和革命的。"② 他在《德意志意识形态》中批判施蒂纳时说："共产主义根本不进行任何道德说教。"③ 这里不等于马克思没有自己的道德观点和立场，非说教性是批判的道德理论的特性，即对一切传统道德理论和道德赖以产生的物质条件予以批判。

从马克思文本表面上看，马克思似乎不是一位道德哲学家，因为他没有撰写过专门的伦理学著作和论文；但是基于马克思辩证总体性思维，马克思文本中有着一种独特的、超越传统伦理学的跨越性批判话语表达方式证成其道德理论的存在，即这种话语表达方式是马克思道德理论的存在方式。

第一，马克思道德理论的跨越性批判特性。马克思的跨越性批判话语方式源自康德哲学，但又不同于康德。日本文艺批评家柄谷行人曾说："我将康德和马克思的跨越而且是位置的移动称为'跨越性批判'。"④ 这里的"位置"不是指地理位置，而是理论或视角之间的位置。康德的先验论旨在"要弄清楚意识不到且先于经验而存在的形式"⑤。而这种"先于经验而存在的形式"是不能仅以经验论或唯理论"发现"的，所以康德不断地以经验论批判唯理论，同时又以唯理论批判经验论。这是康德为防止唯理论或经验论的独断论错误，而透过两者之间的"强烈视差"以避免受到独

---

① 《马克思恩格斯全集》（第1卷），人民出版社1956年版，第416页。

② ［德］卡尔·马克思：《资本论》（第1卷），人民出版社1975年版，第214页。

③ 《马克思恩格斯全集》（第3卷），人民出版社1960年版，第50页。

④ ［日］柄谷行人著，赵京华译：《跨越性批判：康德与马克思》，中央编译局出版社2010年版，第4页。

⑤ ［日］柄谷行人著，赵京华译：《跨越性批判：康德与马克思》，中央编译局出版社2010年版，第1页。

断论假象的欺骗，从而发现问题的真实现实的做法。所谓马克思跨越性批判，即他通过各种不同的话语体系、学科语境、理论视角、范畴等"关系之间"的"强烈视差"来排除各种独断论的假象（骗局），从而达到对对象的真实现实的揭示。具体说，马克思道德理论正是以这样的跨越性批判话语表达方式被证成：

一是马克思经济学理论中经济学话语与哲学话语"之间"的跨越性道德批判。马克思晚年花了大量精力研究经济学，这是他以经济学话语解决哲学问题，同时又是以哲学话语揭示经济学问题本质的批判。如果仅仅使用科学的经济学话语解决纯粹的经济学问题，马克思经济学理论就不足以克服英国古典政治经济学中社会生产关系的假象，相反，如果仅仅运用哲学话语，那也难以超越德国古典哲学形而上学的假象。马克思跨越性批判正是要克服这种种假象，如《资本论》中商品的"二因素"理论。商品的价值概念尽管是一个经济学的范畴，在马克思那里也是一个哲学话语的表达，因为价值这个概念深刻揭示了物之上的人与人的社会关系，用马克思自己的话说，"桌子一旦作为商品出现，就转化为一个可感觉而又超感觉的物"[1]。商品的超感觉存在是不可能从经济学上把握到的，这是哲学的把握。在破除各种假象之后，马克思最终揭示出资本主义生产关系的剥削、压迫和不公平道德性质。可以说没有经济学话语马克思哲学不会具有如此的科学性，同样，若没有哲学话语马克思经济学也不会具有如此革命的批判力量和道德批判魅力。因此，分析马克思主义中所谓的"马克思科学性思想体系不包含道德成分"这个结论失之偏颇。

二是马克思唯物史观的历史必然性话语与实践应然性话语"之间"的跨越性道德批判。马克思唯物史观的批判是历史批判优先，重在揭示历史发展的客观规律。历史发展的客观规律不可能是自然的客观，而是通过人

---

[1]　［德］卡尔·马克思：《资本论》（第 1 卷），人民出版社 2004 年版，第 88 页。

的实践活动而表现为主体性"客观"的，如果唯物史观仅是关于社会历史发展规律的"纯客观"（假象）而没有道德诉求，那么怎样解释历史会向着进步的、美好的方向发展呢？"资本来到世间，从头到脚，每个毛孔都滴着血和肮脏的东西"①，"使人和人之间除了赤裸裸的利害关系即冷酷无情的'现金交易'之外，再也找不到任何别的联系了"②。这是马克思唯物史观对违反人道主义的资本主义制度进行了彻底的历史必然性批判中的道德批判，从而使历史的主体性"客观"规律向着道德应然性法则运动，建立消灭剥削和压迫的、自由全面发展的美好社会。

三是马克思社会理论在不同视角"之间"的跨越性道德批判。如，《莱茵报》时期之后，马克思从拒斥道德形而上学视角与共产主义道德终极诉求视角"之间"的跨越性道德批判。形而上学可以为道德奠立至高无上的抽象根据（假象），但是往往是空洞的道德呻吟，这与马克思社会理论的科学性和革命性是相悖的；但是马克思社会理论并不缺乏对人的道德终极关怀，他的共产主义思想正是拒斥道德形而上学与追求最高道德的跨越性批判话语方式的表达。

四是马克思社会理论中不同学科话语"之间"的跨越性道德批判。马克思使用的道德概念需要从社会学话语与伦理学话语"之间"的跨越性批判中去理解。在社会学中，道德概念是用来描述道德行为这种社会现象的；在伦理学中，道德概念是价值判断范畴。这一跨越性批判可以避免社会学的实证主义或人文主义研究造成的"个人与社会对撞"关系的道德假象，以及避免伦理学价值原则下"个人被社会压抑"的道德假象，从这两者之间跨越性批判可以在一定程度上揭示个人与社会的真实关系。因而那种认为马克思因持有"混乱的道德概念"而拒斥道德的分析马克思主义的

---

① 《马克思恩格斯全集》（第 42 卷），人民出版社 2002 年版，第 829 页。
② 《马克思恩格斯全集》（第 4 卷），人民出版社 2009 年版，第 468 页。

观点①，是误解了马克思不同学科话语之间的跨越性批判表达。

第二，马克思道德理论的理性批判特性。理性批判是对事物本质的批判把握。马克思的道德批判是以理性批判的方式，通过对社会本质的认识来批判社会现实的方法。理性批判来自康德开创的德国哲学。康德的"纯粹理性批判""实践理性批判""判断力批判"都是一种纯粹的理性批判，是对超验实体的把握。发展到费希特那里，"自我"是理性的实体，理性的自我是事物的本质和存在，它统摄一切、派生一切。到了在黑格尔那里，理性就是"绝对精神"。理性在自身的矛盾中不断发展、丰富，产生现实世界和人的精神世界。马克思继承和发展了德国古典哲学的理性批判传统。在马克思的大学时期，他从康德、费希特客观唯心主义理性批判方法转向黑格尔主观唯心主义的理性批判，接受青年黑格尔派的"自我意识"哲学。在《莱茵报》时期，马克思从青年黑格尔派的"自我意识"理性批判方法转向费尔巴哈的机械唯物主义和宗教异化批判方法。之后，马克思通过对费尔巴哈哲学的批判发展出自己的辩证理性批判方法。他认为：其一，"合乎理性的准则只能从事物的本性中取得"②，理性批判离不开对具体的历史的事物考察。其二，理性批判是认识世界的基本方法，要"按照对象世界所固有的规律来对待对象世界"③。

第三，马克思道德理论批判是包含唯物辩证法精神的批判。马克思的道德理论与他的总体理论的批判特性一样，不承认任何绝对、永恒、神圣的道德观念，总是对观念、事物以及人们的行为进行反思、疑问，从实践的现实社会物质条件中深入地考查和分析，并寻求解决问题的辩证途径。当然，马克思的道德理论批判并非否定一切，是辩证的否定，是扬弃，是

---

① ［美］R.G. 佩弗著，吕梁山、李旸、周洪军译：《马克思主义、道德与社会正义》，高等教育出版社 2010 年版，第 278 页。

②《马克思恩格斯选集》（第 1 卷），人民出版社 1995 年版，第 177 页。

③《马克思恩格斯选集》（第 1 卷），人民出版社 1995 年版，第 317 页。

批判与创造的统一。"批判精神作为辩证法的灵魂，其深层根基在于人类实践活动自我否定、自我超越的本性。对批判精神的理解，最根本的就是对实践活动辩证本性的理解。"①马克思的辩证批判的基本内涵是：否定性和肯定性辩证统一。"辩证法在对现存事物的肯定的理解中同时包含对现存事物的否定的理解，即对现存事物的必然灭亡的理解；辩证法对每一种既成的形式都是从不断的运动中，因而也是从它的暂时性方面去理解；辩证法不崇拜任何东西，按其本质来说，它是批判的和革命的。"②这段精辟的话是马克思对辩证批判方法本质的深刻表达。马克思对资本主义社会做价值性批判时，谴责它的不合理、不平等、不正义等方面，也肯定了资本主义社会的历史功绩。他在赞美共产主义社会优越性时，也从不低估实现美好共产主义理想的历史进程中的反复和曲折，甚至倒退。

第四，理论认识和实践认识辩证统一。马克思的道德批判理论是以真正的现实生活或人的物质生产活动为起点的，不是从"理性""自我""绝对精神"出发。马克思指出："我的辩证法，从根本上来说，不仅和黑格尔的辩证方法不同，而且和它截然相反，……我的看法则相反，观念的东西不外是移入人的头脑并在人头脑中改造过的物质的东西而已。"③马克思对道德概念、道德理论的批判就是以历史的和现实的道德生活为起点，拒绝抽象的道德概念和道德原则，反对用超验的规范性道德律来构想未来社会生活。

第五，批判与自我批判的统一。马克思的道德理论批判资本主义社会和资产阶级道德等对象，也开展自我批判。自我批判就是对主体自我予以反思和追问。批判成为社会改造的一种动力，自我批判是社会主体自身改造的动力；批判可以为选择社会发展道路提供指导，自我批判可以发现自

---

① 魏明超：《论批判精神的哲学底蕴》，《江西农业大学学报》2005年第6期，第138页。

② 《马克思恩格斯选集》（第2卷），人民出版社1995年版，第112页。

③ 《马克思恩格斯选集》（第2卷），人民出版社1995年版，第111-112页。

我认识的缺失。批判是自我批判的前提，自我批判是批判前行的追加动力。二者的辩证统一成为马克思道德批判理论的科学方法。

## 二、领会马克思道德理论的实践话语方式

马克思道德理论中具有明显而突出的实践话语方式。它是一种话语方式，也是一种实践的批判思维。在西方哲学史上，是马克思第一次把实践引入到认识论和历史观中。在人类历史上马克思第一次确立了实践批判的思维方式。马克思是这样奠立认识和批判社会的基础的："人们首先必须吃、喝、住、穿，然后才能从事政治、科学、艺术、宗教等；……人们的国家设施、法的观点、艺术以至宗教观念，就是从这个基础上发展起来的，因而，也必须由这个基础来解释，而不是像过去那样做得相反。"① 这就确立了社会存在和社会意识、主体和客体对立统一的实践根本性，成为马克思认识和批判社会的逻辑起点。实践一样是马克思批判的道德理论基础。

第一，马克思的实践批判思维是对传统理性思维模式的辩证否定和变革。马克思创立的实践批判方式，是对黑格尔最高理性的绝对精神的批判，是对费尔巴哈只有"感性对象"而没有"感性活动"的哲学批判，更是对西方形而上学本体论传统哲学的彻底颠覆，拒绝对一切事物的抽象本性的纯粹批判。对一切都从人的实践活动的视角予以考察。实践批判是马克思理论体系的本质特征。

第二，马克思的实践批判思维把从事实际活动的人所进行的实际活动确立为实践批判的对象。"我们不是从人们所说的、所想象的、所设想的东西出发，也不是从只存在于口头上所说的、思考出来的、想象出来

---

① 《马克思恩格斯选集》（第 3 卷），人民出版社 1995 年版，第 776 页。

的、设想出来的人出发，去理解真正的人。我们的出发点是从事实际活动的人，而且从他们的现实生活过程中我们还可以揭示出这一生活过程在意识形态上的反射和回声的发展。"① 马克思反对历史上"解释世界"的形而上学的理性诉求。马克思的道德批判理论以人们的道德生活实践为对象，不是为了如何解释现实的道德社会，是要推翻那些使人成为被侮辱、被奴役、被遗弃和被蔑视的东西的一切关系，为了人的解放。"实践的唯物主义者，即共产主义者说来，全部问题都在于使现存世界革命化，实际地反对和改变事物的现状。"②

第三，马克思的实践批判思维是实践批判和理论批判相统一的结合。马克思的道德批判理论是对道德实践的批判认识，也属于这个不断实践着的世界。"哲学不是在世界之外，就如同人脑虽然不在胃里，但也不在人体之外一样。当然，哲学在用双脚立地以前，先是用头脑立于世界的。"③ 实践批判在整个认识活动中占主导性地位和作用，"在思辨终止的地方，在现实生活面前，正是描述人们实践活动和实际发展过程的真正的实证科学开始的地方。……对现实的描述会使独立的哲学失去生存环境，能够取而代之的充其量不过是从对人类历史发展的观察中抽象出来的最一般的结果的概括。这些抽象本身离开了现实的历史就没有任何价值"④。马克思的实践批判立足实践，扬弃主观与客观的分离，实现从"理性批判"到"实践批判"的根本转向。实践批判将理论批判的基本成果引向现实实践，使理论批判得到检验，为理论批判提供了最为坚实的社会基础。理论批判以实践批判为依据，理论批判又指导实践批判，使得实践不断穿越视界上的

---

① 《马克思恩格斯选集》（第 1 卷），人民出版社 1995 年版，第 73 页。

② 《马克思恩格斯选集》（第 3 卷），人民出版社 1995 年版，第 48 页。

③ 《马克思恩格斯选集》（第 1 卷），人民出版社 1995 年版，第 220 页。

④ ［德］卡尔·马克思、弗里德里希·恩格斯：《德意志意识形态》，人民出版社 2008 年版，第 17 页。

障碍不断走向新的实践行动。

在马克思的道德理论中，描述性与规范性、科学性与价值性描述和判断都是在马克思的实践话语中言说的，它们本来就统一于实践中。在马克思文本中，这种话语方式与批判思维是统一的。这种批判思维可以避免仅仅从某一方面考察问题而出现独断论的错误。仅仅注重对现实的科学性、事实性描述会造成价值判断的缺失，把实然当成应然；同样地，过于注重规范性和价值性的理论也会造成价值理想的和精神的至上，把应然替代实然。这是两种认识上的假象。只有在两者之间的实践基础上的统一关系中才能克服被这种假象所造成的骗局。就像我们照镜子时我们总是按自己的意愿看自己的面孔，而照片则是"客观地"记录，我们只有通过镜子里的像（主观的）与照片（客观的）之间的"强烈的视差"，才能感知自己的脸的真实模样。在马克思的道德理论中，就是从主客体统一起来的人的实践关系上消除认识论中的假象。马克思将实践引入到认识论是对以往的旧哲学，尤其是对近代哲学的重大颠覆。马克思的道德理论之所以遭受到西方学界不断争议，总让他们感觉存在一个马克思"道德悖论"问题，根本的原因是他们没有把握马克思的实践话语方式。要正确理解马克思的道德理论，不仅要知道他说了什么，还有弄清楚他是怎样说的，否则就会误读他。马克思的道德理论是否存在以及如何存在，这个问题的合理解决只能依靠他的实践话语方式来突破。这是超越分析马克思主义马克思"道德悖论"之争中的分歧和局限的有效方式之一。

马克思的这种实践话语方式，把握它的具体体现才能有效突破分析马克思主义道德理论的不足或局限。马克思的这种独特话语方式在他的道德理论中的体现有：

其一，马克思的文本语境中存在着从经济学话语与哲学话语相统一的话语方式。马克思的晚年花了大量精力研究经济学，实际上他是用经济学话语解决哲学问题，又是用哲学话语分析和揭示经济学问题的本质的。仅仅使用科学性的经济学话语解决的是纯粹的经济学问题，相反，仅仅运用价值导向性的道德哲学话语也难以超越道德形而上学的窠臼。马克思实践话语方式可以克服那种不同话语之间的分离所造成的片面性，如，《资本论》中商品的使用价值与价值"二因素"理论。商品的使用价值概念是一个经济学话语的表达，商品的价值概念既是一个经济学的范畴，也是一个哲学话语的表达。在马克思那里，价值这个概念深刻揭示了物之上的人与人的社会关系，用马克思自己的话说，"桌子一旦作为商品出现，就转化为一个可感觉而又超感觉的物"①。我们不可能从经济学的角度去把握商品的超感觉的存在，这只能依靠哲学方法来把握。正是马克思运用实践的批判话语方式，才揭示了商品拜物教的道德性质，后面又发现剩余价值的道德性质，从而揭示资本家对工人剥削的不正义性。在经济学话语与哲学话语的统一关系中予以批判，使得科学性与价值性之间的类似康德式的"二律背反"矛盾可以被解决。没有经济学话语，马克思的哲学不会具有革命的科学性，同样如果没有哲学话语马克思的经济学不会具有深刻的批判力量和道德价值魅力。分析马克思主义中所谓的"马克思的科学性思想体系不包含道德成分"这个结论，是分离了马克思道德理论中的这种统一性话语方式而造成的。

其二，马克思道德理论中存在不同视角的统一关系上的话语方式。如马克思拒斥形而上学的道德论证与共产主义的诉求终极价值追求和人的全面解放。仅仅从马克思拒绝形而上学的道德论证视角看，就会误解马克思的终极价值诉求。单从马克思的终极价值诉求看，也会误认为他陷入了道德形而上学的论证。马克思的终极价值诉求是立足实践批判的。分析马克思主义的"马克思拒斥道德就是反道德"的观点就是犯了单一视角的独断论错误。

---

① ［德］卡尔·马克思：《资本论》（第 1 卷），人民出版社 1975 年版，第 88 页。

其三，马克思的道德批判理论存在道德概念的不同含义相统一关系的话语方式。如，在马克思的道德是意识形态与道德是"意识形态的"这样的话语中，存在马克思使用的两种不同含义的道德概念。从两者相统一关系上来理解，道德是意识形态，这里的道德是描述性含义；道德是"意识形态的"，这里的道德才是评价性判断，这种意义上道德是虚假的观念，是马克思要拒斥的。分析马克思主义的"马克思主张道德是意识形态，因而反对道德"的观点是没有区别的理解，是错误的观点。

其四，马克思道德理论中存在不同学科语境相统一关系的话语方式。如，马克思的从伦理学语境与社会学语境相统一关系上的道德批判。由于分析马克思主义者没有把握这点，他们所坚持的"马克思因持有'混乱的道德观'而拒斥道德"这个结论也是难以立足的。马克思有从伦理学语境下论述道德问题，也有从社会学语境下论说的。

以上具体话语方式涉及的统一关系，都是因为它们在实践中本来就是相统一的。马克思的实践话语方式，同时又作为批判思维是丰富的而有生命力的。

# 结　语

　　马克思的理论体系是否存在道德理论，可以说这是关系到整个马克思主义的发展和命运的。马克思的社会理论，尤其他的历史唯物主义，对人类社会的发展和对现存社会制度的批判，既是科学的描述性判断理论也是价值的评价性判断和原则。像他的经济哲学对资本主义生产关系的本质的揭示和对资本主义剥削的谴责，就是事实和价值、科学和伦理相统一的理论。作为社会理论，它揭示的不是自然运动规律而是社会发展趋势。社会发展是辩证的运动过程，因此不要说具体的历史事件的发生，就是社会发展规律的实现也总是包含人的主体性在其中的，那么必然渗透人的价值判断和选择；何况马克思的理论是批判的社会理论，批判就意味着启蒙人的自由意识、道德意识以及反抗意识和能力。因此，马克思的社会理论是如此具有批判力，难道其中会没有道德理论和道德批判？我们的回答是：那是不可能的。此外，马克思的社会理论还是实践的理论。我们知道，马克思的批判理论对资本主义制度的批判不可能是无根的妄语，对资本主义生产方式进行大量的经济学分析为他的理论批判提供了科学的基础。马克思毕其一生心血的未竟之作《资本论》是将事实与价值、科学与伦理统一起来的典范。《资本论》中大量的道德批判与他对资本主义剥削本质的认知是分不开的。

　　分析马克思主义学者们对马克思的道德理论的研究，以问题式的方式进行系统的、全面的讨论是非常有理论和现实意义。因为自第二国际以降，马克思（马克思主义）的道德理论总是受到争论，不是被歪曲就是被忽略甚至被剔除。分析马克思主义学者们围绕马克思"道德悖论"问题展开广泛讨论，他们讨论的道德范畴有正义、平等、自由、剥削、意识形态、道德相对主义、道德的客观性，等等。他们的分析方法对于明确这些道德范畴是有一定意义的，他们提出的问题对理解马克思的道德理论和马克思主义理论也是富有启发意义的。

　　分析马克思主义学者们运用分析哲学和元伦理学的方法，崇尚细节分析、语言语义分析与语言逻辑分析；他们重视方法论的个人主义，而不注重综合方法和辩证法，反对方法论的集体主义。最严重的是，他们缺乏历史分析和实践批判，将道德理论从唯物史观中剥离出来解读，这样导致他们误解马克思的道德理论的实质。这也局限了他们的视野和思路，导致他们重构的分析马克思主义道德理论丧失了革命性和批判性。他们常常陷入事实与价值、道德相对主义与道德普遍主义等方面的对立，最终没有合理解决马克思的历史唯物主义与道德理论的关系问题。像柯亨、威廉·肖、凯·尼尔森、罗德尼·佩弗等学者试图论证马克思的历史唯物主义与道德理论之间的相容关系，囿于他们研究方法的局限，虽然他们达到了一定的说明，但是并不彻底和全面。

　　分析马克思主义流派的人员众多、观点繁杂，虽然他们在各种争论领域中没有形成统一的结论，但是他们在各自的视角下对马克思的道德理论的研究都达到了相当高的程度。尤其是他们的研究积极回应了当时的世界哲学的主题之一，即政治哲学与道德理论的共建。20世纪中后期西方政治哲学万马齐喑的衰落情况下，道德理论研究的毅然勃兴为政治哲学的研究打开了新的局面。当时罗尔斯的《正义论》的发表是一石激起千层浪，在世界范围内掀起了复兴政治哲学与道德理论研究共进共建的浪潮，那么，马克思主义政治哲学与道德理论的研究与构建是首当其冲。这是历史时代性地赋予马克思主义的重大使命。诺齐克就认为，这时道德理论研究为政治哲学规定范围、输入新鲜血液。因此，马克思（马克思主义）的道德理论研究，自然成了各种政治哲学研究的重要理论资源和主要前提。分析马克思主义者在对马克思的道德理论的研究与构建方面所取得的深刻而丰富的成果，为我们的马克思主义伦理学研究和发展提供了理论契机与理论思路。马克思的理论博大精深，其道德理论虽然充满争议，但是对此方面的研究是时代赋予我们的历史使命。

需要强调的一个方面是，通过反思分析马克思主义的马克思"道德悖论"之争，我们必须认识到对于马克思的道德理论的研究必须在尊重马克思的著作文本基础上正确辨别分析马克思主义的道德理论成果才能汲取它的积极养分。回到马克思的文本，不是停留在文本的字面表达上，主要的是回到马克思的文本中的独特话语方式。分析马克思主义的一些学者判定马克思不是一位道德哲学家（因为他没有撰写过专门的伦理学著作），其中有个重要的原因是他们没有把握住马克思的一种独特的、超越传统伦理学的话语方式，即一种在描述性与规范性、科学性与价值性之间等相统一关系上的独特的跨越性批判特性和实践话语方式。

当有些人按照传统道德理论的标准来考究马克思社会理论时，容易认为其中没有道德内容或道德论证，原因之一是马克思道德理论有着与西方传统道德理论不一样的特性。因此，清楚把握马克思道德理论的特性是有必要的。其总体特性可以概括为如下几点：

第一，话语的隐含性和"悖论性"。

一是隐含性。由于马克思道德理论是以一种跨越性话语方式言说的，因此从文本形式上看马克思没有专门的道德哲学著作或论文，他的道德立场、原则、观点等方面都是隐含于他的文本话语之中，需要按照他原本的话语方式才可能把握其道德内容。由于马克思道德观的隐含性，以至于从19世纪末20世纪初开始，西方学界有人认为马克思唯物史观是"重物轻人"的经济唯物主义，忽视了对人的关注和对人类的道德关怀。分析马克思主义中持"马克思是反道德论者"的观点在于没有正确解读马克思道德观的这一特性。

二是"悖论性"。马克思对资产阶级道德的批判与对共产主义道德的诉求是在不同的语境中，在道德术语的使用上处于移动的语气状态——有时是描述性判断，有时是讽刺的、富于启发性的价值判断。这种道德词语使用特性，从文本表面上看似乎存在马克思社会理论在道德问题方面的自相矛盾。马克思这种对待道德的态度造成了马克思主义继承者们的矛盾解读——科学的马克思主义与伦理的马克思主义，也是造成分析马克思主义中对马克思"道德悖论"问题激烈争论的表面原因。以至于分析马克思主义者史蒂文·卢克斯将马克思道德观视为一个似是而非的矛盾："一种彼此存在表面上的矛盾（或至少是对立）的态度的混合。"[1]但是，无论如何马克思道德理论中的"悖论性"只是一个表面上的自相矛盾，不影响马克思道德观的存在和我们对它的把握。

第二，批判对象的根源性和本质性。

马克思道德理论对社会道德观念和问题的批判从来不停留或纠缠于对象的抽象形式、外部联系，反对本末倒置，直指问题的内在本质和社会性根源。

例如，根源性，马克思社会革命理论曾经对"分配正义"做出深刻的根源性批判。塔克尔在《马克思的革命观念》一书中认为"马克思的革命观与正义观是对立的"，说："从马克思的观点来看，分配导向最终通向放弃革命目标的道路，当然，他的这一担忧是完全有根据的，而后来欧洲社会民主党的演变也正印证了马克思的这一担忧。"[2]马克思对正义的批判，最早是在《哥达纲领批判》一文中为批驳错误的拉萨尔主义而阐述的。拉萨尔认为无产阶级贫困的原因是由资本主义的"铁的工资规律"决定的，

---

① ［英］史蒂文·卢克斯著，袁聚录译：《马克思主义与道德》，高等教育出版社 2009 年版，第 1 页。

② Robert Tucker, *The Marxian Revolutionary Idea*，NewYork: Norton, 1969, p51.

无产阶级的解放途径是废除这条"规律"，使工人群众取得"不折不扣的全部劳动所得"，从而实行"公平分配"。马克思指出："'公平分配'不是抽象的法则和观念，而是一定历史时期生产方式的体现。……难道经济关系是由法的概念来调节，而不是相反，从经济关系中产生出法的关系吗？"①马克思的批判深刻揭示了拉萨尔的错误在于没有认识到资本主义私有制和雇佣劳动制度下经济关系的本质，本末倒置地、抽象地提出"公平正义"的口号，这对无产阶级革命毫无益处。马克思对拉萨尔的分配正义观的批判，实际上是对资本主义生产方式所决定的不公正社会关系和社会制度做出批判，因为这种生产方式本身是不合理的，才决定其分配关系是不公正的。马克思社会革命观不是否定正义，而是从社会制度根源上解决正义，因为当非正义的社会根源被革除之后真正的正义获得实现便是历史发展的逻辑结果。

又如，本质性，马克思社会理论对资产阶级"天然正义"的批判就是本质性批判。艾伦·伍德的论文《马克思对正义的批判》（1972）主要是解读马克思的《资本论》中的正义问题，认为马克思是从生产方式的角度来看待资本主义，而正义内在于特定的生产方式，只要与特定生产方式相一致、相适应的交易和制度就是正义的，反之则是不正义的；而资本主义剥削制度是内在于资本主义生产方式的，所以"逻辑地"得出"资本主义剥削并非就是不正义的"②。马克思并不持"正义与否的内在标准是生产方式"的观点，恰恰相反，马克思在《资本论》中批判的正义是资产阶级的"天然正义"，而不是提出正义与否的标准。"这个内容，只要与生产方式相适应，相一致，就是正义的；只要与生产方式相矛盾，就是非正义的。在资本主义生产方式的基础上，奴隶制是非正义的；在商品质量上，弄虚

---

① 《马克思恩格斯文集》（第3卷），人民出版社2009年版，第432页。

② ［美］艾伦·伍德著，林进平译，李义天校：《马克思对正义的批判》，《马克思主义与现实》2010年第6期，第39-47页。

作假也是非正义的。"① 资本主义生产方式下的"天然正义"不过是强权和资本逻辑的赤裸说词，这与原始的"丛林"逻辑没有区别。马克思真正批判的是资本主义生产方式这种"天然正义"所掩盖下的生产关系本质，也即社会正义的根据在于特定的生产关系是否适应生产力的发展以及推动社会文明进步，从而在本质上批判了资本逻辑下的"天然正义"的相对性。

第三，理论视角的超越性。

一是超越西方道德理论的理性主义传统。马克思社会历史哲学观点认为，社会道德总是由其所处历史时期的物质生产状况所决定，不同历史时期生产方式的差异决定了其道德观念的不同。马克思认为，现代资产阶级所宣称的道德原则是以理性主义非总体的"二元分裂"错误所致，即以理性自由塑造的道德世界和以自然需要塑造的市民社会之间的分裂，这导致道德行为变成与人的真实本质相异化的抽象形式。马克思社会理论将理性自由和感性需要统一于社会实践的基础上，既克服道德义务论的理性主义的抽象无力，也克服道德功利论的机会平等主义。

二是超越西方现代元伦理学的逻辑主义。分析马克思主义崇尚分析哲学和元伦理学的分析方法，以分析方法的精确性和个人主义反对马克思社会理论的辩证法和整体主义。虽然分析方法可以使得马克思社会理论中的道德概念和观点在语言形式上获得清晰性和严密性，然而它却带来严重的问题，"不但没有达到清晰、严密，反而导致了系统的误解和歪曲"②。因为它往往陷入过度分析和解读马克思文本的境地，从而造成新的混乱，不顾文本语境断章取义，或根据有用性原则对待马克思文本。马克思的辩证法思想是整体性批判思路，可以克服逻辑上成立而客观上却是不合理、不全面的情况，因为逻辑上可以严密分析的对象在事实上却是不可分离的。

---

① 《马克思恩格斯全集》（第 25 卷），人民出版社 1974 年版，第 379 页。

② Sean Sayers, Analytical Marxism and Morality, *Canadian Journal of Philosophy*, Supplementary Volume, 15(1989), p81-104.

# 主要参考文献

## 一、中文著作类

1.《马克思恩格斯全集》（第 1、2、3、4、23、24、25、42 卷），人民出版社 1956、1957、1960、1972、1972、1972、1974、1979 年版。

2.《马克思恩格斯选集》（第 1—4 卷），人民出版社 1995 年版。

3.《马克思恩格斯文集》（第 1、3、5、8、9、10 卷），人民出版社 2009 年版。

4.《列宁全集》（第 18、20、23、31、36 卷），人民出版社 1988、1989、1990、1985、1985 年版。

5.《普列汉诺夫哲学著作选集》（第 2、3 卷），三联书店 1961、1962 年版。

6.《邓小平文选》（第 1、2、3 卷），人民出版社 1994、1994、1993 年版。

7. 刘卓红：《历史唯物主义新形态的探索——卢卡奇社会存在本体论研究》，人民出版社 2006 年版。

8. 俞吾金、陈学明：《国外马克思主义哲学流派新编》，复旦大学出版社 2002 年版。

9. 俞吾金：《意识形态论》，上海人民出版社 1993 年版。

10. 张一兵、蒙木桂：《神会马克思：马克思哲学原生态的当代阐释》，中国人民大学出版社 2003 年版。

11. 高国希：《走出伦理困境——麦金太尔道德哲学与马克思主义伦理学研究》，上海社会科学院出版社 1996 年版。

12．宋希仁主编：《西方伦理思想史》，中国人民大学出版社 2010 年版。

13．余文烈：《分析学派马克思主义》，重庆出版社 1993 年版。

14．赵敦华：《西方哲学简史》，北京大学出版社 2001 年版。

15．陶艳华：《马克思政治伦理思想研究》，人民出版社 2009 年版。

16．张之沧：《西方马克思主义伦理思想研究》，南京大学出版社 2009 年版。

17．［东汉］许慎、［清］段玉裁注：《说文解字注》，上海古籍出版社 1988 年版。

18．李萍：《伦理学基础》，首都经济贸易大学出版社 2004 年版。

19．邓晓芒：《邓晓芒讲黑格尔》，北京大学出版社 2006 年版。

20．徐崇温：《西方马克思主义》，天津出版社 1982 年版。

21．《哲学译丛》编辑部：《南斯拉夫哲学论文集》，三联书店 1979 年版。

22．《哲学译丛》编辑部：《关于马克思主义人道主义问题的论争》，三联书店 1981 年版。

23．陈波、韩林合主编：《逻辑与语言——分析哲学经典文选》，东方出版社 2005 年版。

24．洪汉鼎：《当代西方哲学两大思潮》（上），商务印书馆 2010 年版。

25．公丕祥：《权利现象的逻辑》，山东人民出版社 2002 年版。

26．宋希仁等主编：《伦理学大辞典》，吉林人民出版社 1989 年版。

27．《中国大百科全书·哲学》（第 1 卷），中国大百科全书出版社 1987 年版。

28．《辞海》（增补本），上海辞书出版社 1983 年版。

29．《新英汉词典》（增补本），上海译文出版社 1985 年版。

30．苗力田编：《亚里士多德选集》（伦理学卷），中国人民大学出版社 1999 年版。

31．［德］卡尔·马克思著，中共中央马克思恩格斯列宁斯大林著作编译局译:《1844 年经济学哲学手稿》,人民出版社 1979 年版。

32.〔德〕卡尔·马克思、弗里德里希·恩格斯:《德意志意识形态》,人民出版社 1961、2008 年版。

33.〔德〕卡尔·马克思:《哥达纲领批判》,人民出版社 1997 年版。

34.〔德〕弗·梅林著,樊集译:《马克思传》,人民出版社 1973 年版。

35.〔德〕海因里希·格姆科夫等著,易廷镇、侯焕良译:《恩格斯传》,三联书店 1980 年版。

36.〔德〕伊曼努尔·康德著,邓晓芒译:《实践理性批判》,人民出版社 2003 年版。

37.〔德〕伊曼努尔·康德著,苗力田译:《道德形而上学原理》,上海人民出版社 2005 年版。

38.〔德〕卡尔·柯尔施著,王南湜、荣新海译:《马克思主义和哲学》,重庆出版社 1989 年版。

39.〔德〕爱德华·伯恩施坦:《阶级斗争的教条和阶级斗争的真实》,东方出版社 1989 年版。

40.〔德〕卡尔·考茨基:《唯物主义历史观》(第一分册),上海人民出版社 1964 年版。

41.〔英〕大卫·休谟著,关文运译:《人性论》,商务印书馆 1980 年版。

42.〔英〕史蒂文·卢克斯著,袁聚录译:《马克思主义与道德》,高等教育出版社 2009 年版。

43.〔英〕G. A. 柯亨著,施政欣译:《如果你是平等主义者,为何如此富有?》,北京大学出版社 2009 年版。

44.〔英〕G. A. 柯亨著,岳长龄译:《卡尔·马克思的历史理论:一个辩护》,重庆出版社 1989 年版。

45.〔英〕G. A. 柯亨:《历史、劳动和自由》,牛津大学出版社 1988 年版。

46.〔英〕G. A. 柯亨著,李朝晖译:《自我所有、自由和平等》,东方出版社 2008 年版。

47.［英］戴维·麦克莱伦著，王珍译：《卡尔·马克思传》，中国人民大学出版社 2005 年版。

48.［英］卡尔·波普尔著，陆衡译：《开放社会及其敌人》（第 2 卷），中国社会科学出版社 1999 年版。

49.［英］肖恩·塞耶斯著，冯颜利译：《马克思主义与人性》，东方出版社 2008 年版。

50.［美］芭芭拉·赫尔曼著，陈虎平译：《道德判断的实践》，东方出版社 2006 年版。

51.［美］R. G. 佩弗著，吕梁山、李旸、周洪军译：《马克思主义、道德与社会正义》，高等教育出版社 2010 年版。

52.［美］R. W. 米勒著，张伟译：《分析马克思——道德、权力和历史》，高等教育出版社 2009 年版。

53.［美］约翰·罗默著，余文烈等译：《社会主义的未来》，重庆出版社 1997 年版。

54.［美］乔恩·埃尔斯特著，何怀远等译：《理解马克思》，中国人民大学出版社 2008 年版。

55.［美］约翰·罗尔斯著，何怀宏等译：《正义论》，中国社会科学出版社 1988 年版。

56.［美］约翰·罗尔斯著，姚大志译：《作为公平的正义——正义新论》，上海三联书店 2002 年版。

57.［美］阿拉斯代尔·麦金太尔著，宋继杰译：《追寻美德》，译林出版社 2003 年版。

58.［美］阿拉斯代尔·麦金太尔著，万俊人等译：《谁之正义？何种合理性？》，当代中国出版社 1996 年版。

59.［美］马丁·杰伊著，单世联译：《法兰克福学派史》，广东人民出版社 1998 年版。

60.［美］乔治·霍夫曼、弗雷德·华纳·尼尔著，裘辉等译：《南斯拉夫和新共产主义》(下卷),商务印书馆 1963 年版。

61.〔美〕保罗·鲁道夫·卡尔纳普:《通过语言的逻辑分析清除形而上学》,洪谦主编:《逻辑经验主义》(上卷),商务印书馆 1982 年版。

62.〔美〕约翰·罗默:《在自由中丧失 —— 马克思主义经济哲学导论》,经济科学出版社 2003 年版。

63.〔美〕弗吉利亚斯·弗姆主编,戴杨毅等译:《道德百科全书》,湖南人民出版社 1988 年版。

64.〔美〕希拉里·普特南著,应奇译:《事实与价值二分法的崩溃》,东方出版社 2006 年版。

65.〔加〕艾伦·伍德著,尚庆飞译:《新社会主义》,江苏人民出版社 2001 年版。

66.〔加〕罗伯特·韦尔、凯·尼尔森编著,鲁克俭等译:《分析马克思主义新论》,中国人民大学出版社 2002 年版。

67.〔南〕M.马尔科维奇、G.彼得洛维奇编著,郑一明、曲跃厚译:《南斯拉夫“实践派”的历史和理论·导论》,重庆出版社 1994 年版。

68.〔南〕M.马尔科维奇:《南斯拉夫哲学论文集》,三联书店 1979 年版。

69.〔南〕G.彼得洛维奇:《关于马克思主义人道主义问题的论争》,三联书店 1981 年版。

70.〔匈〕卢卡奇·格奥尔格著,杜章智等译:《历史与阶级意识》,商务印书馆 1992 年版。

## 二、论文类

1.〔美〕艾伦·伍德著,林进平译,李义天校:《马克思对正义的批判》,《马克思主义与现实》2010 年第 6 期。

2.〔加〕凯·尼尔森著,林进平、郭丽丽、梁灼婷译:《正义之争:马克思主义的非道德主义与道德主义》,《马克思主义与现实》2009 年第

6 期。

3. ［英］克里斯多夫·贝塔姆著，刘斌译：《剖析分析的马克思主义》，《现代哲学》2003 年第 4 期。

4. 俞吾金：《决定论与自由意志关系新探》，《复旦学报》（社会科学版）2013 年第 2 期。

5. 俞吾金：《黄金律令，还是权力意志——对"己所不欲，勿施于人"命题的新探析》，《道德与文明》2012 年第 5 期。

6. 张盾：《马克思哲学革命中的伦理学问题》，《哲学研究》2004 年第 5 期。

7. 张霄、胡启勇：《马克思主义在伦理学上的"反道德论"问题——当代英美马克思主义伦理学研究中的一个主要问题》，《哲学研究》2008 年第 6 期。

8. 段忠桥：《分析的马克思主义的一般特征及其三个代表性成果》，《教学与研究》2001 年第 12 期。

9. 张霄：《〈1844 年经济学哲学手稿〉中的人道主义问题》，《教学与研究》2013 年第 5 期。

10. 张霄：《马克思自由理论的解释与重构——评当代英美学界的几种马克思主义自由观》，《江汉论坛》2010 年第 4 期。

11. 苏晓离：《评价对马克思道德思想的一种曲解》，《哲学研究》1992 年第 1 期。

12. 王露璐、张霄：《20 世纪 70 年代以来英美马克思主义伦理学研究中的主要问题——从一场"马克思与正义"的争论谈起》，《马克思主义研究》2007 年第 12 期。

13. 林育川：《罗尼·佩弗"激进的罗尔斯主义"的社会正义论》，《哲学动态》2011 年第 8 期。

14. 余京华：《道德·正义·平等——凯·尼尔森对马克思历史唯物主义的研究及其当代启示》，《哲学动态》2010 年第 5 期。

15. 吕梁山：《佩弗论道德与意识形态》，《哲学动态》2009 年第 10 期。

16. 薛俊强：《“自由主义”批判的批判：马克思与施蒂纳——兼论“每个人的自由发展是一切人的自由发展的条件”》，《哲学动态》2008年第12期。

17. 陈真：《佩弗的马克思主义“道德社会论”批判》，《哲学动态》2007年第12期。

18. 胡潇、黄梅玲：《早期马克思道德批判的元哲学叙事——基于〈1844年经济学哲学手稿〉的思考》，《伦理学研究》2013年第3期。

19. 王晓升：《马克思是反（或非）道德主义者吗？》，《伦理学研究》2012年第1期。

20. 何良安：《论道德理论在马克思思想体系中的地位》，《伦理学研究》2007年第1期。

21. 罗秋立、何良安：《马克思的道德哲学批判》，《伦理学研究》2004年第11期。

22. 黄富峰：《〈共产党宣言〉与无产阶级道德》，《伦理学研究》2009年第5期。

23. 刘鹏、陈玉照：《“正义之争”与马克思的“非道德理论”问题——“塔克尔—伍德命题”引发的争论与思考》，《社会主义研究》2010年第4期。

24. 田世锭：《英美马克思主义者对社会主义的三种论证》，《社会主义研究》2009年第4期。

25. 张言亮、李义天：《试论马克思对麦金太尔美德伦理学的影响》，《道德与文明》2012年第3期。

26. 刘琳：《卢卡奇对〈资本论〉及手稿的伦理学解读——以卢卡奇〈关于社会存在的本体论〉为分析资源》，《道德与文明》2011年第4期。

27. 田世锭：《马克思主义与道德关系的一种论争——塞耶斯对卢克斯的批评析论》，《道德与文明》2013年第5期。

28. 金可溪：《马克思的马克思主义道德观的形成》，《道德与文明》2001年第2期。

29．高兆明：《马克思的唯物史观与道德观三问》,《道德与文明》2007年第3期。

30．张之沧：《马克思的道德实践》,《道德与文明》2007年第3期。

31．张之沧：《马克思的道德观解析》,《马克思主义研究》2010年第9期。

32．宫维明：《罗德尼·佩弗与艾伦·伍德的"马克思主义道德观"之争及其启示》,《马克思主义研究》2012年第10期。

33．张亮：《伦理的激情：马克思中学时代的哲学世界观解读》,《学海》2005年第3期。

34．张雷：《〈资本论〉的经济正义观》,《理论月刊》2010年第1期。

35．汪行福：《超越正义的正义论：反思马克思与正义关系之争》,《江海学刊》2011年第3期。

36．刘琳：《马克思〈资本论〉的经济伦理思想研究评析》,《求实》2006年第8期。

37．刘锋：《马克思恩格斯关于社会进步与道德关系的思想》,《求索》1991年第4期。

38．李培超：《论马克思伦理思想的逻辑进路》,《当代世界与社会主义》2007年第4期。

39．刘宏勋：《马克思主义与道德——评艾伦·伍德〈卡尔·马克思〉一书》,《国外理论动态》2007年第1期。

40．冯昊青、郑祥福：《马克思道德理论范式决疑》,《学术月刊》2013年第2期。

41．辛慧丽：《马克思伦理思想的现实性：理论的超越与实践的回归》,《理论探讨》2011年第3期。

42．李伟东：《艾伦·伍德对新社会主义理论的批评》,《广东社会科学》2011年第1期。

43．薄爱敬：《马克思恩格斯批判正义思想的理论特质》,《社会科学家》2011年第4期。

44．寇东亮：《马克思恩格斯道德哲学思想探要》，《内蒙古社会科学》2010 年第 5 期。

45．石中英、尚志远：《〈反杜林论〉与当前的道德评价和道德教育本质》，《清华大学教育研究》1998 年第 2 期。

46．曲红梅：《历史唯物主义与道德——对马克思道德理论研究理路的探寻》，《吉林大学》（社会科学学报），2009 年第 2 期。

47．张霄：《评目的论式的马克思主义道德理论》，《中南民族大学学报》（人文社会科学版），2010 年第 3 期。

48．李旸：《马克思剥削概念的道德内容——R．G．佩弗对马克思剥削概念的重构》，《北京行政学院学报》2009 年第 3 期。

49．高国希：《人的发展的道德意蕴——马克思的贡献初论》，《上海师范大学学报》（哲学社会科学版），2007 年第 5 期。

50．余京华：《论马克思唯物史观的道德批判精神》，《安徽大学学报》（哲学社会科学版），2010 年第 1 期。

51．宛小平：《道德批判与重构是贯串于马克思主义理论体系的一条红线》，《安徽大学学报》（哲学社会科学版），1997 年第 5 期。

52．［南］M．马尔科维奇：《南斯拉夫的马克思主义哲学——"实践派"》，张伯摄译，顾良校，《哲学译丛》1981 年第 1 期。

## 三、外文文献类

1．Robert Tucker，*The Marxian Revolutionary Idea*，NewYork：Norton，1969.

2．Allen E.Buhanan，*Marx and Justice：The Radical Critique of Liberalism*，Totowa New Jersey and London：Rowman & Littlefield，1982.

3．Allen W. Wood，*Karl Marx*，London，Boston，Henley：Routledge & Kegan Paul，1981.

4．Gorge Brenkert，*Marx's Ethics of Freedom*，London：Routledge &

Kegan Paul, 1983.

5. Steven Lukes, *Marxism and Morality*, Oxford: Clarendon Press, 1985.

6. Richard W. Miller, *Marx and Morality*, in Marxism Nomos XXVI. Edited by J. Roland Pennock and John Chapman. New Youk: New York University Press, 1983.

7. Philip Kain, *Marx and Ethics*, Oxford: Clarendon Press, 1988.

8. Kai Nielsen, *Marxism and the Moral Point of View*: *Morality*, *Ideology and Historical Materialism*, Colorado: Westview Press, 1989.

9. Willian H.Shaw, *Marx's Theory of history*, Stanford University Press, 1918.

10. John Rawls, *A Theory of Justice*, Harvard: Harvard University Press, 1971.

11. Richard W.Miller, *Analyzing Marx*: *Morality*, *Power and History*, New Jersey: Princeton University Press, 1984.

12. R. G. Peffer, *Marxism*, *Morality*, *and Social Justice*, New Jersey: Princeton University Press, 1990.

13. Allen E. Buchanan, Revolutionary Motivation and Rationality, *in Philosophy and Public Affairs*, vol.9, no.1, 1979.

14. Alan G. Nasser, Marx's Ethical Anthropology, *Philosophy and Phenomenological Research*, Vol.35, No.4, 1975.

15. Allen W. Wood, The Marxian Critique of Justice, *Philosophy and Public Affairs*, Vol.1, No.3, (Spring 1972).

16. Aronovitch, Hilliard, Marxian Morality, CJP, 1980, 10(3).

17. Brenkert, George, Marx and Utilitarianism, CJP, 1975, 5(3).

18. M. Carthy, George, Marx's Social Ethics and the Critique of Traditional Morality, *Studies in Soviet Thought*, 1985, 29(3).

19. Somerville, John, The Value Problem and Marxist Social Theory, JVI, 1978 (2).

20. Allen W. Wood, Justice and Class Interests, *Philosophica*, 1984, 33（1）.

21. G. A. Cohen, The Structure of Proletarian Unfreedom, *Philosophy & Public Affairs*, Vol. 12, No. 1（Winter, 1983）.

22. G. A. Cohen, Freedom, justice and capitalism, *New Left Review* 126,（Mar–April, 1981）.

23. G. A. Cohen, On the Currency of Egalitarian Justice, *Ethics*, Vol. 99, No. 4（Jul., 1989）.

24. G. A. Cohen, Keith Graham, Self–Ownership, Communism and Equality, *Proceedings of the Aristotelian Society Supplementary Volumes*, Vol. 64（990）.

25. G. A. Cohen, Once More Into the Breach of Self–ownership: Reply To Narveson and Rrenkert, *The Journal of Ethics* 2, 1998.

26. George Brenkert, Marx, Engels and the Relativity of Morality, *Studies in Soviet Thought*, Vol.17, 1977.

27. G. A. Cohen, Luck and Equality: A Reply ω Hurley, *Philosophy and Phenomenological Research*, Vol.LXXII, No. 2, March 2006.

28. G. A. Cohen, If You're An Egalitarian, How Come You Are So Rich? , *The Journal of Ethics*, 4（2000）.

# 后 记

"长风破浪会有时，直挂云帆济沧海。"常以这种豪迈、磅礴之气激励自己。

"水光潋滟晴方好，山色空蒙雨亦奇。"求学途中的美景也是美不胜收！

本书是以笔者的博士学位论文为基础而修改、撰写的。

很羡慕那些才思敏捷的年轻人早早完成了他们的博士学位。我已至不惑之年，仍坚持在求学的路上。此番心情和感觉是欣喜、愉快、美好，还是紧张、压力、淡定……真的很难形容。

我喜欢文学，尤其爱好音乐艺术。总觉得自己是个感性多于理性的人，却偏偏与哲学有缘。也罢，就用哲学来弥补我的缺陷吧，算是我的造化。踏入哲学的殿堂之后，体会到哲学也是挺好"玩"的。因此，这一路走来也感欣慰的。

攻读博士学位，对我来说只当自己是个读书人而为之，没有其他太多的想法。求学的路上有那么好的导师和同学陪伴，真不寂寞。我想这些正是我的追求与收获。读万卷书不如行万里路，行万里路不如阅人无数，阅人无数又不如名师指路，还真是这样。读万卷书、行万里路、阅人无数，这三者我都不算做到。我有幸在自己的生命中遇上名师的指导，岂不幸哉、快哉！我的导师刘卓红教授，是一位治学严谨、学术成果众多、有师长之范、在学界享有极高名望的学者，是国内极有权威的卢卡奇研究专家；而在生活中刘老师又和蔼可亲，像我们的大姐一般关心我们。刘老师，还有她的爱人钟明华教授，真是一对有福气、有作为的夫妻。为了学生们的成长，夫妻俩为我们搭建学术交流平台，创造机会；鼓励我们，推动我们走向学术前沿。真的很感谢、感恩这两位恩师！

十几万字的博士学位论文和其他成果的完成，真非一朝一夕可以做到的。虽然我个人也算努力，但是如果说我学术上有点长进的话，这绝对离不开导师的悉心指导和同学们的帮助。在这里，首先衷心感谢我尊敬的导师刘卓红教授！刘老师学问做得深厚，而且指导研究生很有经验和方法。刘老师也很尊重学生研究方向的选择。刘老师对学生的研修、成长方面要求很高，记得我博士入学的第一天刘老师就给我们提了很多要求。我的学位论文的开题和写作多亏刘老师反复的指导，从选题方向、论文的结构和逻辑、论文观点的把握等，刘老师都一一和我讨论、给我指导。

还必须一并感谢的老师有：陈金龙教授、王宏维教授、尹树广教授。这三位导师都给我亲授过课程，包括我的学位论文的选题、写作方面都给过我指导。陈金龙老师德高望重、学术影响南北，又平易近人，他的为人之德被广大师生赞誉。王宏维老师学术视野广阔，与众不同的治学风格和不辞辛劳的工作态度给我留下极深的印象，而且王老师极为严肃的态度之下其实是很爱学生的。尹树广老师知识渊博，上课极为投入，平易近人，指导学生孜孜不倦，他的人格魅力非常感人。对于上述导师的好，是道不完说不尽的。在此，只能以寥寥数语表达我对导师们的恩和情。在我的人生中能遇上这些导师，真乃三生有幸！

还有，帮助我、关心我的同学太多了，感谢有你们的陪伴！和你们学术上的交流和生活中的交往，让我受益匪浅，心神愉悦！真挚的同学情谊，一生珍惜！

华南师范大学，是一所办学历史悠久、学科门类齐全、师资队伍雄厚、以学术研究和培育研究生为主，各方面都有实力的综合性"211工程"大学。环境优美，学术氛围浓厚，是个给人心神宁静、安心做学问的好校园。感谢华南师范大学给了我求学的好环境，感恩母校！

攻读博士学位，还因为我的另一个心愿，就是想给我的女儿做出点榜样。我也许无法给我女儿太多别的东西，只希望用我的奋斗和努力给我可爱的女儿一些感染和影响。我的女儿 12 岁了，乖巧伶俐。作为父亲，这些年来我给女儿的爱太少了；同样，我给我家庭的照顾也很少。愧疚！感谢我的妻子、女儿和亲人们对我的理解和支持！

感谢所有支持我，关心我，帮助我的老师、亲人、同学、同事和朋友！

我才疏学浅，论文写得笨拙，某些观点和论述若有错误和不当之处，请各位良师益友给我斧正！

以后，我将用自己更多的学术成果来感谢我亲爱的导师和所有要感谢的人！

学问的路很长远，继续前行！

郭展义

于广州天河区华南师范大学石牌校区

2020 年 6 月